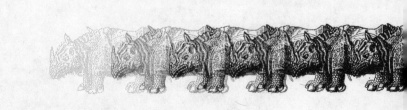

Tiempo de México

El progreso improductivo

El ojo infalible

El progreso improductivo

Gabriel Zaid

OCEANO

EDITOR: Rogelio Carvajal Dávila

EL PROGRESO IMPRODUCTIVO

© 1999, Gabriel Zaid

D. R. © EDITORIAL OCEANO DE MÉXICO, S.A. de C.V.
    Eugenio Sue 59, Colonia Chapultepec Polanco
    Miguel Hidalgo, Código Postal 11560, México, D.F.
    ☎ 282 0082   🖅 282 1944

PRIMERA EDICIÓN

ISBN 970-651-205-5

IMPRESO EN MÉXICO / PRINTED IN MEXICO

ÍNDICE

△

Prólogo, 11

ARGUMENTO, 15

LÍMITES AL CONSUMO DE ATENCIÓN PERSONAL

Los niños como negocio, 29
Los verdaderos límites, 33
La reproducción de universitarios, 37
La productividad del saber costoso, 42
Límites al consumo de atención personal, 48
La demanda infinita, 52
Tiempo o cosas, 56
Modelos de vida pobre, 64
Privilegiar a todos, 69
La apuesta de Pascal, 74

¿QUÉ FALTA EN EL MERCADO INTERNO?

¿Qué falta en el mercado interno?, 83
La oferta pertinente, 86
Empleos ¿para hacer qué?, 91
Mercados hechos, 98
Ejemplos de pertinencia, 103
Las paradojas de la productividad, 109

Deseconomías de las pirámides, 118
Ventajas de la economía de subsistencia, 126
Mercados igualitarios, 134
De una lógica a otra, 140

REPARTIR EN EFECTIVO

El Estado proveedor, 151
Cómo repartir en efectivo, 158
Otra modesta proposición, 165
Por una ciencia de la mordida, 170
Orígenes de la iniciativa privada, 180
Mercados políticos, 185
Hipótesis para sociólogos, 196
Para entender la política mexicana, 204
La alianza tripartita, 211
Empresarios oprimidos, 217

Noticia editorial, 235

Índice de nombres, 237
Índice analítico, 243

PRÓLOGO

△

El cielo que nos tiene prometido el progreso, no acaba nunca de llegar. Una gran parte de la población vive en el limbo o en el purgatorio o el infierno: al margen de una vida mejor o descontenta de sus efectos contraproducentes.

   Nadie va a parar el progreso: tiene miles, millones de años. Ni la ciega voluntad de progreso, que tiene apenas unos siglos. Hasta sin saberlo, o sin quererlo, somos ejecutantes de esa voluntad que se extiende por el planeta. Sólo podemos exigirle autocrítica: volverla nuestra de una manera menos ciega; hacerla progresar, enfrentándola a sus resultados. Ningún progreso parece hoy más urgente que superar la ciega voluntad de progreso.

   La voluntad de progreso que hay en este libro parte de una autocrítica mexicana, pero el fenómeno es general. Aunque el sector moderno de cada país tiene elementos particulares, las grandes ciudades del mundo se parecen más entre sí que a sus remotos interiores aldeanos: encabezan la cultura del progreso que (por las buenas o por las malas) se ha impuesto a todas las culturas tradicionales. El saber, el poder, el dinero, los privilegios, se han ido concentrando en las grandes ciudades a través de organismos centralizadores, estructurados piramidalmente y encabezados por universitarios. Esta prosperidad refuerza la fe ciega en la educación superior, en la organización superior, en las soluciones grandiosas, y polariza el desarrollo (mundial y de cada país) en dos extremos improductivos: la baja productividad del sector piramidado (por unidad de sus costosas inversiones) y la baja productividad (por persona) del sector tradicional. Se trata de un despilfarro viable, económicamente, porque la concentración de capital (por persona, por hectárea, por empresa u organismo) compensa la menor productividad del capital concentrado; políticamente, porque esta concentración favorece a los promotores y dirigentes del progreso, cuya acumulación de capital curricular (estudios, realizaciones) parece un mérito legítimo y

11

asequible a todos; socialmente, porque las ilusiones progresistas no son vistas como ilusiones en la cultura del progreso. Así prospera una oferta de progreso costoso, y por lo mismo no generalizable para toda la población, en vez de que prospere una oferta que aumente la productividad y el bienestar a bajo costo para todos.

Es la oferta, y no la demanda, lo que más falla en un país que se moderniza, ante todo porque se ofrecen cosas que cuestan demasiado. Lo cual no se resuelve por la vía política (ofreciéndolas gratis o con subsidios) porque siguen costando demasiado. Aumentar los impuestos con este fin (en vez de repartirlos como dinero en efectivo) sirve para aumentar la desigualdad, porque lo que cuesta demasiado no puede ser para todos. La oferta de atención personal (médica, educativa, policiaca), títulos académicos, empleos becarios, automóviles, vías rápidas, medios lujosos de trabajo (ya no digamos de consumo) y todos los progresos que cuestan mucho y producen poco, nunca podrá saciar la demanda que el sector moderno pretende generalizar.

Para satisfacer las necesidades de un mercado pobre, no hay que empezar por las insaciables sino por las básicas; y no ofreciendo los satisfactores mismos, sino medios baratos de producirlos. El Estado y las grandes pirámides empresariales, sindicales y académicas, en parte por intereses miopes y en parte por razones de fe, creen que su propio crecimiento es la vía del progreso de todos, como si fuera imposible o indeseable apoyar la economía de subsistencia, en vez de lamentarla; ofrecer medios rústicos, modernos y eficientes de producción doméstica de alimentos, ropa y techo, que le permitan a la población rural atenderse a sí misma (y establecer intercambios de mayor productividad que los de maíz y servicios); redistribuir parte del ingreso nacional como dinero en efectivo; y, en general, acudir a los mercados pobres con una oferta pertinente.

El libro es un ensayo: un conjunto de hipótesis que parecen cuadrar razonablemente entre sí, con la experiencia cotidiana, con muchas cifras disponibles y con observaciones de numerosos autores. Se desarrolla en tres partes:

1. "Límites al consumo de atención personal" señala un tope universal de costo para la oferta de progreso en cualquier país.

2. "¿Qué falta en el mercado interno?" da ideas para una oferta de progreso que sí pueda generalizarse, especialmente en los países o mercados pobres.

3. "Repartir en efectivo" trata de explicar por qué los universitarios

(en particular los mexicanos que llegan o aspiran al poder) favorecen la oferta de progreso imposible, en vez de redistribuir el ingreso en efectivo.

El argumento considera el progreso fuera del mercado (la producción para el consumo propio) y dentro del mercado (en grande o en pequeño), así como en los mercados políticos (productos y servicios, concesiones, intervenciones, empleos; a cambio de impuestos, cooperaciones, dependencias, apoyos). Y considera mercados de especial interés para el progreso improductivo: el mercado de la atención personal (especializada o servil); el de los medios de producción (para el consumo propio, la oferta independiente o el trabajo subordinado); el mercado de la obediencia (trabajo subordinado con medios de producción ajenos) y el mercado de la buena voluntad (reciprocidad o patrocinio, mercantilizados). Pero no considera que siempre sea mejor (o peor) la operación dentro o fuera del mercado, libre o politizado, a cargo de personas que trabajan por su cuenta o de grandes o pequeñas entidades públicas o privadas, sino en qué casos tales o cuales modos de operación se prestan o no se prestan para que el supuesto mejoramiento sea viable para todos.

Esta nueva edición corrige la publicada en 1979 por Siglo XXI, actualiza algunos capítulos y suprime el aparato de notas, referencias bibliográficas y estadísticas. Veinte años después, hay más conciencia del progreso improductivo y menos necesidad de documentarlo. Propongo a los lectores esta nueva versión, que restituye a los capítulos su figura inicial de ensayos publicados en una revista literaria.

ARGUMENTO

△

Límites al consumo de atención personal

La modernización tiene un doble efecto desequilibrante sobre el mercado de la atención personal: aumenta la demanda y reduce la oferta.

a) Crece la población, lo cual aumenta la demanda. Para que una persona se constituya y se mantenga como persona, necesita la atención de otras.

b) Crece la demanda de atención per cápita. El desarrollo personal de todo ser humano, y no sólo de unos cuantos, llega a considerarse digno de una atención ilimitada.

c) Aumenta la producción material, lo cual absorbe tiempo antes libre o dedicado a la atención personal. La mayor productividad material no se usa para producir lo mismo en menos tiempo y quedar libres, sino para hacer más barata y atractiva la producción material, lo cual conduce, finalmente, a dedicarle más tiempo.

Pero la atención personal no tiene economías de escala: repartirla o mecanizarla es volverla impersonal. Todo lo cual conduce a que los precios relativos de la atención personal sean cada vez mayores, y los volúmenes disponibles menores, frente a la abundancia y menor costo de la producción material.

No es posible que la atención personal, menos aún la de especialistas costosos, se ofrezca en cantidades ilimitadas para todo ser humano. Toda persona puede consumir, pero no producir, más de una hora de atención por hora. Esto fija un límite al consumo de atención personal, que explica la insatisfacción típica de las sociedades modernas: tener muchas cosas pero poco tiempo, en un medio cada vez más impersonal. Lo cual no tiene solución a menos que se acepte una vida menos proliferante (a), menos exigente en atención personal (b), o más pobre en cosas (c).

17

Para una sociedad en transición, esto pudiera convertirse en una oportunidad de vivir pobremente en el campo, sin necesidad de emigrar, pero contando con satisfactores básicos, y otros que son un lujo en las grandes ciudades: aire, espacio, tiempo.

¿Qué falta en el mercado interno?

Sin embargo, la transición suele implicar una mayoría pobre en cosas, poco exigente en atención personal, pero proliferante, cuyo modelo de progreso es una minoría rica en cosas, exigente en atención personal y también proliferante. Se dice que este modelo es importado, pero es nativo: el lujo asiático o criollo en el consumo de atención personal y de cosas por un sector proliferante, no es característico de las sociedades modernas, ni es viable en forma generalizada.

Por eso no hay, ni puede haber jamás, suficiente mercado interno para los satisfactores de ese modelo. Lo que hace falta en el mercado interno no es en primer lugar demanda efectiva, para lo cual haga falta dinero, para lo cual hagan falta empleos, para lo cual hagan falta tecnologías de baja productividad por hombre que generen más empleos, dinero y demanda efectiva de los mismos satisfactores que la oferta provee para un modelo no generalizable. Eso es plantear el problema al revés. Lo que hace falta en el mercado interno es una oferta pertinente para un mercado pobre. Una oferta que vaya al caso de las necesidades básicas, empezando por ir realmente con las configuraciones concretas que la hagan pertinente. Ofrecer estudios superiores gratuitos a toda la población (como sucede en México), ni es viable ni es útil para quienes carecen de alimento y ropa. Resulta, finalmente, demagógico. Lo que tiene sentido es ofrecer medios de producción (por ejemplo: semillas mejoradas para siembras de temporal, animales de tracción mejorados, fertilizantes baratos, máquinas de tejer y de coser) que tengan en su propia producción economías de escala, por lo cual sea posible ofrecerlos a un costo bajo; pero que estén diseñados para producir satisfactores básicos a pequeña escala; que puedan adquirirse de manera que se vayan pagando solos; que no requieran servicios especializados y costosos de enseñanza, proveduría o mantenimiento; que en todo lo posible permitan el "do it yourself" a la población marginada; etcétera.

Para simplificar, supongamos cuatro tipos de medios de producción, según el mayor o menor costo de la unidad mínima viable y según el mayor o menor producto por unidad de capital:

1. Poco costosos y poco productivos.
2. Poco costosos y muy productivos.
3. Muy costosos y muy productivos.
4. Muy costosos y poco productivos.

El paradigma de la modernización es el paso del tipo 1 al tipo 3. En la práctica, sin embargo, una familia, una empresa, una comunidad, un sector, un país que prospera, lo hace pasando previamente por 2: aumentando su productividad con medios productivos poco costosos, que son, han sido y seguirán siendo viables, aunque por razones culturales son mal vistos o no vistos por quienes pueden promover su oferta. Este paso previo permite financiar nuevos medios más costosos, ya sea para lograr un nuevo aumento de productividad, pasando a 3, o para darse el lujo de operar más costosamente, pasando a 4. ¿Y qué sucede con la oferta de 2? Que sale del mercado en los países o sectores que, precisamente por haberla tenido, llegan a no necesitarla, y que no se crea en los países y sectores, que sin haberla tenido, quieren pasar directamente de 1 a 3, lo que en la práctica lleva frecuentemente a 4, mientras lo permitan las finanzas: mientras no se generalice el progreso improductivo. Así se llega a tener un sector moderno, en parte productivo y en parte improductivo, pero siempre costoso (3 y 4) y por lo mismo no generalizable para la población que vive en situaciones 1, porque el paso de 1 a 4 produce menos de lo que cuesta y porque el paso de 1 a 3, aunque produce más de lo que cuesta, genera menos liquidez de la que absorbe en la transición.

Resultado: el intercambio entre el sector moderno y el resto del país (que no es, ante todo, como se cree, un intercambio de productos agrícolas por productos industriales: el grueso de ese intercambio se realiza dentro del sector moderno), se vuelve un intercambio terciario especialmente improductivo: servicios modernos de atención personal, poco productivos pero muy costosos (4), a cambio de servicios serviles de atención personal poco productivos aunque relativamente baratos (1). Relativamente, porque los términos de intercambio son desfavorables a los servicios de los pobres: como se les hace el favor de ocuparlos improductivamente, se les paga muy poco. Relativamente, porque algunos logran organizarse, incorporarse a las pirámides, regatear, obtener más y volverse modernos: prestadores de servicios piramidados, igualmente poco productivos, pero ya manifiestamente costosos. Paradójicamente, con un criterio igualitario (considerando que el tiempo de todo ser humano debería llegar a costar

19

lo mismo), salta a la vista la incongruencia de crear ocupaciones e intercambios improductivos con el supuesto fin de mejorar la igualdad: se trata de una vía de progreso que requiere la desigualdad para ser viable. El día en que los médicos, funcionarios públicos, líderes sindicales, investigadores universitarios, ganaran lo mismo que sus criadas, choferes, jardineros, tendrían que despedirlos. Los intercambios de servicios costosos por servicios relativamente baratos sirven para aumentar el consumo de un sector privilegiado, pero no la productividad y el consumo de todos.

Aumentar el empleo es una meta ridícula: la verdadera meta es aumentar la satisfacción de las necesidades, empezando por las necesidades básicas de todos, ya sea dentro o fuera del mercado, y a través de actividades que sean empleo o no lo sean (por ejemplo: asolearse, gastar inteligentemente, producir para el consumo doméstico). No es cierto que el empleo es lo único que mejora el consumo; ni que el especialismo, la división comercial del trabajo y la piramidación, reduzcan siempre el costo final del consumo: hay especializaciones, intercambios y piramidaciones que cuestan más de lo que producen. Desgraciadamente, las limitaciones culturales del sector moderno impiden que los campesinos sean vistos como empresarios rústicos escasos de recursos, y como clientes potenciales de medios de producción baratos (a través de los cuales se aprovecharía mejor una parte del capital subempleado en el sector moderno). Son vistos como subordinados potenciales, subempleados y difícilmente aprovechables, dada su falta de cultura moderna.

Cambiar la oferta para que los pobres se atiendan a sí mismos por la vía 2, aumentaría el nivel de satisfacción global con los mismos recursos. Hacer el gesto (irrealizable) de ofrecerles (en propiedad, como empleos, como concesiones políticas) los mismos medios de producción de alimentos que ocupa el sector moderno, es lanzarlos a fracasar en el mercado, volviéndose redundantes (si las cosas salen bien) o incompetentes (si salen mal): no es posible incorporar cada vez más productores a una prosperidad que consiste en requerir cada vez menos. La prosperidad viable para los campesinos marginados está en que aumenten su consumo, en buena parte fuera del mercado y aunque nadie les dé empleo: produciendo sus propios alimentos y ahorrándose todas las intermediaciones que son mucho del costo de los alimentos en el mercado; está en favorecer el mercado de medios de producción doméstica tipo 2, que los campesinos paguen, no con maíz, sino con ropa y otras maquilas rústicas que (a diferencia del maíz) sí pueden competir en el sector moderno. A través de unidades dispersas

por el campo, es incosteable producir y coordinar comercialmente pequeñas cosechas de maíz, pero no pequeñas "cosechas" de ropa y maquilas semejantes.

Ni el maíz (y otros productos primarios de escasa productividad y
baja densidad económica) ni la atención personal (y otros servicios tercia-
rios no mecanizables) se prestan para intercambios productivos entre el sector moderno y el sector rústico, a diferencia de la ropa (y otros productos
secundarios, incluyendo los medios de producción de ropa y de alimentos).
El maíz y la atención personal son más perecederos y viajan más costosamente (incluyendo, en el caso de la atención personal, el costo de que via-
jen especialistas al campo y el de alojar sirvientes en la ciudad).

La oferta pertinente rompería el círculo vicioso del mercado interno por donde hay que romperlo. Las soluciones keynesianas no bastan para equilibrar lo que hace falta con lo que se ofrece. Keynes supuso la existencia previa de una oferta pertinente para un mercado transitoriamente
sin demanda por falta de medios de pago. Para ese caso (oferta sin demanda), las soluciones keynesianas hacen efectiva la demanda potencial, y así
el mercado. Pero el mercado potencial que no se ha creado nunca por falta
de una oferta pertinente para las necesidades de los pobres, no debe su
inexistencia a fallas monetarias que puedan remediarse con la creación de
más empleos y más oferta de lo mismo. En este caso (demanda sin oferta),
la oferta es la que tiene que volverse efectiva con respecto a los medios de
pago de un mercado pobre.

Para vender más cosas de lujo, no hay salida por el mercado interno. La aspiración utópica o demagógica de convertir a los indios en clase
media que compre automóviles, haga estudios superiores, consulte psicoanalistas, etcétera, pretende cambiar al cliente (para hacerlo capaz de comprar lo que sí ofrecemos) en vez de cambiar la oferta. Para vender más de
lo mismo, la salida es el mercado externo: es más fácil traer del extranjero
clientes para servicios caros de atención personal, que convertir a los indios en turistas, pacientes, estudiantes; es más fácil exportar automóviles
que convertir a los indios en automovilistas; es más fácil que las ciudades ri-
cas de los países pobres se integren entre sí, a que se integren con su propio mercado interno. La falta de una oferta pertinente para la transición
bloquea el mercado interno de dos maneras: no crece el mercado de las
cosas costosas (por falta de demanda) ni el de las cosas rústicas (por falta
de oferta).

La oferta fuera de precio, de lugar, de momento, de caso, no crea

21

su propia demanda, aunque haya medios de pago. Con el mismo volumen de empleo y de oferta globales se pueden producir cosas útiles o inútiles, pertinentes o impertinentes, oportunas o a destiempo, satisfactorias o insatisfactorias, para lo que hace falta. La receta convencional (ampliar la demanda, creando medios de pago, a través de la creación de empleo, etcétera) no ha funcionado, ni puede funcionar, porque dar empleo a los pobres en producir lo que no necesitan equivale a darles dinero para que demanden lo que no producen: desbalancea el mercado y provoca ajustes inflacionarios. La capacidad de la población marginada debe ocuparse en atender sus propias necesidades, gracias a una oferta de medios pertinentes. La inversión que hace falta para convertir a un campesino en agricultor comercial fracasado o redundante es del mismo orden que la inversión urbana necesaria para recibirlo mal y costosamente en una gran ciudad donde encuentre ocupaciones serviles (que no aumentan la oferta, aunque sí la demanda, de alimentos y ropa); y en ambos casos es mayor que la inversión necesaria para que se atienda a sí mismo en el campo, con una huerta familiar y una máquina de coser, que ocupan muy poco espacio, no requieren obras mayúsculas, ni una costosa administración urbana.

Repartir en efectivo

El poder político y económico que hay detrás de la oferta actual de progreso está organizado a través de grandes pirámides administrativas, públicas, privadas, internacionales, sindicales, académicas, cuyas afinidades e intereses comunes no saltan a la vista cuando regatean entre sí, pero están claros frente a las carencias de la población no piramidada. El gobierno central, los grandes sindicatos, las grandes empresas nacionales e internacionales, los grandes centros de investigación y enseñanza, concuerdan en soluciones que de hecho bloquean el desarrollo de sus homólogos no piramidados: los gobiernos aldeanos, las pequeñas empresas, los trabajadores por su cuenta, la investigación y aprendizajes no académicos.

Esta conciliación funciona porque el interés común de las pirámides está en aumentar su "productividad", entendida como valor (o costo) agregado por hombre, a través de mayor eficiencia (sobre todo aumentando la cantidad de medios de producción por persona) o mayor poder de regateo (sobre todo aumentando la cantidad de medios y personas presentables como una sola entidad). Eso permite resolver las pugnas internas del sector piramidado, repartiendo simultáneamente más utilidades, más impuestos, más salarios, más regalías, más lujos para los funcionarios públicos, privados, sindicales, académicos. También se explica en términos culturales y políticos, porque las pirámides tienen cúspides visibles, que permiten regatear y gobernar, sentirse grandes, hablar un lenguaje común, compartir un modelo de vida, un sentimiento de progreso en la construcción del país. Cúspides apoyadas políticamente en las ilusiones progresistas de la población que ha llegado a la base de las pirámides y que espera subir.

Las ideas progresistas favorecen la igualdad dentro del sector piramidado, al mismo tiempo que acentúan la desigualdad global. La población piramidada que no está en la cúspide (digamos, el 30% que sigue al 3% superior) está lo suficientemente bien para tener capacidad de presión, pero no lo suficientemente bien para sentirse satisfecha. Se identifica simultáneamente con los de abajo, para sentirse mal tratada, y con los de arriba, para sentirse con derecho a igualarse. Esta presión igualitaria de los no tan privilegiados (pero privilegiados) que han logrado incorporarse a las pirámides, favorece la extensión de algunos privilegios de la cúspide al resto de la población piramidada (automóviles, hospitales, educación superior) como una satisfacción a demandas "populares" (de las "mayorías" minoritarias que están arriba pero abajo). Lo cual reduce la desigualdad dentro de la tercera parte superior de la población, pero la aumenta con respecto a la población no piramidada.

La población que intenta la vía trepadora ha perdido las resistencias culturales para hacerlo y no ha encontrado alternativas para prosperar por su cuenta. El sector piramidado no ofrece medios de producción pertinentes para la pequeña producción dispersa por el campo. Por el contrario: paga mejor las actividades obedientes en sus propias instalaciones que los productos de la pequeña producción. El engrandecimiento empresarial, sindical, gubernamental, universitario, se alimenta de la concentración de medios de producción y personal piramidado, y acabaría con todos los pequeños productores, convirtiéndolos en asalariados, si no fuera porque piramidar tiene deseconomías importantes. El sector piramidado usa medios más costosos, y en conjunto menos productivos por unidad de capital, que los pequeños productores: los supera en productividad por hombre, acumulando, y hasta despilfarrando, medios de producción por hombre. Los pequeños productores le sacan más partido a su propio, escaso, capital (por eso pueden pagar tasas de interés que harían quebrar al sector piramidado). Pero la oferta de medios de producción no les permite disponer de más: por eso su productividad por hombre es baja. Y por eso, si los úni-

23

cos medios de producción que el mercado moderno les ofrece son los costosos y ajenos, a cambio de actividades obedientes (es decir: como empleos), pueden considerarse afortunados. Subir compitiendo políticamente en el mercado piramidal de la obediencia, vale más que quedarse a competir a la intemperie en el mercado de los productos.

Los verdaderos perdedores son los que no pueden ni vender su obediencia ni comprar medios baratos de aumentar su productividad. La vía piramidal tiene rendimientos decrecientes y no puede absorberlos. Más aún: los explota cuando les compra o cuando les vende. Y lo que es peor: usa las banderas del progreso (reglamentos de salubridad, cuotas del seguro social, contribuciones para obras, permisos de todas clases) para aplastarlos bajo el costo de los servicios modernos. Pero la miopía del sector piramidado, aunque le hace un daño inmenso al otro, no gana inmensamente con eso: limita el crecimiento del mercado y la productividad de ambos sectores. Sus ventajas explotativas son ridículas frente a lo que significa bloquearse (en el mercado interno) con el bloqueo del otro: ni puede asimilarlo piramidalmente, ni le vende los medios pertinentes para que pueda desarrollarse por su cuenta.

La pretendida ayuda a la población más pobre, a través de la transferencia de servicios en especie, ni llega a esta población (a menos que se mueva a las pirámides) ni corresponde a sus necesidades: consiste en ampliar la oferta de servicios costosos, dando empleo burocrático, institucional, académico, a la clase media urbana, y sobre todo a la universitaria, que es la que más partido le saca a los problemas nacionales para aumentar la venta de sus servicios. (También la venta de servicios de crítica, como este libro.)

Así se explica que después de veinte o treinta años de medidas progresistas, se mida el coeficiente de Gini y resulte que ha empeorado. Aumentar los impuestos aumenta la desigualdad, porque el dinero no va a dar a los pobres sino a la población piramidada (funcionarios, empleados, contratistas, proveedores, universidades) ocupada en ofrecer satisfactores que corresponden a un modelo no generalizable. Tratar de igualar "por arriba", ofreciendo a todos soluciones privilegiadas, no sólo es inocente o demagógico (por definición, es imposible privilegiar a todos) sino que lleva a absurdos contraproducentes en los que progresar consiste en aumentar las necesidades más que las satisfacciones. Cada vez se ofrecen más servicios viales, hospitalarios, educativos, coordinativos, etcétera; cada vez resultan más insuficientes, más caros, menos satisfactorios; cada vez se vuelve más remoto saciar a todos de servicios modernos.

La transición se vuelve interminable y alimenta una inflación "sincrónica": aumentos de costos a lo largo del espacio geográfico y social, que inflan el precio de "lo mismo", cuando en vez de un servicio rústico (como las enseñanzas de don Juan) se recibe un servicio moderno (como las enseñanzas de Freud). La transferencia de servicios en especie, gratis o subsidiados, sirve para darle un mercado interno cautivo al sector moderno (mientras lo permiten las finanzas): para apaciguar a la población rústica que se acerca a las pirámides (y sobre todo a la población urbana que prospera atendiéndola); pero resulta de un costo/beneficio desastroso para los supuestos beneficiarios. Si se les diera el costo en efectivo recibirían mucho más. Un peso de satisfactores urbanos en una situación rústica resulta inflacionario frente a lo que puede hacer un peso de satisfactores rústicos.

No se puede tomar en serio que inflar los costos piramidales, gracias a los impuestos, beneficie a los pobres. Si es cierto que queremos redistribuir el ingreso, ya es hora de empezar a hacerlo en efectivo. Por ejemplo: reteniendo un porcentaje equis de todos los ingresos personales gravables, que se reparta a partes iguales entre todos los ciudadanos, por el simple hecho de serlo.

Para que este reparto no sea inflacionario, hay que crear una oferta de medios baratos de aumentar la productividad y el consumo de la población no piramidada, que estimularía el mercado interno y establecería un sistema comunicante entre los dos sectores de la economía, reforzado con las transferencias de efectivo.

Pero ¿no es ilusorio proponer todo esto, al margen del poder político? Naturalmente, redistribuir en efectivo y a partes iguales 100% del ingreso nacional sería una especie de comunismo libertario, francamente utópico. No lo es, sin embargo, en porcentajes mucho menores, que elevarían radicalmente el ingreso mínimo con respecto al promedio. De cualquier manera, requiere una decisión política central (que no parece imposible). Por otra parte, la promoción de una oferta más útil, aunque puede ser objeto de una política central, está al alcance de numerosos particulares, de asociaciones voluntarias, de medianas y grandes empresas, de organismos nacionales e internacionales. Desarrollar una oferta más útil, produce más de lo que cuesta, lo cual le da realismo político. En último término, igual se puede hacer dinero, ganar poder, engrandecerse y hasta corromperse, ofreciendo productos y servicios de lujo que medios de producción baratos.

25

LÍMITES AL CONSUMO DE ATENCIÓN PERSONAL

△

LOS NIÑOS COMO NEGOCIO

△

Ventajas de los niños

No es fácil callar a unos vecinos ruidosos, enfrentarse a un abuso de las autoridades, vaticinarle a un jefe su fracaso en la vida o someter a un impertinente. Si todavía es posible sofocar la maldad, tener valor civil, decir lo que se piensa, es porque los niños (hasta cierta edad) son de un tamaño perfecto.

No hay mejores objetos de amor, de poder o de ostentación. Quienes prefieren a los perros, los gatos, los canarios, para tener a quienes dirigirse, dar órdenes, manosear o exhibir orgullosamente, no saben lo que se pierden.

Como si fuera poco, los niños pueden ir al frente de la lucha de clases. Alguna vez un escritor reaccionario pensó en aprovechar a los niños pobres como alimento de los ricos. Todo hubiera podido arreglarse de manera industrial. El producto de las mujeres pobres, alineadas en jaulas de expulsión, como gallinas ponedoras, caería directamente sobre una banda sin fin, ni intervención de la mano del hombre, hasta la sección de enlatado.

Pero el moderno aprovechamiento de los niños puede ser más sutil. Hay que hacer fábricas de niños pobres, sí, pero contra los ricos. Ésa es la industria militar que puede sufragar un país sin divisas. Los ejércitos de niños pobres, por el simple hecho de existir, son un reproche al imperialismo: sirven de carne de cañón para que triunfe la virtud.

El derecho a no nacer, que parece alegar la nada fantasmal, demuestra una y mil veces que la nada es reaccionaria. Los derechos de los niños no pueden ser anteriores al ser.

Nada pierde la nada con seguir siendo nada. Pierde la humanidad. Los niños muertos de hambre sirven para despertar los mejores sentimientos del hombre. Para animarnos a luchar contra la injusticia. Para arrojar-

29

les a los ricos la verdad a la cara. Si, como otras especies aplastadas por el progreso, los niños muertos de hambre fuesen a desaparecer, habría que organizar una campaña mundial para conservarlos en zoológicos.

Ojalá que la ciencia pueda hacer a estos niños más perfectos. Algún día, quizá no muy remoto, se podrá injertar una conciencia ideológica en el código genético de los pobres. Entonces estos niños paupérrimos, que hoy cumplen su papel revolucionario en forma objetiva, mas no subjetiva, estarán en el seno de su madre como los hombres bala en el cañón de circo, o como los heroicos pilotos suicidas del Japón: listos para ser disparados por el bien de la humanidad.

Los hijos como negocio

Hemos hablado de los niños como bienes de consumo individual o colectivo, más o menos duraderos. Pero un niño, además, puede ser un bien de capital: producir, en especie o en dinero.

Así no puede compararse con un animal doméstico. Se requiere un entrenamiento excesivo para lograr que un perro vaya por el pan. Y si además se considera el costo, no siempre menor, de alimentar un perro, la diferencia productiva se vuelve más impresionante. La plusvalía de un perro casi siempre es menor que la de un niño.

Una mejor comparación es con bueyes o burros, que pueden producir trabajo útil muy superior al costo y que pueden ser un capital. Como todo bien de capital, requieren acumular sin fruto por un tiempo. Pero luego pueden ser negocio: producir más de lo que costaron.

Esto es obvio en muchas formas de artesanía y producción casera que (a diferencia de la tierra) permiten aumentar a bajo costo los medios de producción para cada hijo más. Por eso hay trabajadores sociales que se oponen a fomentar el trabajo a domicilio: porque fomenta la explotación de los hijos.

Que no suceda así con muchos economistas, que no llegan a compensar a sus padres por el costo de producirlos, parece llevarlos a olvidar que la reproducción humana puede ser negocio, y que históricamente lo ha sido, puesto que la especie, además de ser viable (hasta el momento) ha logrado acumular un capital inmenso.

Claro que el negocio varía según el centro de resultados y de costos que se tome como base: la especie, este país, tal sector de la población, aquella familia, esta persona. La reproducción de esclavos, como la cría de ganado, puede ser negocio para el amo y no para los padres. La reproducción de universitarios puede no ser negocio para nadie.

Cuentas mal hechas

A partir de 1960, se han hecho cuentas de los costos y beneficios de un programa de reducción de nacimientos. Un estudio del Banco Mundial llega a la conclusión de que para cualquier país y época, para cualquier número de hijos, la reproducción no es negocio. El autor reconoce que esto no es muy plausible. Pero no toma en cuenta lo siguiente.

El costo de producir y mantener un niño mongólico, sobre todo si los padres se empeñan en acudir a toda clase de especialistas, puede arruinar a una familia. El costo de producir y mantener media docena de hijos universitarios, sobre todo si antes de empezar a trabajar se casan para producir y mantener a su vez media docena de universitarios cada uno, puede tener el mismo efecto. Pero un hijo que no se envía a la escuela, que hace un consumo marginal y que desde los cuatro o cinco años puede obedecer órdenes tales como llévate esto, tráeme aquello, en el taller familiar, no está en el mismo caso.

Producir un productor puede costar más, menos o lo mismo que lo que él produzca. El resultado neto del ciclo de vida puede ser negocio o no serlo, como toda inversión en medios de producción: según qué tan costosos y productivos sean.

Otra cosa es cómo se financia el ciclo (que tiene tramos negativos) y para quién sea el negocio. Si ha de serlo para los padres, se requiere: que los hijos consuman lo menos posible, que empiecen a trabajar lo más pronto posible, que entreguen el ingreso a sus padres, que tarden en poner casa aparte y que, aun después, sigan dándoles parte de sus ingresos, más aún cuando los padres pierdan su capacidad de producción.

No se trata, evidentemente, de requisitos insólitos. En la medida en que se cumplen, añaden un incentivo económico a la reproducción, tradicional en muchas partes.

La cuestión, entonces, no consiste en que la gente del campo, por no saber economía, o no saber controlarse, esté generando un problema insoluble. Somos nosotros los que generamos el problema:

a) Al hacer que la gente del campo adopte nuestras formas de vida y sus costos monstruosos, en vez de ofrecerles medios de producción adaptados a sus formas de vida.

b) Al suponer que nosotros sí podemos proliferar, porque tenemos más ingresos, cuando es precisamente al revés: un alfarero con seis hijos alfareros es más viable económicamente que un economista con seis hijos economistas.

LOS VERDADEROS LÍMITES

△

Los límites para el crecimiento de la población que suelen discutirse (insuficiencia de alimentos, de espacio, de capital, de empleo, de recursos naturales; contaminación, etcétera) pueden reducirse a dos: el físico y el económico, a los cuales habría que añadir un tercero, cuya importancia llegará a verse: la atención personal.

El límite físico

Para ver que hay un límite físico al crecimiento de la población, sobran los detallados argumentos sobre producción agrícola, consumo per cápita de cobre o reservas de petróleo. Basta un razonamiento general:

La tierra es finita. Todo crecimiento sin fin rebasa cualquier límite. Luego, tarde o temprano, la población llegará a un límite.

Uno muy claro es el espacio físico. Con los supuestos que se quieran, se puede calcular, por ejemplo, el año en que no quepa gente ni de pie sobre las islas y continentes del planeta. Si aceptamos que el límite sea de cinco personas por metro cuadrado (que es lo que llegan a tener los transportes colectivos cuando van como latas de sardinas), aunque la densidad actual es 200,000 veces menor, con un crecimiento anual de 2% se llegaría al límite "lata de sardinas" alrededor del año 2600, lo que en la escala histórica de la especie equivale a pasado mañana. Pero es obvio que antes se presentarán otros límites, por ejemplo: con una densidad mucho menor, el calor desprendido por el cuerpo humano subiría la temperatura hasta fundir las masas glaciares, matar de calor muchas formas de vida, etcétera.

Malthus creía que el límite estaba en la capacidad de producir alimentos. Aunque ese límite existe, resultó mayor de lo que se creía. Hoy se teme que el límite inmediato sean los recursos no renovables, sobre todo la energía fósil. Pero es de esperarse que el límite sea cambiante. No se puede extrapolar suponiendo constante la tecnología y la estructura de los precios relativos. El hecho mismo de que un límite se aproxime, cambia los precios de unas cosas con respecto a otras y crea presiones y oportunidades en nuevas direcciones, en las cuales el límite se vuelve otro. Que el petróleo escasee lo encarece, pero eso mismo crea oportunidades económicas para investigar y desarrollar otras fuentes de energía.

Entre esos límites sucesivos y un límite final pueden pasar siglos, quizá milenios, siempre y cuando la población deje de crecer o disminuya, como sucederá, por convicción, dictadura o catástrofe. En esta perspectiva, el verdadero límite físico parece ser el margen libre de energía disponible, que depende del saber humano y de la providencia cósmica.

La energía creadora, que auspicia al hombre y le permite cooperar, sigue siendo nuestro mayor patrimonio. A su lado, es poco el capital acumulado por la especie. Aunque hayamos perdido reverencia por la gratuidad de la naturaleza, y ya no sepamos dar gracias al sol por salir, ni a la tierra por fructificar, lo cierto es que los antiguos tenían más sentido de la realidad que nosotros, al reconocer su dependencia de la creatividad y "plusvalía" del "trabajo" de la naturaleza. Hoy que nos parece más bonito sentirnos explotadores, y que nos da vergüenza sentir que el sol, la tierra y las estrellas nos ayudan, seguimos, como siempre, dependiendo de su providencia.

No es imposible que, cooperando con ella, encontremos maneras de liberar mucha más energía (del sol, del calor del fondo de la tierra, de la fusión nuclear), así como de almacenarla mientras no se use, de transmitirla en forma inalámbrica, etcétera. Esto podría llevar la producción material a límites desconocidos. La degradación material que producen los procesos físicos y químicos es reversible a un costo equis de energía. Si hubiera energía barata en cantidades prácticamente ilimitadas, la recuperación del agua, de las materias primas, etcétera, haría que todos los recursos se volvieran renovables, con el límite ya dicho: la disipación de la energía sobrante puede llevar a temperaturas destructivas.

De cualquier manera:

a) Hay límites físicos al crecimiento de la población: desde luego espaciales y en último término entrópicos (margen neto de energía liberada; contaminación térmica): la provisión de capital físico gratuito es inmensa pero no inagotable.

b) Mientras tanto hay límites circunstanciales, no por eso menos

34

oprimentes, y para todos los efectos prácticos más decisivos; por ejemplo, en México: el total de agua disponible.

El límite económico

Todo proceso de liberación de energía cuesta energía. La energía neta que sale del proceso es menor de la que entra (cuenta corriente). Además, se requiere energía previa para construir la máquina donde se efectúe el proceso (cuenta de capital).

Esto puede ser visto en forma negativa, como una degradación entrópica: toda energía se va disipando, el margen neto siempre es menor que la provisión inicial. O puede ser visto en forma positiva, como una inversión rendidora: comprometer una porción de energía previa, renunciando a su disponibilidad, produce un margen neto libre, cuyo rendimiento sobre la inversión inicial se puede calcular.

De la misma manera, producir un ser humano productivo cuesta producción humana, en cuenta corriente (mantenerlo en forma como ser humano) y en cuenta de capital (formarlo, equiparlo). Lo cual puede ser visto en forma negativa, como lo hace el estudio del Banco Mundial: cualquier número de hijos disminuye el consumo de los padres. O puede ser visto como un proceso de inversión, cuyo rendimiento se puede calcular.

Para que el rendimiento exista se requiere:

a) Que el costo de producir y habilitar un productor sea menor que la futura producción del mismo: que haya un margen neto positivo (descontado a valor presente y con todos los refinamientos de cálculo que se quieran).

b) Que la inversión sea financiable mientras llega ese margen.

Estos requisitos o límites económicos son independientes de la cultura en cuestión, de la etapa histórica o de la situación tecnológica, aunque esas circunstancias afectan los módulos deseados y viables de reproducción. Siempre ha sido y será posible que un hombre cueste más (o menos) de lo que produce. Lo que nunca ha sido ni será posible es que todos los hombres cuesten más de lo que producen. Ese límite es inexorable, como un límite físico. Dentro de ese límite, puede haber un número de personas costosas e improductivas, siempre y cuando el conjunto de la población produzca más de lo que cuesta, incluyendo una demasía suficiente para financiar los tramos deficitarios del ciclo de vida (vejez, infancia, enfermedad, etcétera), para financiar los medios de producción y para mantener elefantes blancos en las cortes tribales, aristocráticas o tecnocráticas.

35

De la misma manera, siempre ha sido y será posible financiar la reproducción, mientras se trate de inversiones relativamente bajas, de pronta recuperación, etcétera. Lo que nunca ha sido ni será posible es tener cualquier número de hijos, que consuman lo que quieran, hasta la edad que quieran, aunque luego, teóricamente, vayan a producir muchísimo, gracias a su costo de lujo, buenas relaciones en la corte, etcétera. Para este efecto, el número de hijos financiables guarda una relación inversa con el nivel de consumo y la edad en que empiece la vida útil. A mayor consumo y producción más tardía, menos hijos se pueden financiar, aunque sean costeables. En las llamadas culturas tradicionales, el costo de producir un productor suele ser muy bajo, además de que empieza a producir casi desde la infancia y consume muy poco desde que nace hasta que muere. Esto asegura un margen neto positivo y la sobrada recuperación de una inversión baja. En cambio, para producir un tecnócrata se requieren insumos costosísimos y un largo plazo de espera, al término del cual se tiene un margen neto dudoso.

La atención personal

Si es necesaria una dosis equis de atención personal para que un ser humano se constituya como persona y no deje de serlo, esa dosis equis (de amor, amistad, atención médica, atención de maestros, etcétera) establece un límite a la reproducción. Repartir la atención personal entre un número cada vez mayor implica destruirla: volverla impersonal. A diferencia de los costos materiales, la atención personal no tiene economías de escala.

Este límite se vuelve especialmente importante a medida que aumenta el sector de servicios en la economía y el propósito utópico o demagógico de "igualar por arriba": aspirar a que todo ser humano pueda vivir como un elefante blanco, consumiendo más atención de la que es capaz de producir.

LA REPRODUCCIÓN DE UNIVERSITARIOS

△

Naturaleza de los costos

Repasemos las grandes diferencias de costos que hay en la gestación económica de dos prototipos no muy bien definidos: el campesino y el universitario.

a) El tiempo del coito, en ambos casos, tiene un costo nulo, porque no se hace (normalmente) en horas hábiles y suele considerarse (normalmente) como una satisfacción.

Pero en el caso universitario, además del tiempo, hay otros elementos de costo. Insumos industriales, tales como libros sobre el amor sin temores, anticonceptivos, desodorantes, perfumes, lencería. Servicios profesionales, tales como psicoanalistas, conferencias de orientación, cursos de sensibilización interpersonal y hasta prácticas dirigidas por doctores y enfermeras para tener mejores orgasmos.

En términos contables, puede dudarse si estos costos son del proyecto "hijo" o del proyecto "matrimonio" o del proyecto "desarrollo personal" (costos de la necesidad de no sentirse campesinos). Pero la ambigüedad del costeo corresponde a la ambigüedad de la situación. A pesar de la celebérrima frase sobre "el derecho de nacer", lo cierto es que el sujeto de referencia no suele ser el hijo. Los planteamientos de la moral (y de la "nueva moral") excluyen el derecho prenatal a ser querido y esperado con las disponibilidades (emocionales, económicas, de tiempo) necesarias. Lo que suele considerarse, es el derecho o la obligación de los padres (de hacer nacer o de no hacer nacer).

b) El embarazo puede dar también satisfacciones y molestias iguales en ambos casos. Pero los costos, de nuevo, muestran diferencias importantes.

Casi no hay insumos industriales o profesionales en el caso campesino. Sin embargo, el ginecólogo, los exámenes médicos, los libros, cursos, ropa especial, etcétera, son importantes en el caso universitario. Además, la campesina trabaja en su casa y por lo tanto no produce menos; la universitaria sí incurre en ese costo de oportunidad.

c) Sucede lo mismo con el parto. Desplazarse a una cama de hospital implica desaprovechar la que normalmente se usa, los metros cuadrados de construcción y las instalaciones que se tienen en casa, los servicios gratuitos de los familiares y vecinos, la alimentación casera, a un costo bajo, etcétera. Implica generar tránsito urbano de gente de la casa y vecinos. Todo esto aparte de que los servicios se reciben de personal universitario: de gente que renuncia a producir durante muchos años para cobrar después con creces.

d) El cuadro se repite en los cuidados posteriores de la madre y del niño, así como en la infancia y educación de éste.

La campesina amamanta, la universitaria usa productos industriales. La campesina recibe consejos gratis, la universitaria toma cursos, consulta a un pediatra y compra libros y revistas. La campesina corta o teje en vez de comprar, más que la universitaria. Los campesinos hacen (si hacen) un cuarto adicional prácticamente ellos o con ayuda de vecinos y familiares en tiempos libres y con materiales "hechizos" (embarro, adobe). Los universitarios requieren ingenieros, arquitectos y materiales industriales, sin contar con los albañiles, que, aunque sean campesinos desocupados que llegan a la ciudad, generan importantes costos urbanos: techo, transporte y servicios.

Implicaciones de los costos

El costo de producir un campesino es ante todo agrícola: el maíz, frijol y chile que se come antes de producir maíz, frijol y chile. El costo de producir un universitario consiste en buena parte de servicios (desde el ginecólogo hasta los maestros universitarios) antes de que se vuelva productor de servicios. Como si fuera poco, la gestación económica del universitario puede tomar un cuarto de siglo. Y cuando va a empezar a producir, a veces antes y sin ningún dividendo, el proceso de inversión se repite en una nueva familia. En el campo, un hijo representa a los pocos años dos brazos, y ese dividendo se puede cobrar en especie, por bajo que sea, aunque la nueva familia se inicie más pronto que en la ciudad.

Es decir, paradójicamente, en un régimen pobre, de actividades primarias, un hombre hecho de maíz (como en el *Popol Vuh*) puede producir más maíz del que costó. En cambio, en un régimen de lujo, no está tan claro que un hombre hecho de atención personal (como piden los mitos modernos) pueda llegar a producir más atención de la que cuesta.

Una característica del costo/beneficio de la producción de seres humanos es que el costo puede crecer prácticamente sin límite, mientras que el beneficio no. En un sentido fundamental, un tecnócrata no vale más que un indio, independientemente de sus costos/beneficios. Pero aun entendiendo el valor como rendimiento sobre la inversión, resulta muy difícil que un tecnócrata valga más que un indio: puede costar cien veces más, no ser cien veces más rentable. Esto se debe esencialmente al costo, que es una variable mucho más libre que el margen neto de producción. Todo hombre vale más de lo que cuesta mientras no cueste demasiado. Producir hombres caros puede ser como producir elefantes blancos: un lujo solventable mientras sean pocos, no una inversión productiva y financiable que convenga generalizar.

Prácticamente no hay límite para el costo de la vida, sobre todo cuando el costo se compone cada vez más de servicios de atención personal. No es inconcebible, por ejemplo, que diez o veinte personas se dediquen a prolongar la vida de otra, como sucede en ciertos casos médicos. Es decir: la vida de una persona puede costar más atención personal de la que es capaz de producir. Aunque nadie es capaz de producir más de una hora de atención por hora, sí puede consumir muchas horas por hora.

De aquí se sigue un límite malthusiano inesperado (que ya se empieza a notar): el tiempo que podemos dedicarnos unos a otros, y en particular los padres a sus hijos, los maestros a sus discípulos, los médicos a sus pacientes, las parejas y los amigos entre sí, etcétera.

Tendencias hacia el límite

Contra lo que Malthus temía, la capacidad de producción agrícola, por hombre y por hectárea, ha crecido más que la población. El desarrollo de la productividad industrial ha sido todavía mayor. Esto quiere decir dos cosas: que un porcentaje cada vez mayor de la población se dedica a otras actividades (terciarias) y que el costo de producción de los productos primarios y secundarios se ha vuelto así, relativamente, menor. Inversamente: que los servicios son cada vez más caros en términos de intercambio con los productos materiales.

Una tonelada de trigo, vidrio, acero o fibras textiles, puede produ-

cirse hoy con menos horas de trabajo que en el siglo pasado. ¿Pero qué sucede con un corte de pelo? Jean Fourastié, que ha documentado las tendencias seculares de la productividad en productos como los antes mencio-
nados, se encuentra con que los peluqueros no han mejorado mucho su
productividad: un corte de pelo sigue costando casi el mismo tiempo.

En el sector terciario no sólo no ha existido un gran avance de la
productividad (no se ha inventado el corte de pelo de medio minuto) sino
que hay tendencias poderosas en sentido contrario: todas las exigencias hi-
giénicas, de calidad o simplemente suntuarias, que exigen cada vez más
tiempo y costo en los servicios, desde la sesión de "estética masculina" (que
puede costar diez veces más que un simple corte de pelo) hasta la batería
de exámenes costosísimos y los servicios hospitalarios, sin los cuales no toma el bisturí el sucesor histórico de los barberos.

Un cirujano, como cualquier persona que vende sus servicios, no
tiene más que ocho o diez o doce horas diarias que vender. Una vez que
trabaja hasta el límite, no tiene otra manera de ganar más que cobrando
más por hora. No es imposible que produzca más por hora, pero eso no está tan claro, como sucede con quienes dedican su tiempo a la producción
de cosas materiales y venden éstas, no su tiempo. Afortunadamente para él,
si tiene prestigio, su posición de regateo no es la de otros trabajadores. Por
una parte (hasta que empezó la ilusión de que todos hicieran una carrera
universitaria) la oferta de profesionistas venía siendo regulada en forma estricta, para evitar la "competencia ruinosa". Por otra, la clientela rica de un
cirujano está más dispuesta a considerarlo aproximadamente su igual, es
decir, con derecho a tener aproximadamente el mismo nivel de vida. Por
último, la naturaleza de sus servicios se presta a que la gente esté dispuesta
a pagar casi cualquier cosa (por no morir o no perder un ojo).

Todo, pues, confluye a que los servicios, sobre todo los de atención
personal, más aún si son profesionales, y en particular los médicos, tengan
una tendencia a costar cada vez más relativamente que los productos primarios y secundarios. Éste es el problema de los servicios hospitalarios,
educativos, legales, cuyos costos crecen más aprisa (dos, tres, cuatro veces)
que la productividad nacional, ya no digamos que la productividad de los
mismos. La producción y mantenimiento de un ser humano capaz de dar
atención personal requiere cada vez más atención personal: el margen neto se reduce.

En el ciclo reproductivo del maíz, a pesar de las mermas, accidentes y "explotación" por parte de las plagas, los pájaros y el hombre, queda

para la siembra más semilla que la sembrada. Esta reproducción ampliada del capital permite la prosperidad del maíz, de generación en generación. Lo mismo sucede con la atención barata: la de los hombres de maíz. La atención personal, como el maíz, es al mismo tiempo insumo y producto, costo y beneficio, bien de consumo y bien de capital, de un proceso reproductivo que puede operar con superávit o con déficit. Pero es un ciclo que el progreso va volviendo menos rendidor y hasta imposible: tiende a requerir más de lo que produce. Las personas baratas pueden amarse, platicar, reproducirse y atenderse con grandes dosis de atención personal mientras lo hagan entre sí: mientras no consuman atención personal de las personas costosas. En cambio, las personas costosas no pueden amarse, platicar, reproducirse ni atenderse con grandes dosis de atención personal entre sí mismas: tienen que reproducirse menos o atenderse menos o consumir atención de las personas baratas, mientras puedan hacerlo: mientras sus términos de intercambio sean favorables. Se trata de una solución privilegiada que, por definición, no puede generalizarse, como se va poniendo en evidencia, a medida que un sector cada vez mayor de la población consume atención cada vez más costosa.

LA PRODUCTIVIDAD DEL SABER COSTOSO

△

Intercambios de tiempo caro

Los mejores médicos no llaman a los mejores consultores de organización, que a su vez no contratan a los mejores músicos. ¿Se debe a que no es posible destacar en un campo sin ser inculto en los demás? Pero tampoco los arquitectos, o los psicoanalistas, buscan a sus colegas cuando quieren hacer su casa, o están en un conflicto emocional. ¿Por soberbia?

Puede haber algo de ambas cosas, pero también algo más simple: la gente que cobra mucho por su tiempo no puede pagar los mismos precios por el tiempo de otros. La excepción lo confirma: los mejores abogados, arquitectos, etcétera, sí consultan a los mejores médicos, pero resienten sus precios, aunque sean del mismo orden que los suyos. A su vez, los médicos se consultan entre sí pero, con frecuencia, sin cobrarse, con reciprocidades que pueden ir del simple trueque de servicios al mutuo envío de clientes.

Curiosamente, no es fácil venderle tiempo caro a la gente que cobra caro por su tiempo, a menos que se llegue a la solución del niño que quería vender un perrito en un millón de pesos. Cosa imposible, hasta que lo cambió por dos gatitos de medio millón.

La ayuda con tiempo caro tiene el mismo problema. Hay una vieja tradición profesional (¿extinguida?) que consiste en trabajar gratis, digamos medio día por semana, para dar consulta a los pobres o dedicarse a cosas de interés público. Si quienes hacen esto, además de conciencia social, tienen cierto sentido práctico, pueden hacer un extraño descubrimiento: en muchos casos, darle tiempo caro a la gente sirve menos que darle lo que vale el tiempo en efectivo.

¿Tiene sentido gastar tiempo de quinientos pesos la hora en ayudarle a un pobre a pelear tres mil pesos a través de tribunales corruptos e ineficientes? Sale más barato dárselos. ¿Se ayuda más a una familia pobre haciéndole un trasplante de corazón gratis a uno de los niños, que dándole lo mismo en dinero para que los demás coman mejor unos años?

Sin embargo, ¿no dice la sabiduría china: dale un pescado a un pobre y comerá una vez; enséñale a pescar y comerá siempre? Sí, pero es de suponerse que quien hizo el proverbio no pensaba en ictiólogos de quinientos pesos por hora, en institutos de investigación y enseñanza con grandes edificios en la capital, ni en todas las Comisiones, Consejos y Juntas Coordinadoras de Elefantes Blancos.

Gran parte de la ayuda en especie que dan los países ricos a los pobres, y el gobierno central a los campesinos marginados, consiste en servicios que cuestan mucho y sirven poco. Pero gastarse fortunas en la capital para enviar de vez en cuando un par de gatitos de medio millón cada uno a las zonas marginadas, no sólo produce empleos en la capital, que es donde hacen falta para acallar las presiones de la clase media universitaria: sirve también para recibir un millón de gracias de los marginados, que no está mal como beneficio político.

La productividad del saber costoso

Quisiéramos creer que los hombres más caros son los más productivos. Se sabe que los países ricos son los que gastan más en producir hombres y conocimientos costosos. Pero ¿son ricos por gastar mucho en educación e investigación o, por el contrario, pueden darse el lujo de gastar de más, precisamente por ser ricos?

Quienes ganamos más por tener un título universitario, tenemos un interés creado en creer que el saber costoso hace milagros, y que si no los hace es porque no nos compran más saber costoso: para estudiar más a fondo la cuestión, para educar a los fallidos beneficiarios, cuya falla consiste, naturalmente, en su falta de educación. Es otra forma del círculo vicioso de la burocracia: cuando fallan los sistemas burocráticos, el remedio no está en reducir la burocracia sino en desarrollar nuevos organismos, sistemas y controles que eviten los males de la burocracia... aumentándola.

No necesariamente se trata de algo cínico: es la lógica del progreso. Pero sorprende la inocencia que, sobre esto, tiene la gente preparada. Se busca progresar con equipo costoso; pero funciona mal, a menos que se tenga gente costosa; preparar la cual parece una buena inversión: cuando la mejor inversión es progresar con equipo barato y personal que no requiera mucha preparación. Se busca repartir privilegios con criterios progresistas; qué mejor que hacerlo en función de la preparación: teóricamente productiva, teóricamente abierta a todos, y desde luego necesaria como aculturación para volverse un interlocutor válido en las cúspides nacionales e internacionales. Para facilitar el análisis, se supone que los ingresos por concepto de trabajo miden exactamente el valor producido por el trabajo; que quien gana el doble es porque produce el doble (en cantidad o en calidad); y que, por lo tanto, las diferencias de ingresos atribuibles a diferencias de escolaridad miden diferencias de productividad atribuibles a la educación; las cuales pueden considerarse como el producto de una "inversión en capital humano"...

No se trata de negar cosas obvias: que, desde hace milenios, el saber práctico ha venido aumentando la productividad; sino de recordar otras igualmente ciertas.

a) El saber productivo no surgió de las instituciones que hoy pretenden atribuírselo. Es natural que la burocracia académica use el argumento productivo (que en el fondo le repugna, porque es la negación de su espíritu contemplativo) para obtener mayores presupuestos. Pero no hay que perder de vista que es un argumento de vendedores. No se sabe mucho de los costos/beneficios del saber académico. Quienes demuestran que un título universitario es una buena inversión, no demuestran que se deba a una mayor productividad del titulado. Igual pudieran demostrar que la compra de un título nobiliario, en otro tiempo, además de un bonito lujo, podía ser una buena inversión. Hoy mismo, mucha gente sin título universitario que produce lo mismo o más que otra que lo tiene, gana menos. Lo cual confirma que el título es una buena inversión para el titulado, aunque no aumente su productividad. Gran parte del saber que se aplica en la práctica, y en muchos casos el más productivo, no debe su existencia a ningún presupuesto institucional.

b) La productividad de los servicios institucionales de investigación y enseñanza puede medirse de tres maneras:

- Como se mide en el producto nacional, o sea al costo, lo cual es ridículo: de esa manera aumentar los costos se "lee" como un aumento de productividad.
- Como se mide la productividad operacional con respecto a un producto o proceso de producción, lo cual requeriría una medida inexistente. Sin embargo, hasta por esa inexistencia, no hay

indicios prometedores de que el día en que se midan las unidades de saber producidas o transmitidas por hora, contra su costo por hora, la productividad de las instituciones de investigación y enseñanza resulte impresionante.
• Por su efecto indirecto en la productividad de otras actividades.

Esto último, que es lo que vale del argumento en favor de la enseñanza y la investigación superiores, tampoco es fácil de medir. Por lo mismo, es igualmente válido en favor de otros tipos de investigación y de enseñanza. Por ejemplo: por su efecto indirecto (difícil de medir) sobre la productividad de otras actividades, cabe apoyar inmensamente la lectura por cuenta propia, que es mucho más barata y más útil que innumerables investigaciones y enseñanzas académicas. Cabe apoyar que los pescadores investiguen por sí mismos y se comuniquen ellos mismos su saber productivo. Un viaje de pescadores puede ser más heurístico y barato para efectos educativos y de invención, que un refinado modelo computacional. Darle tiempo libre pagado al pescador que haya inventado algo (de productividad demostrada y aceptada por sus compañeros), para ver qué más inventa, puede ser incomparablemente más rendidor que un costoso proyecto de investigación o enseñanza.

¿Inversión o consumo?

¿Es económico hacer estudios económicos antes de cualquier inversión? Si uno los vende, tenderá a creer que sí. No sólo porque tiene un interés creado en creerlo, sino porque es difícil practicar una profesión sin hacerse ilusiones (no todas injustificadas) sobre su importancia. (Ilusiones e intereses que empiezan con cada nueva especialidad: para entender la fragmentación del saber, hay que entender cómo funciona la administración de presupuestos; con las demarcaciones necesarias para definir lo que es propio o impropio de un saber: temas, metodologías, equipo, personal, mobiliario, metros cuadrados, credenciales, publicaciones y demás trinos de afirmación territorial que justifican un presupuesto aparte.) Pero no es imposible llegar a cierta madurez profesional en la que se pierdan ciertas ilusiones y creencias. No es económico hacer un estudio económico de cincuenta mil pesos para ver si se justifica una inversión de cien mil. Tampoco es serio pretender que pueda hacerse con cinco mil. No es inconcebible hacer un estudio de cinco mil para ver si se justifica invertir en el estudio de cincuenta mil. Pero ¿no es más práctico, y hasta más profesional, reconocer que casi todas las pequeñas inversiones deben hacerse sin más estudio que el criterio práctico y las exploraciones directas de quienes van a tomar el riesgo?

Lo mismo es válido para efectos de contratar psicoanalistas, arquitectos, servicios de computación. Una cosa es que sea bonito hacer consumo de saberes especializados, si hay con qué pagarlos, y otra es que sean recomendables como inversión.

El saber costoso puede ser pagadero y hasta rendidor como inversión productiva en muchos casos. Pero los mitos modernos afirman lo contrario: que *siempre* es mejor saber académicamente que de cualquier otra manera; que *todo* debe estudiarse y estudiarse a fondo, y por persona del máximo nivel académico y especialidad; que *en principio* es un mal que construyan maestros albañiles sin título: algo tan indeseable y peligroso como que la gente, por más que se le diga, practique ese horrible crimen de recetar o recetarse, sin ser médico.

Estudiar por estudiar no es negocio ni tiene por qué serlo. Satisfacer el apetito intelectual es una forma de consumo. Que la gente quiera pensar, investigar, experimentar, para aclararse el mundo y la vida, no requiere mayor justificación, ni tiene por qué tener más límite que el que tienen las fiestas y los gastos que se justifican por la satisfacción que dan, no por su rendimiento. Las confusiones y los despilfarros empiezan cuando se pretende que el ocio es un gran negocio. Ésa es la manera de arruinar ambas cosas. Los contemplativos de otras épocas no se hacían ilusiones ni engañaban a nadie sobre los grandes rendimientos de la vida contemplativa. Hoy queremos creer, como de tantas otras cosas ociosas, que el saber costoso "no es un gasto, es una inversión". Hay ilusiones, intereses creados y demagogias que nos presentan como bien de producción lo que es un bien de consumo. Peor aún, hay mucha pobre gente sin apetito intelectual que se tortura a través de procesos costosísimos, estudiando, enseñando, investigando, para tener derecho a ganar más, por haber costado más (no producido más).

Un historiador de la cultura (si la cuestión le despierta el apetito) pudiera estudiar cómo se ha producido tan costoso equívoco. Un sociólogo pudiera analizar por qué el saber costoso está asociado a las grandes pirámides. (¿El saber les da ventajas de poder? ¿El poder les permite despilfarrar?) Una persona con sentido práctico pudiera hacerse esta reflexión:

El saber costoso que es una buena inversión es el que mejora el costo/beneficio de las cosas a las cuales se aplica. Esta productividad indirecta puede hacer milagros, dentro de ese campo restringido. Pero el hecho mismo de que estos milagros se produzcan réduce el campo de aplicación: cada vez menos personas se dedican a la productividad directa cuyas economías hacen costeable la aplicación del saber costoso, y cada vez más personas se dedican a la productividad indirecta, o a otros tipos de producción, donde el saber costoso no es costeable. Supongamos, para exagerar, que llegue el día en que toda la población económicamente activa esté formada por doctorados en diversas disciplinas. ¿En qué va a consistir su productividad? En que sus estudios hagan más productivos los estudios de los demás. Pero esta situación ya la conocemos, y no parece viable: un consultorio médico no puede pagar los servicios de especialistas en organización, éstos no pueden pagar músicos que les den conciertos privados, etcétera.

Como inversión, el saber costoso tiene un campo de aplicación limitado. Como bien de consumo, es un lujo para una minoría. Como espejismo, induce al despilfarro, traiciona el apetito intelectual y estorba para que se reconozcan otras formas de investigación y difusión más económicas, y por lo mismo más igualitarias.

LÍMITES AL CONSUMO DE ATENCIÓN PERSONAL

△

La cuantificación del progreso

En otros tiempos se medía el progreso por acumulación de obras, hechos o cosas notables, como las bellas letras, los paseos, los monumentos públicos, los grandes hombres, las proezas científicas, los refinamientos de la conducta y una serie de cosas que servían para distinguir a los países "adelantados" de los "atrasados". Se comparaba (y se competía) con criterios cualitativos. (No por eso mejores: se daba por supuesto que la conducta urbana valía más que la campesina y mucho más que la tribal, en vez de comprobarlo, como ahora, científicamente: con mediciones per cápita.) No existían los sistemas de cuentas nacionales. La cultura pesaba a favor de algunos países, que se consideraban superiores, pero que se fueron desplomando en la bolsa del prestigio internacional cuando empezaron a dominar los criterios cuantitativos.

La medición anual del progreso de las naciones, reducido a un porcentaje, sirvió para alentar decisiones de un primitivismo que no suele verse en los pueblos primitivos. Lo cual, a fuerza de barbaridades, tuvo que ser reconocido y ha llevado a la búsqueda de mejores sistemas contables y aun al rechazo del crecimiento mismo: la población, la producción y el consumo dejarían de crecer.

Producción y consumo de horas diarias

Pero cuando se aboga por una economía estacionaria, se piensa ante todo en los límites físicos del crecimiento económico, que hacen deseable, o inevitable, suspenderlo. No se piensa en un límite con respecto al cual todos los sistemas económicos han sido y serán estacionarios: las veinticuatro horas diarias. Usar esta magnitud para hacer tablas análogas a las de insumo-producto daría cifras reveladoras: hay sectores que consumen más horas de las que producen, como es obvio en el caso de los propietarios rentistas, aunque el cuadro de las desigualdades no puede reducirse a ese esquema simplista. Por ejemplo: hay un intercambio desigual que favorece a los sectores con mayor escolaridad; un intercambio desigual que favorece a los funcionarios, aunque (al menos jurídicamente) no son los dueños de sus medios de producción; un intercambio desigual que favorece a los obreros petroquímicos que producen fertilizantes frente a los pequeños propietarios agrícolas que producen alimentos. Además de que el esquema reducido lleva a conclusiones curiosas: un pobre diablo que gana mil pesos mensuales con un tendajo en una aldea es un explotador, mientras que un obrero que gana cuatro veces más en una gran ciudad es un proletario explotado, aun siendo la misma persona, años después de haber huido de su posición privilegiada.

Para simplificar, supongamos que la igualdad fuera absoluta. Esto no alteraría las veinticuatro horas diarias, ni el promedio inevitable de, digamos, ocho de intercambio. (En términos gruesos. En una sociedad igualitaria muchos intercambios dejarían de ser costeables, y la gente se atendería a sí misma siempre que los costos/beneficios de la división del trabajo, en condiciones de igualdad, resultaran bajos o negativos. Esto cambiaría la distribución de actividades: unas se reducirían o aumentarían, otras aparecerían, desaparecerían o se modificarían. Es probable que el intercambio disminuyera, digamos, a seis horas diarias. Todo lo cual no cambia el argumento.) Es decir: con igualdad o desigualdad, en condiciones neolíticas o modernas, hay un límite al consumo de horas diarias, porque hay un límite a la producción de horas diarias.

Un médico que produzca ocho horas diarias de servicios médicos, puede consumir, digamos, treinta y dos horas diarias de servicios de criada, cocinera, chofer y jardinero, mientras le cuesten mucho menos que sus propios servicios. Pero no puede consumir (permanentemente) ocho horas diarias de servicios médicos. Dejando aparte el problema operacional (un psicoanalista no puede consumir ocho horas diarias de psicoanalista porque el consumo mismo no le dejaría tiempo de producir), el límite ilustra la situación estacionaria del promedio en cualquier sociedad: no puede consumir más horas de las que produce. En una sociedad igualitaria, donde el tiempo de todos costara lo mismo, sería imposible que nadie consumiera más de ocho horas de los demás.

Lo cual no implica, naturalmente, que el consumo material tenga

49

que ser estacionario (dejando aparte la cuestión de los límites físicos). El consumo per cápita de plásticos, medido en kilos, ha venido aumentando al mismo tiempo que, medido en horas, ha venido disminuyendo. Lo cual se explica porque las mismas horas producen más kilos.

Desgraciadamente, estos aumentos de productividad material han creado la ilusión de un progreso infinito, del cual los límites físicos no empiezan a despertar. Pero, en el caso de la atención personal, hay algo todavía menos superable: casi no existe la multiplicación que tiene la atención dedicada a la producción material de volúmenes cada vez mayores.

No es lo mismo atender la producción de plásticos que la producción de personas. La atención personal no tiene economías de escala, ni puede fácilmente rendir más. No es posible escuchar atentamente a más de una persona al mismo tiempo. Tampoco es fácil escuchar más aprisa. La atención personal no ha hecho grandes progresos históricos en términos de eficiencia. Por el contrario, ciertas formas antiguas de atención, muy eficientes, van desapareciendo. Por ejemplo: cuando la unidad familiar es al mismo tiempo unidad productiva, la comunicación entre padres e hijos no requiere tiempo ex profeso, formalizado y puesto aparte como un deber costoso recetado por el doctor; tampoco lo requiere el recreo, el aprendizaje de un oficio, etcétera. Sobre la misma actividad pueden estar "montadas" simultáneamente muchas funciones distintas. La producción es (o puede ser) al mismo tiempo terapia, aprendizaje, recreo, comunicación. Todo lo cual, en las grandes ciudades, se hace en lugares diferentes, a horas diferentes, con especialistas diferentes; es decir: multiplicando el tiempo, espacio y costo necesarios para "lo mismo".

La atención de plástico

Paradójicamente, estos sobrecostos resultan de imitar los métodos de la productividad material, donde la atención dividida y especializada ha generado aumentos de productividad sorprendentes, haciendo más abundantes y baratos muchos productos, como los petroquímicos y electrónicos. Pero la ex profesión, formalización y puesta aparte departamental de los servicios de atención personal, genera costos crecientes en vez de decrecientes, para producir "lo mismo". Dividir y especializar la producción y el consumo de atención personal lleva a una atención cada vez más costosa, no cada vez más abundante y barata. Lo cual puede ser viable mientras se trate de crear una oferta de lujo para una minoría privilegiada, pero no es viable como solución general. Una minoría sí puede consumir más atención personal de la que produce, pero toda la población no puede alcanzar ese imposible, por mucho que adelanten las ciencias y aumenten los impuestos. Cuando se avanza en esta dirección, se avanza a la demagogia y a la quiebra. Y está visto: siempre que aumenta la oferta subsidiada de servicios de atención personal costosa (médica, educativa, administrativa) resulta:

a) Que todavía es insuficiente.

b) Que los costos suben sin límite.

c) Que entonces, para evitar la quiebra financiera, se impone como límite el único posible: el presupuesto.

d) Que ni operando dentro de ese límite se puede impedir la expansión, por lo cual se llega a la quiebra "operacional": se acaba pretendiendo hacer lo que no se está haciendo ni se puede hacer con ese presupuesto.

e) Y lo más impresionante de todo: que, finalmente, la atención que se da, ni es buena, ni es barata, ni vale lo que cuesta.

Así se produce la atención de plástico: la "atención personal" impersonal. La impersonalidad de la vida moderna (la desatención típica de la burocracia tradicional, la amabilidad de plástico de la burocracia que ya aprendió relaciones públicas, la falta de tiempo que tenemos todos en la ciudad para atendernos como personas) tiene como origen la misma atención dividida, especializada y costosa que produce plásticos baratos o personas mal atendidas.

La demanda infinita

△

La conciencia exigente

Desde hace algunos siglos, la imaginación moral desarrolla proyectos de vida más humana (sinceridad, naturalidad, libertad, igualdad, fraternidad, autonomía, paz perpetua, libre elección amorosa, trabajo creador) cuya ingeniería, economía, organización social, no han sido realizadas más que en forma parcial, simbólica o demagógica. En otros tiempos, o en otras culturas, la conciencia moral se ha correspondido mejor con la capacidad práctica. En los tiempos modernos, la conciencia moral va tan aprisa, que el desarrollo material no la puede alcanzar.

Hay un abismo cruel entre los sublimes proyectos de libertad, y las dificultades prácticas, económicas, sociales, políticas, de las que no se escapan ni los libertadores, como Rousseau, que para tener tiempo de escribir sobre la educación de los niños, mandó los suyos a un orfanatorio; Marx, que nunca reconoció el que le hizo a su criada; Freud y Lenin, que no sacaron de la clandestinidad a sus amantes.

En cambio, hace cuatro milenios, Abraham vivía en paz, como un santo, a pesar de que arrojó a la clandestinidad a su mujer, para no perder su buena posición (el faraón, creyéndolos hermanos, se acostaba con ella); le hizo un niño a su criada y los mandó al desierto; intentó el homicidio de otro de sus hijos, para cumplir con un llamado superior; etcétera. O sea que, haciendo cosas semejantes, no estaba en falta con sus propias exigencias, como Rousseau, Marx, Freud o Lenin.

Desgraciadamente, las exigencias morales parecen más contagiosas que la capacidad de realizarlas. A partir de la conciencia de lo posible en focos "avanzados", se extienden epidemias de buenas intenciones por todo el planeta. Por eso la aculturación puede ser tan aplastante: el misionero que convierte a una familia polígama, o el revolucionario que concientiza a un

52

grupo de marginados, los pone en falta, como la manzana del Árbol del Saber: los expulsa de la inconsciencia, los hace menos; convierte su forma de vida, que era un patrimonio, en un problema que hay que superar. Si Marx o Freud, descendientes de Abraham y liberados de su religión, hubiesen vuelto en una máquina del tiempo para sacarlo de su atraso moral, dándole una conciencia moderna, lo hubieran hecho tambalearse. En vez del gran fundador que fue, quedaría convertido en lo mismo que los sabios indígenas de América, de África o de Australia, al contacto con los misioneros, comerciantes y conquistadores: en seres titubeantes, débiles, perdidos, que ya no creen en sus propios proyectos, ni tienen la capacidad práctica para realizar los que, a pesar suyo, han descubierto.

El acoso de lo posible

Las visitaciones de lo posible se presentan de muchas maneras. Para que ciertas visiones se impongan no es forzoso (aunque puede ser útil) que tengan el apoyo de las armas. En sueños o fantaseando, explorando posibilidades prácticas, combinando filamentos o palabras que por fin se encienden con una nueva claridad; viendo una constelación de hechos dispersos que de pronto se configura; leyendo, viajando, viendo televisión, recibiendo noticias, chismes o rumores, ciertas posibilidades pueden mostrarse abiertas e imponerse.

Todo lo cual se ha intensificado en los tiempos modernos. Si esto tiene que ver con el desarrollo material (los nuevos modos de producción crean nuevas posibilidades y por lo tanto la conciencia de las mismas) es sobre todo con uno de sus sectores menos importantes en volumen: el desarrollo de la imprenta y de todos los medios de comunicación y transporte, gracias a los cuales hoy hasta los doctos académicos de los países poderosos se encuentran como los indios frente a posibilidades que los desarman y los acosan. ¿Me psicoanalizaré? ¿Me abriré a "las puertas de la percepción" probando drogas? ¿No es conservador y reaccionario negarme a prácticas liberadoras de sexo en grupo, incluyendo prácticas homosexuales y hasta de satanismo, siempre y cuando no —y por qué no— se llegue a matar? ¿Debo dejar mi torre de marfil y adquirir esa conciencia desenajenada que sólo puede dar la obediencia revolucionaria?

"¿Destruiremos la antigua regla de vida?" En 1524, los sabios aztecas, frente a los doce misioneros franciscanos enviados por el papa Adriano VI y Carlos V, eran hombres doctos que no se hacían preguntas diferentes.

Lo conminatorio de lo posible puede visitar al hombre de muchas maneras y en cualquier límite. El que se cree libre porque ya probó la mariguana, no ha probado la heroína. La verdadera diferencia, la que hace de los misioneros, comerciantes o revolucionarios, misioneros de la modernidad, y de los indígenas guardianes de una sabiduría antigua, no es de grado, es de actitud. La posibilidad que se abre más allá de los límites puede ser vista como algo terrible, sólo justificable como un mandato de la divinidad y a riesgo de ofenderla, o como una invitación al progreso. Más aún, como una invitación que no hay que esperar, que hay que perseguir (invirtiendo el acoso), para ir tras todo lo posible, más allá de cualquier límite. Como si todos los imperativos fueran uno: realiza (lee, viaja, produce, gana, acumula, gasta, desperdicia, experimenta, aprende, desarróllate, construye, ayuda, salva, haz) todo lo posible.

Lo insaciable

Voluntad de explorar toda posibilidad, de realizar toda potencialidad. Apetito sin límite de ser y de poder. Plena realización que pide y merece todo. La desmesura de algunos endiosados, sobre todo si se ensañan con los débiles, salta más a la vista que la desmesura de algunos supuestos cotidianos modernos. Por ejemplo: que no hay que parar en ningún gasto para alargar un poco más la vida de un ser querido. La modernidad más noble, la que sueña con un mundo igualitario, sueña también con que todo ser humano tenga derecho a una atención sin límites, especializada, cada vez más científica, cueste lo que cueste. Lo cual es bonito y respetable, en cuanto subraya el valor infinito de la persona humana, pero resulta abusivo en cuanto pretende medir ese infinito con costos que, por grandes que sean, siempre serán finitos. Lo simpático, lo cursi y lo irrealizable de pretender gastar sin medida, en vez de aceptar una muerte, un caso de mongolismo, la carencia de títulos universitarios o de automóvil para los hijos, está en el supuesto de que la dignidad humana sólo puede alcanzarse con recursos infinitos. La falsedad se muestra finalmente en la práctica. Que la familia se lo merece todo, es muy útil para justificar una vida dedicada a subir, en favor de unos hijos que por lo mismo no hay tiempo de atender. Que todo ser humano es digno de una atención infinita, sirve para crear mercados cautivos de las instituciones educativas, hospitalarias, de servicio social, administrativas.

Que esto no aumente la satisfacción sino el descontento, puede entenderse. Lo que hoy se espera del matrimonio, del trabajo, de las diversiones, de la medicina, de la ciencia, de un título universitario, del gobierno, de los movimientos políticos, de la vida intelectual, del arte, del amor, únicamente es comparable con lo que antes se esperaba de Dios. Las satisfacciones infinitas que antes se esperaban de otra vida, hoy se las exige el hombre en ésta y a sí mismo, o mejor dicho: a proyecciones suyas, de las que nadie es responsable, porque nada ni nadie puede cargar con tamaña responsabilidad.

El crecimiento de la capacidad material, tan impresionante en los últimos siglos, se queda corto frente al crecimiento de lo posible y, sobre todo, frente al crecimiento de la conciencia de lo posible. Los libros que se pueden leer, las personas que se pueden conocer, los lugares que se pueden visitar, las cosas que se pueden comprar, los proyectos que se pueden emprender y hasta las cartas, invitaciones y llamadas telefónicas, se multiplican fuera de toda proporción con la capacidad material (el tiempo, simplemente) para realizar todo lo deseable. Antes la gente no esperaba del matrimonio la pareja perfecta, los orgasmos del paraíso de las huríes, los sublimes deliquios intelectuales de Abelardo y Eloísa, la mutua proyección romántica, además de automóviles, lavadoras de platos, juguetes diseñados para desarrollar el espíritu creador de los niños, todo en un marco de absoluta libertad para cada uno de los miembros de la familia. Tampoco esperaba del trabajo la oportunidad de ejercer su independencia creadora para alcanzar la plenitud cobrando por educarse divirtiéndose con experiencias interesantísimas.

Cuando aparece la conciencia de que la plena realización es posible y deseable para todos, el desarrollo material, por mucho que haya avanzado, se va quedando atrás de una demanda potencial que se vuelve infinita. Lo que exige la conciencia aumenta más aprisa que la capacidad de realizarlo. La demanda potencial crece más que la oferta efectiva. Progresar produce descontento: más insuficiencias que medios para atenderlas.

Pero ¿quién que sea moderno, a la vista de tanta insuficiencia, de tanta injusticia, de tanto sufrimiento (problemas, sí, pero también mercados apetitosos para la acción misionera, revolucionaria, comercial, para el desarrollo de la industria y de los servicios públicos, para subir personalmente, por el bien de los otros), tendrá el valor de recomendarse a sí mismo, ya no digamos a los necesitados: no hagas todo lo posible, trabaja menos, desea menos, no te preocupes tanto de mejorar tu situación, ni la de nadie?

TIEMPO O COSAS

△

Lecciones de la edad de piedra

Han sido pueblos de mucha menor productividad que la nuestra, los que tuvieron la genial idea de inventar el domingo, es decir: tirar a la basura 14% de su capacidad de producción. Y han sido sabios de esos pueblos los que han dicho: no guardes comida, ni bebida, ni ropa, ni te angusties (Buda); las aves del cielo, ni siembran, ni cosechan, ni tienen graneros (Cristo).

Pudiera creerse que la llamada revolución neolítica, con su marcado aumento de productividad sobre el paleolítico, produjo una situación de tipo moderno: un excedente que lleva a la estructuración jerárquica, que despierta codicias y tensiones sociales, necesidades, angustias y ambiciones antes inexistentes. Lo que para nosotros es sabiduría antigua, pudiera ser ya "contracultura" y reprobación de las primeras culturas sedentarias, ante cuyo éxito se opone una sabiduría todavía más antigua: el abandono a la divina providencia cósmica, de los recolectores y cazadores nómadas. El sacrificio deliberado de bienes o capacidad de producción agrícolas parece implicar un sentido restitutivo (edipal, si así quiere verse): un homenaje a la providencia cósmica, que es al mismo tiempo un sabio reconocimiento de que el agricultor, aunque ha dejado de ser nómada, sigue dependiendo de lo dado (la lluvia, la buena tierra) y de que sería una desmesura (merecedora de castración) creerse autosuficiente. En este sentido, Cristo estaría negando el progreso aldeano como un peligro para la libertad del alma, mayor que la supuesta inseguridad del "modo de producción" recolector que practican las aves (según san Mateo) o peor aún (según san Lucas): los cuervos, que no sólo niegan la autoprovidencia del trabajo agrícola, sino que viven a su costa, como san Francisco y los jipis mendicantes.

La condenación de la autosuficiencia, como pecado original de la

56

humanidad, puede estar ya en el relato de la expulsión del paraíso. En vez de aceptar la gratuidad providencial de la naturaleza ("Dios hizo brotar del suelo toda clase de árboles deleitosos a la vista y buenos para comer"), el hombre cae en la tentación de dominar los procesos de la vida, de probar de los frutos del árbol de su propio saber, domesticando plantas y animales: de convertirse en agricultor. Con lo cual pierde la inocencia y libertad paradisiaca del paleolítico, y se condena al reino de la necesidad de trabajar, uncido a la tierra. La guasa popular (Qué tan malo no será el trabajo, que Dios lo puso de castigo) esconde una sabiduría milenaria: esclavizar a la naturaleza, no libera al hombre, lo esclaviza.

Por supuesto que el cristianismo moderno, sobre todo a partir del protestantismo y los jesuitas, está a favor de las hormigas y en contra de las cigarras. El marxismo, que en China y otras naciones ha sido el vehículo para introducir este cristianismo secularizado, no sólo desprecia la ociosidad sino que la persigue. El progreso es hoy la verdadera religión "católica": la que se extiende por todo el orbe de los medios de comunicación y transporte.

El progreso es el mito de los antropólogos, de los misioneros, de los empresarios, de los trabajadores sociales, de los políticos, que necesitan el atraso para ejercer su profesión, y que no pueden ver en la baja productividad otra forma de abundancia: tiempo libre, aire libre, espacio libre de la vida del campo. Pero, tal vez debido al movimiento jipi, algunos antropólogos empiezan a leer de otra manera las evidencias del atraso paleolítico. Según Marshall Sahlins, el momento crítico se produjo en 1960 con la publicación de los resultados cuantitativos de la expedición a las tierras de Arnhem en Australia, donde todavía hay cazadores y recolectores que no practican la agricultura. Resultados: nuestros contemporáneos paleolíticos trabajan tres o cuatro horas diarias, con un ritmo no disciplinario, sujeto al azar de lo que encuentran y de sus ocurrencias de juego, exploración, conversación, compañía de los niños, etcétera, durmiendo mucho y platicando mucho, en una comunidad muy solidaria y muy igualitaria. Sin embargo, recogen y consumen más calorías y proteínas de las que recomiendan las tablas internacionales. Por ejemplo, en uno de los casos: 116% de calorías y 444% de proteínas. El hambre parece un padecimiento de los indígenas forzados por la marcha del progreso a dejar su modo de producción.

Sobre esta pista, Sahlins ha "releído" datos registrados por misioneros y antropólogos de otras épocas, y, donde éstos habían visto escasez y miseria, él ve abundancia, libertad y mucha lógica económica: el costo de guardar el excedente y de crear medios de producción estacionarios y duraderos, es mayor que el costo de oportunidad de las recolecciones que se pierden por falta de movilidad. (Sin hablar del costo social de disputarse el excedente y el control de los medios de producción.)

Economía de la melancolía

Si llamamos cultura al repertorio de posibilidades de una comunidad, salta a la vista un fenómeno paradójico. Los miembros de una comunidad pequeña, aislada, poco diferenciada en la división del trabajo, sin escritura ni archivos históricos, actúan forzosamente dentro de un repertorio de actos sumamente limitado, pero, por eso mismo, vivible personalmente, o a través de una convivencia muy estrecha, en toda su plenitud. A medida que crece el repertorio, esto se va volviendo más difícil. La probabilidad de ejercer la autoridad suprema, o de llegar a tener una vivencia muy cercana de lo que eso sea, disminuye enormemente de una tribu nómada a un Estado moderno (digamos, de una seguridad casi total a una probabilidad en un millón). Las experiencias convividas no sólo disminuyen por la concentración del poder, sino por la multiplicación de especialidades: el inventario de ocupaciones distintas en un Estado moderno puede llenar cientos de páginas. Lo mismo sucede con el saber, las experiencias, las lecturas, los viajes.

Paradójicamente, esta riqueza de posibilidades colectivas, se vuelve una carga aplastante de posibilidades no vividas personalmente, que acaba por empobrecernos individualmente. Mientras que el hombre de una cultura pobre ejerce su cultura plenamente, nosotros vivimos en una cultura que rebasa nuestra capacidad de vivirla, ni en varias vidas seguidas. No está ahí como un hogar seguro y conocido, fijo mientras uno cambia, crece, madura, evoluciona. Es un edificio monstruoso y laberíntico, cuyos pisos, techos y paredes crecen, evolucionan y se mueven; imposible de recorrer completamente; sin lugares fijos a donde volver; donde hasta la gente que mantiene alguna clase de fidelidad se encuentra con que todas sus posiciones relativas han cambiado. La cultura moderna crece a tal velocidad que nos vuelve, personalmente, cada vez más incultos. La incultura, la insuficiencia, el subdesarrollo, son productos directos del progreso. Mientras un cazador paleolítico vive incomunicado, es plenamente culto. En cuanto se incorpora al progreso, se vuelve, como todos nosotros, semiculto: siempre en "vías de desarrollo", de progreso, de superación.

Gracias al progreso, la vida no vivida, pero posible, lleva siglos de crecer más aprisa que la vida vivida, dejándola siempre atrás y empobreciéndola. Este crecimiento de lo posible inalcanzable dio tal vez su primer vagido histórico en la llamada revolución comercial de la Edad Media, contemporánea de las cortes de amor y la poesía trovadoresca. No sólo hubo una mejoría del transporte, un aumento de la productividad y una creciente mercantilización de la vida (disminuyen los intercambios en especie; se inventan nuevos tipos de contratos civiles, mercantiles, laborales; las cosas, el trabajo y hasta el dinero mismo, a través de diversos instrumentos de crédito, empiezan a volverse mercancía), todo lo cual aumentó el repertorio de posibilidades. Hubo también la primera conciencia romántica de que lo posible es demasiado para la capacidad práctica. Bernard de Ventadour, hijo de un criado, recibe educación libresca gracias al señor del castillo, vizconde de Ventadour, que lo admite en su cenáculo literario y lo hace convivir la experiencia de pensar, de sentir, de ver las cosas como un noble, hasta que, claro, el joven trovador se enamora de la vizcondesa y es expulsado del castillo, a componer canciones de su amor imposible:

> *Quisiera encontrarla sola,*
> *durmiendo o fingiendo sueño*
> *para robarle un tierno beso*
> *que nunca me atrevería a pedirle.*

Pudiera ser una canción yucateca, del mestizo que ya no puede ser maya, ni todavía igualarse con los señores de esa otra vida que le muestra posibilidades prácticamente inalcanzables. Todo romanticismo vive este roce entre lo posible y la capacidad práctica, que mueve a la melancolía: la conciencia de no llegar jamás, o a esa otra melancolía que se ignora en la voluntad de progreso: la ilusión de que es posible llegar, o, en todo caso, de que siempre es bueno intentarlo, aunque consista en ir cada vez más aprisa a no llegar.

La *Historia de un gran amor, El niño de la bola, El gran Gatsby* y muchas historias semejantes muestran que el amor imposible sirve para tener éxito, concentrarse en el trabajo, hacer dinero, no amar la realidad inmediata ni comprometerse con la gente de su propia clase. Lo cual, hasta cierta edad, puede verse con simpatía: el ego ya no puede aceptar que vale por el amor y la providencia de sus padres, necesita un amor del cual alejarse para merecerlo: para tener tiempo de ensayar su capacidad práctica en honor de su dama y volver triunfalmente por ella (generalmente a fracasar de otra manera, porque murió, se casó con otro, o en realidad era un fantasma) o, si no, para fracasar lejos, heroicamente, con un sentimiento de tragedia que ennoblece el fracaso práctico y que puede parar en cualquier cosa (el suicidio, el cinismo, la mediocridad).

Tener éxito en la venta de seguros de vida, morir en una acción guerrillera, alfabetizar indios, pagar en abonos una lavadora, suicidarse por Rosario, son actos todos de ese gran repertorio que llamamos progreso, cuyo centro parece ser el amor imposible.

Tener tiempo o tener cosas

Los aumentos de productividad pueden usarse de dos maneras: para trabajar menos o para producir más. La especie, hasta el momento, y sobre todo desde la llamada revolución industrial, ha preferido renunciar al tiempo libre, producir más, autoexplotarse para acumular más de lo que puede consumir, para levantar pirámides y practicar el deporte maravilloso de ver quién llega más arriba y se impone sobre los demás.

La diferencia entre la explotación de los demás y la explotación de sí mismo es menor a medida que aumenta la modernización. Un rentista verdaderamente moderno no es una viuda provinciana que vive de casas o tierras de alquiler, es un explotador de su capital curricular: una persona con estudios universitarios que ha hecho nombre y subido, destacando en la administración de empresas o de sindicatos, en el gobierno o en el partido, en el mundo académico, literario, religioso, artístico, deportivo. El rentista moderno no puede explotar su capital sin dedicarle tiempo, a diferencia de la viuda; por lo cual no tiene tiempo de gozar el excedente que logra: lo convierte en títulos de propiedad de posibilidades (casas de campo, yates, aviones) que usa poco y que le dan menos satisfacciones concretas que el poder y la satisfacción abstracta de saberse su propietario. La verdadera satisfacción concreta, lo que explica que un alto funcionario público o privado, un cirujano, un pianista, trabajen intensamente y hasta con las manos, es el deporte maravilloso de ejercer facultades o posibilidades de sí mismo cada vez mayores: ser más, realizarse, subir, a través de su ocupación. Por eso se diría que la verdadera función del excedente es lúdica: servir de pirámide, cuadrilátero, arena o tatami: abrir el campo de posibilidades para ver quién llega a más.

También pudiera pensarse que, ecológicamente, las variedades de la especie que prefieren producir más acaban por arrinconar y destruir a las que prefieren producir menos. En un planeta dominado por las cigarras, se prohibiría todo amor imposible y se fusilaría en el acto a quien se encontrara guardando para mañana o trabajando más de tres o cuatro horas diarias. Pero es de suponerse que tanta vigilancia convertiría a las guardianas en celosas hormigas que, para defender el paraíso de las acechanzas del enemigo, aumentarían la producción, acumularían excedentes, construirían pirámides y moverían a la sociedad a subir, interminablemente, hacia un futuro mejor. Por lo demás, si no lo hicieran (como parece que fue el caso de los lamas tibetanos frente a los comunistas chinos, o de los recolectores de Australia frente a los comerciantes ingleses), llegarían las hormigas de verdad a imponer el progreso.

Staffan B. Linder ha construido las ecuaciones para explicar la lógica económica contra el tiempo libre, que puede resumirse así: aumentar la productividad aumenta el costo relativo del tiempo frente a las cosas. El tiempo libre de personas, máquinas o instalaciones de intensa productividad cuesta lo mucho que se deja de producir, y más cuanto mayor sea la productividad. Una hora adicional en el modo de producción recolector tiene rendimientos que decrecen más rápidamente que en el modo de producción de un mecánico de mantenimiento de aviones. Tener tiempo libre en el campo cuesta menos que en la ciudad.

Para las sociedades de intensa productividad, esto a su vez implica un límite, porque las cosas no sólo cuestan lo que se paga por ellas sino también el tiempo de consumirlas: leer un libro cuesta más por el tiempo que por el libro mismo. Aunque, naturalmente, nada impide que la gente se ahorre este costoso tiempo y se dé por satisfecha con el simple acto de comprar, acumular y tener posibilidades que no puede ejercer personalmente, excepto en la forma abstracta de la propiedad. La gente que compra discos para aprender idiomas, adquiere una posibilidad, siente que de alguna manera el nuevo idioma se vuelve suyo, aunque sólo después se dé cuenta de que la adquisición no incluía el tiempo y el esfuerzo personal necesarios. Por eso es tan acertado llamar "gente de posibles" a la gente de recursos: su capacidad de consumo concreto es inferior a su capital de posibilidades. Pero, afortunadamente para el progreso, acumular posibilidades irrealizables permite seguir alimentando una demanda infinita, sin más limite que la capacidad de producción. Lo cual permite ver las ecuaciones de Linder de otra manera: eliminar el tiempo inútil conduce a producir cosas inútiles.

En el modo de producción recolector esto se impone por sí mismo: recoger o cazar más de lo necesario es inútil porque no se puede cargar, y finalmente se pudre. En el modo de producción de un mecánico de aviones, también es cierto, aunque menos claro: utilizar su tiempo libre para trabajar tiempo extra cada semana le permite comprar cosas finalmente inútiles, porque se quedó sin el tiempo y la libertad de disfrutarlas, aunque estarán ahí, como un patrimonio de posibilidades: salas y comedores pretensiosos, colecciones de libros para hacerse culto, cursos de idiomas, cámaras, grabadoras. Todas las maravillas que la productividad moderna abarata y permite adquirir pero no disfrutar.

Implicaciones para el campo

No es de creerse que haga falta más tecnología para alcanzar lo que ya tenían los hombres de la edad de piedra: la satisfacción de sus necesidades básicas con tres o cuatro horas diarias de trabajo. La esencia del asunto es si el tiempo libre, una vez satisfechas las necesidades básicas, se ve como una desgracia: como espantoso desempleo, o como una forma de libertad. Si únicamente se considera libre al que tiene poder sobre los demás (aunque se vuelva esclavo de sus mayores posibilidades), entonces, por definición, es imposible que todos lleguen a ser libres: en la cúspide de las pirámides sólo hay lugar para los que se imponen.

La alternativa que no existe en un mundo piramidado, aunque es perfectamente viable y (cuando menos en muchos casos) no representa un peligro político para el poder piramidal, es la de preferir más tiempo a más cosas, marginándose de las carreras trepadoras, sin perder el derecho a los satisfactores básicos.

Aunque la mayor parte de la gente prefiera más cosas a más tiempo, debería ser posible obtener los satisfactores básicos trabajando tres o cuatro horas diarias, y a partir de ahí tener tiempo libre, aceptando naturalmente la contrapartida inevitable: menos consumo. Pedir más consumo y menos trabajo, aunque se apoye en reivindicaciones justas frente a la inequidad, es en último término otra forma de practicar el amor imposible: desear un mundo donde todos fuéramos becarios.

Naturalmente, reducir la jornada de trabajo en las grandes ciudades plantea problemas operacionales inmensos: todo está hecho para una producción intensa, incluyendo las inversiones sociales en obras de servicio público. Incluyendo que la gente de las ciudades responde a la reducción de la jornada de trabajo con la lógica económica de la producción intensa: buscando ocupaciones adicionales. Si la jornada se redujera a cuatro horas, la mayor parte de la gente buscaría trabajar dos y tres turnos. (Lo cual no quita que es deseable buscar soluciones operacionales para que haya más flexibilidad en las oportunidades de trabajo, y en particular ocupaciones diseñadas para cuatro horas, que serían de especial interés para la independencia económica —o la explotación— de las mujeres.)

Por el contrario, en el campo todo está hecho para que el tiempo libre cueste poco. Instalar, por ejemplo, talleres de confección de ropa donde la jornada fuera de cuatro horas, tendría muchísimo sentido práctico. Siempre y cuando, naturalmente, las máquinas se usaran tres o más turnos diarios. Una cosa es la gran productividad por unidad de capital o por hectárea de cultivo (cosas ambas deseables y congruentes: la lógica económica de apreciar el tiempo libre implica menores inversiones per cápita, pero mayores rendimientos sobre el capital) y otra es la productividad por persona, que importa menos que sea baja (aceptando las consecuencias de un consumo menor); sobre todo si es baja por año y no por hora efectivamente trabajada: dejando mucho tiempo libre, aire libre, espacio libre, para ponerse a platicar o ver pasar las nubes.

MODELOS DE VIDA POBRE

△

Modelos implícitos

Sospecha no verificable: los economistas (escritores, empresarios, políticos) tienen un modelo apoteósico de lo que es un pleno ser humano: alguien que ha realizado óptimamente las potencialidades del hombre, que sabe lo que hay que saber, que se ocupa de lo que hay que ocuparse, es decir... un economista (escritor, empresario, político). Pero ¿se trata de un modelo explícito, diseñado y propuesto como meta general de la humanidad? ¿Es viable en forma generalizada? ¿Cuál sería la tabla de insumos y productos de una sociedad construida sobre este modelo?

Naturalmente, cuando se habla de planeación, no se parte de modelos explícitos de una vida deseable. Y lo peor no es la ausencia de modelos: es su presencia implícita, no formulada y por lo tanto no sujeta a crítica ni control, que de manera inconsciente orienta el curso de los razonamientos.

"Esta vida no es vida", puede exclamar en un momento dado un campesino, un economista. Pero aunque ninguno de los dos formule detalladamente qué vida sí le parecería valiosa, lo cierto es que el modelo implícito del economista será el decisivo en la planeación económica. Inconscientemente, que es lo peor que puede suceder. Si el modelo fuera explícito, saltarían a la vista consecuencias inesperadas.

La existencia de criadas, albañiles o campesinos, ¿es un problema de transición, mientras todos los miembros de la especie llegan a ser plenamente humanos; es decir: con estudios universitarios, coche, criada? No se han hecho modelos de una sociedad donde las criadas fuesen licenciadas en psicología, los albañiles ingenieros y los peones de campo doctores en ciencias políticas. Lo poco que se sabe de ese futuro utópico es por la experiencia de algunos graduados que no encuentran nada mejor. Pero encontrarse después de muchos estudios con que no hay tal lugar apoteósico (o no suficientes), no estaba en los planes de nadie. No se sabe de muchos universitarios dispuestos a cambiar su vida por la de un campesino, una criada, un albañil. Tenemos otras cosas que hacer, hasta por el bien de los campesinos y las criadas. Creemos que toda la humanidad, algún día... ¿qué?

La ayuda como desprecio

Véase la cuestión con respecto a los indios. Suele decirse, para defenderlos, que su cultura es tan valiosa, y hasta más que la nuestra. Sin embargo, no se sabe de muchos antropólogos conversos a la vida indígena y sí de muchas conversiones en sentido contrario. Cuando se trata de ayudar a los indios, el problema se vuelve más claro: fuera de restituirles lo robado, ¿cómo podemos ayudarles sin destruir su cultura? ¿Ayudarles no implica despreciar su modelo de vida? Su alimentación, vestido, techo, medios de trabajo, ¿son su cultura (y por lo tanto admirables y copiables) o son simplemente elementos operacionales poco eficaces (y por lo tanto despreciables y eliminables, si se quiere ayudar)? Un indio que siembra con tractor y fertilizantes, con variedades híbridas mejoradas por la investigación, dentro de una planeación de su tiempo y hectáreas, ¿en qué sentido sigue siendo un indio? Si Juan Matus se hubiera vuelto un antropólogo para convertir a Carlos Castaneda en objeto de estudio, ¿seguiría siendo un indio? ¿Debe un Benito Juárez aspirar a ser presidente de la república, o seguir siendo un indio para no volverse (culturalmente) un Tío Tom?

Tenemos que reconocer, aunque ofenda nuestros buenos sentimientos, que los indios, campesinos, criadas o albañiles, no nos parecen plenamente humanos. Que una vida de campesino, criada o albañil no nos parece digna de emprenderse por nosotros. Que los proyectos que nos parecen vida (aunque protestemos mucho) dan por supuesto vivir en la ciudad, tener estudios universitarios, coche, criada, viajes, aunque, claro, sería bonito tener lo mismo viviendo parte de la semana en una casa de campo.

Los dilemas que plantea la situación no son fáciles de aceptar. Siendo consistente, habría que desear:

a) O que desaparezcan los indios, campesinos, criadas, albañiles, artesanos, convertidos en seres plenamente humanos; es decir: universitarios.

b) O que después de haber hecho estudios universitarios, sigan siendo criadas, indios, etcétera.

c) O que los desvalidos nunca dejen de serlo, para que no nos falte por quienes abogar: para que siempre haya demanda de nuestros servicios de ayuda.

Se requiere mucha audacia para ser un progresista consistente y practicar un franco desprecio, como Marx, que exaltó la creatividad burguesa frente "a la idiotez de la vida del campo". Lo que es común es un desprecio compasivo, sin claridad, de quienes creen que las cosas son o deben ser así, o que todo va a ir mejorando... sin quedarnos sin criadas, se entiende.

¿Quién habla hoy del campo en forma idílica? El viejo sentimentalismo (¡qué aire puro, qué buenas tortillas, qué paz!) subsiste apenas en formas vergonzantes (¡qué durará sin que vengan los coches, las fábricas, los turistas!) y va siendo sustituido por otro sentimentalismo (¡qué vidas explotadas!, ¡tener tiempo libre y nada qué hacer!, ¡qué miseria, qué desocupación!).

En la ciudad nos quejamos de la falta de tiempo. Pero ¿quién va a decir que estar desocupado en el campo es como un día de campo: un lujo y no una falta de oportunidades de producción? Es muy expuesto señalar que quizá equis pesos mensuales, con aire puro y tiempo libre, espacio, buenas tortillas, valgan más que el doble en un cuartucho infame de la ciudad de México. Parecería un elogio hipócrita de la vida del campo, una forma de rehuir responsabilidades sociales. Lo urbano y responsable es abominar de los horrores de aquello que nunca vamos a dejar (la ciudad; excepto los fines de semana), tomándolo, sin embargo, como norma para abogar por el derecho de los campesinos de alcanzar esos horrores.

Curioso ciclo de aspiraciones: dejar el campo, irse a la ciudad, hacer carrera universitaria, tener coche y prosperar hasta lograr tener una casa de campo... ¿Es éste el largo viaje de ida y vuelta que les proponemos a los campesinos, en dos, en tres, en mil generaciones? ¿No sería más práctico y hasta más barato facilitar desde ahora una vida plenamente humana en el campo? ¿Es imposible imaginar una vida digna y hasta "moderna" con equis pesos mensuales? ¿Explorar, descubrir, inventar, la línea de insumos, productos, actividades, que harían viable el modelo?

Ilusiones que aumentan la desigualdad

Se han diseñado conjuntos de satisfactores para circunstancias tan constreñidas como el viaje a la luna. Los satisfactores no sólo debían dar ciertas temperaturas, contenidos calóricos y proteínicos, sino ocupar poco espacio, no descomponerse fácilmente, consumir poca electricidad, etcétera. Una magnitud libre para el caso era el costo: prácticamente no era una restricción. ¿Será imposible diseñar modelos satisfactorios con la restricción contraria, modelos de vida pobre que tengan muchísimo sentido humano, sin hacer consumo de recursos costosos, pero cumpliendo por supuesto con todas las condiciones necesarias para una vida sana, limpia, culta y hasta elegante?

Además de los casos ejemplares a escala personal: los grandes seres humanos que han vivido con muy poco dinero, o más simplemente, como ejemplo inverso, las familias que gastan el doble o más que otras y no viven mejor (un buen ejemplo de inflación sincrónica), hay muchos ejemplos de vidas pobres pero muy satisfactorias; en particular, las comunidades religiosas o ideológicas que han sido al mismo tiempo unidades de producción: los monasterios benedictinos, las comunidades Amish, las cooperativas anarquistas, los kibutzes israelíes.

Por lo demás, una oferta construida sobre el supuesto de que no se puede ser nadie, ni ir a ninguna parte, sin automóvil y carrera universitaria, olvida que prácticamente toda la dignidad, cultura y elegancia que ha producido la humanidad desde hace milenios, ha sido obra de gente sin automóvil ni título universitario.

La verdadera dificultad está en los modelos implícitos. Si un economista empeñoso y austero no logra vivir en la ciudad de México con equis pesos mensuales una vida que le parezca vida, ¿cómo puede creer que una vida que sea vida se puede hacer con mucho menos? Tiene que creer que él, y detrás de él los empleados sin título universitario, y más atrás los obreros, y más atrás los campesinos, avanzan hacia una vida plenamente humana que está más allá, donde empieza la realización de los modelos apoteósicos, donde están los altos funcionarios públicos, profesionales y honrados, que ya tienen los recursos para realizarse como seres humanos, actuando en servicio del pueblo. Su poder, sus ingresos, sus casas, coches, criadas y choferes, no son explotación ni opresión, sino plenitud y eficacia, gracias a las cuales muchos otros mexicanos, y finalmente todos, llegarán a la misma apoteosis: una vida que realmente sea vida, que encarne la plenitud de las potencias del ser humano y las ponga al servicio de los demás.

Mientras tanto, la transición es cruel. Para que yo prospere al actuar en favor de los desvalidos hace falta:

a) Que yo prospere. Si yo también soy un desvalido, por definición estoy para que me ayuden, no para ayudar.

b) Que haya desvalidos. No tiene sentido ayudar a quien no lo necesita.

67

c) Y lo peor de todo, que de alguna manera (o en algún grado) nunca dejen de serlo, porque entonces me quedaría sin ocupación, sin prosperidad y sin sentido.

Se trata de la dialéctica del amo y el esclavo en una versión rosa: el tutor y el pupilo. Para que la tutela se justifique, de alguna manera fundamental hay que negar el valor del ser como es ahora el pupilo. Claro que lo mejor sería que llegara a ser tutor, lo cual requeriría otro pupilo, y así sucesivamente, en una pirámide de ascensión interminable. A diferencia de las viejas pirámides sociales, que eran estáticas, las modernas se apoyan en otra forma de estatismo: el ascenso sin fin.

La negación de la vida campesina, que es al mismo tiempo un desprecio benévolo y una esperanza ilusoria, es también un bloqueo de la imaginación necesaria para crear una oferta pertinente para las necesidades de los pobres. Diseñar pensando en que siempre habrá campesinos sin automóvil ni título universitario, parece diseñar para que sigan siendo menos, condenarlos de antemano y para siempre a una situación sólo aceptable como desgracia transitoria. Luego, hay que gastar millones en universidades, coches, pasos a desnivel. Hay que crear una oferta de lujo para una futura igualdad en la que todos participen de la apoteosis de una vida plenamente humana. Y claro que se trata de ilusiones que no conducen sino a empeorar la desigualdad.

PRIVILEGIAR A TODOS

△

Progresos no buscados

Los antropólogos han señalado que en muchas sociedades tradicionales los privilegios deben ser compartidos simbólicamente dando alguna clase de patrocinio (que puede limitarse a pagar ciertas fiestas) a los no privilegiados.

Detrás de esas prácticas hay cierta noción de igualdad: el privilegiado es uno de los otros, que tuvo una buena suerte que los otros no tuvieron, pero que no lo aparta de los otros: el patrocinio lo reintegra de su posible excomunión. Nota importante: sigue siendo un privilegiado. El privilegio no se anula ni se disuelve repartiéndolo. De alguna manera (que puede ser funcional o puramente simbólica) se vuelve comunitario sin ser de cada uno. Si la manera no se encuentra, se puede llegar al extremo de emigrar o rechazar el privilegio, que sería mal visto.

No hay para qué mostrar la explotación que puede disimularse bajo esas prácticas, muchas veces fariseas. Más importante es mostrar que la "superación" de las mismas disimula otras falsedades e injusticias.

La noción moderna de igualdad es de uniformidad (ser uno como todos) más que de pertenencia comunitaria (ser uno en el todo). Ser uno como todos exige que todos tengan la oportunidad de concursar para cualquier posición. El privilegio debe estar al alcance de cualquiera o abolirse.

Una implicación más sutil es que la gratuidad (llámese gracia o buena suerte) no existe. Que el hombre es su propio hacedor. Que por el esfuerzo (y la cooperación o la componenda) se puede llegar a todo: el desarrollo personal y el colectivo. La fe en el trabajo la comparten todas las sociedades modernas de cualquier ideología. Hay que conquistar la luna, conquistar el poder, conquistarse a sí mismo.

Para la mentalidad tradicional, la posición singular bajo cualquiera de sus formas es un don inmerecido y misterioso que lo señala a uno, que uno rehuye sintiéndose indigno y que tiene que aceptar, finalmente, como su vocación. Por lo demás, quien muestra vocación de papa (en vez de simple fraile), o de presidente, millonario o celebridad, probablemente escucha malos espíritus. La idea de conquistar el poder, hasta para servir a los demás, parece una desmesura, una hubris, un atentado contra el orden natural. Por eso la expresión "ser un igualado" suena a reprobación de una arrogancia blasfema.

El progreso como deber

Cuando se piensa así no se puede ser progresista, aunque haya un progreso no buscado por sí mismo. La exigencia de progreso está ligada a la noción moderna de igualdad. Si todos pueden aspirar a todo, y todo puede conquistarse, si no hay gracias inmerecidas, si la vocación es algo que se planea y el amor algo que se construye, no hay límites para el deber ni para el trabajo: estamos obligados a todo, todo debe alcanzarse y conquistarse, todo es transicional, insatisfactorio y desechable, hacia un más allá que se mueve constantemente y al que nunca se llega.

La principal injusticia de la idea moderna de igualdad es que crea deberes monstruosos e insatisfacciones nunca vistas. Puesto que Dios no reparte sus dones como quiere, no hay nada trágico en ser fea, ni providencial en ser bonita: toda mujer, con empeño y con los grandes recursos de que hoy se dispone, puede llegar a ser como las estrellas de cine; y si puede, lo debe: toda gorda está en deuda con el destino de la humanidad. Así también todo intelectual que no sea revolucionario: una vez que se llega a la conciencia de que no hay Dios que enderece jorobados, ¿quién debe hacerse cargo de la redención del hombre sino el hombre mismo que ha llegado a esta conciencia?

Los pobres son más pobres desde el momento en que saben que pueden dejar de serlo. Por eso, contra lo que se cree, no es la gente que está en la peor situación la que está más descontenta, sino la que ha llegado al umbral donde se abre lo posible. No hay mayor insatisfacción que la de un alto empleado o funcionario público que gana mucho pero ya no sube, teniendo, en principio, la oportunidad. En una empresa de tipo tradicional, como en una monarquía, se diría que no ocupa el puesto máximo porque no es hijo del dueño o del rey. En una pirámide administrativa moderna, no hay tal excusa: llegar a lo máximo es algo que todo hombre se debe a sí mismo y a los suyos. No ser más, lo hace menos, le crea el deber de subir y la insatisfacción de no llegar, como a la inmensa mayoría que (por definición piramidal) no puede estar en lo máximo.

Esta creación de falsas necesidades y falsas obligaciones, aunque desata enormes energías productivas, tiene muchas ineficiencias: todo lo desechado en el camino hacia lo máximo. No sólo cosas, como es muy sabido; también aprendizajes y formas de vida. Mucha gente que sabe hacer bien algo, y que lo hace con gusto, y que debería ser feliz haciéndolo, se siente obligada a dejarlo "para progresar". Se puede destruir un capital de aprendizajes en una pirámide administrativa, ascendiendo a todos un peldaño a la posición siguiente: así todos dejan de hacer lo que saben y suben a hacer lo que no saben.

También hay explotación en la igualdad progresista. Un señor feudal o el clero tomaban producción de los campesinos y les daban en cambio protección, fiestas, liturgia, es decir: sentido existencial. Los empresarios modernos, incluyendo a los burócratas socialistas, toman producción de los campesinos y les quitan el sentido: les ofrecen la igualdad y el progreso futuro de que tal vez sus hijos puedan dejar "la idiotez de la vida del campo". Así se explota el presente en favor del futuro. La infancia no es una etapa de la vida que tenga sentido por sí misma, sino en función de la madurez productiva, de la cual es preparación. La ancianidad resulta idiota: no produce ni tiene futuro. Desde el momento en que las diferencias se vuelven injusticias que pueden remediarse en un futuro mejor, toda injusticia irremediable (nacer sin ser querido, ser inepto o deforme, perder con los años la capacidad de valerse por sí mismo) pierde sentido trágico o religioso, se vuelve un sinsentido molesto. La noción moderna de igualdad no sólo crea deudas e insatisfacciones sin límite: produce niños, viejos y mediocres que hay que tirar por el caño.

El progreso imposible

Pero supongamos que algún futuro Estado socialista, con programas adecuados de eutanasia, control de la natalidad y planeación genética, logre crear condiciones en las que, verdaderamente, uno pueda ser como todos. Aun así, no hay manera posible, excepto la tradicional, de que la inmensa mayoría llegue a tener los privilegios que da una posición como la de Castro. Si los supremos servidores públicos renunciaran a hacer más consumo que los demás (como lo intentó el Che al final de su vida), ¿cómo podrían renunciar al privilegio fabuloso de actuar en una escala social e histórica inaccesible para el resto, a menos que abdicaran o destruyeran su poder?

Lo mismo sucede con el privilegio de dirigirse a mucha gente escribiendo o por televisión. Los revolucionarios culturales que abogan porque este privilegio se reparta entre el público, volviéndolo emisor igual que receptor, no se han dado cuenta de que están a punto de inventar el teléfono, el correo y la conversación. El privilegio de tener un público puede abolirse, pero no ejercerse simultáneamente por cada uno de todos. No hay más solución que la tradicional (ser uno en el todo), gracias a que el privilegiado (si lo hace) crea una expresión comunicante que les permite a todos (si lo hacen) expresarse al leer (no ser simples receptores).

Todo lo cual no es para negar el progreso (que es un hecho histórico anterior a la voluntad de progreso) sino las ilusiones del progresismo y del espíritu de igualdad, que sirven para empeorar la desigualdad. Sobre todo la más perniciosa, que consiste en creer que vamos hacia una igualación "por arriba": lo que es ahora privilegio de unos cuantos, gracias a la revolución o al progreso tecnológico o a la libre empresa, llegará a ser privilegio de todos.

Privilegiar a todos no es posible. No se puede sacar a todos del montón, a tomar el lugar número uno. El carácter ilusorio de esta igualación puede verse en los bienes y servicios creados precisamente para privilegiar, como han sido los títulos nobiliarios y su versión moderna, igualitaria y progresista: los títulos académicos. Pretender que todos tengan la oportunidad de salir del montón, gracias a un título académico

a) es contradictorio: para que el privilegio pueda serlo se requiere el montón; un título que todos tengan se vuelve un título del montón, y por lo mismo sin valor especial para obtener prerrogativas;

b) es demagógico: no es cierto que todos puedan llegar a tenerlo;

c) y es despilfarrado: que el país avance en esta dirección genera costos monstruosos.

Más todavía, porque a medida que se avanza, los sobrecostos privilegiadores tienen que ser desechados en una carrera sin fin hacia privilegios más costosos. Cuando la primaria era poco común, podía servir para conseguir trabajo; hoy que muchos la tienen ya no sirve para nada; se ha vuelto lo contrario de un privilegio: un costo inevitable para no ser discriminado. Igual va a suceder con las licenciaturas y luego con las maestrías, los doctorados y los estudios en el extranjero. Esta absurda progresión (señalada por Iván Illich) puede verse en muchos otros bienes y servicios, por ejemplo en el mercado de la construcción: lo que era un lujo hace diez años se ha vuelto cosa del montón entre la clase media, lo que a su vez ha generado una demanda de productos cada vez más refinados para las casas de los ricos, imitados por una clase media que quiere salir del montón, lo que provoca el auge de productos que antes eran poco comunes, mientras el mercado de la vivienda pobre sigue desatendido por falta de una oferta pertinente para sus necesidades.

Que haya desnutrición en México, cuando se gastan cientos de miles de millones en llegar a una apoteosis imposible (en la que todos puedan cursar gratuitamente una carrera universitaria, tener coche y subir a entregarse al servicio de los demás, con la admirable plenitud profesional, de poder y de ingresos de nuestros altos funcionarios públicos), sólo puede explicarse a través del espejismo, o la demagogia, de "igualar por arriba". Es imposible privilegiar a todos. No hay pirámide cuya base pueda llegar a ser la cúspide. Lo que es posible (descontando la abolición de todo privilegio o la solución tradicional) es "igualar por abajo": condicionar el progreso a que haya un mínimo creciente garantizado para todos.

73

LA APUESTA DE PASCAL

△

El revés de la apuesta

La vida como proyecto y como riesgo parece un tema existencialista. Sin embargo, cierta literatura administrativa (por ejemplo, sobre administración de decisiones) despliega una temática tan afín, que hace pensar en influencias inconscientes, en misteriosas coincidencias o quizá en ambas cosas, reforzadas por una tercera: el existencialismo puede leerse como una filosofía para gerentes. El carácter común de ambas literaturas (existencialista, administrativa) parece tener un raíz moderna, cuyo paradigma pudiera ser la famosa apuesta de Pascal. Como se sabe, Pascal no es sólo un precursor del existencialismo, sino también de la teoría del juego, del cálculo de probabilidades y de las computadoras. Su apuesta integra el lado calculador de pérdidas y ganancias con el lado existencial de la vida como riesgo, llevando la noción de riesgo a un grado radical, epistemológico: la fe misma, reducida a una apuesta en condiciones de incertidumbre. Construye así, para un incrédulo, o para sus propias dudas, lo que hoy pudiéramos llamar un "árbol de decisiones":

a) Otra vida, la hay o no la hay.

b) Si no la hay, no pierdes con creer.

c) Si la hay y no te conviertes, pierdes un valor infinito.

d) Si la hay y te conviertes, ganas un valor infinito.

e) Por bajas que sean las probabilidades en cualquier caso, multiplicadas por infinito dan infinito.

f) "Apostando a que Dios existe, si ganas, ganas todo; si pierdes, no pierdes nada." Por el contrario, apostando a que no existe: si ganas, nada ganas; si pierdes, pierdes todo.

Pascal murió a los 39 años, sin haberse casado ni tener hijos. Quién sabe si alguna vez, dándole vueltas a la apuesta, le encontró un revés inesperado, que redarguye contra sus propósitos:

a') El que nace, se salva o se condena.

b') Si se salva, por mucho que haya sufrido, cualquier desdicha de esta vida será nada frente a su dicha eterna.

c') Si se condena, por mucho que haya gozado, más le hubiera valido no nacer.

d') Nada pierde la nada con seguir siendo nada.

e') Por bajas que sean las probabilidades de que tu hijo se condene, es mejor que no nazca.

Refinamientos y objeciones

El argumento puede refinarse introduciendo el concepto de "curva de utilidad". Aun suponiendo que un centavo seguro valga lo mismo que dos con una probabilidad de 50%, al crecer la cantidad en juego con respecto a los recursos del apostador, va siendo menos cierta la igualdad: vale más un millón seguro que dos 50% probables. Para restablecer la igualdad, las probabilidades tendrían que ser mucho mayores, según los recursos y la audacia del apostador. Para un multimillonario relativamente audaz, un millón seguro vale menos que dos 80% probables. Para quien tenga algo que perder, pero no tanto como para darse el lujo de jugarse un millón (o para un político que le dé un valor infinito al riesgo de "quemarse"), un millón seguro vale más que dos probables, a menos que sean casi 100% probables.

Este refinamiento es necesario para responder a la posible objeción de que sería igualmente válido concluir: por bajas que sean las probabilidades de que tu hijo gane una dicha infinita, es mejor que nazca. Evidentemente, las probabilidades de salvación tendrían que ser prácticamente de 100% para igualar el riesgo, por bajo que fuese, de una tortura infinita, frente a la simple opción de no jugar con el destino de otro. No es lo mismo negarle una infinita felicidad a la nada, que imponerle una tortura infinita a una persona real, y tan próxima y querida como un hijo.

Y es importante recordar que se trata del destino de otro, para responder a otra posible objeción: que, para ser lógico, habría que suicidarse. La opción entre nacer y no nacer es distinta de muchas maneras a la de vivir o darse muerte. No es lo mismo decir: qué gano con seguir viviendo, que decir: qué gana mi hijo con nacer. El que existe, ya está en el juego, aunque no quiera ni le guste. Aun suponiendo que no haya otra vida, no hay forma de salir del juego más que dentro del juego. Para que el suicidio no sea (como quizá lo es casi siempre) un accidente incontrolable en circunstancias difíciles, se requiere una libertad, una responsabilidad y una voluntad de asumir los propios riesgos, que no sólo es poco común, sino que consistiría precisamente en hacer decididamente el juego. En cambio, la opción de entrar o no entrar al juego es imposible para un apostador que no existe. Tiene que ser vista desde el juego de otro apostador que contempla los riesgos de un apostador posible, y que juega por él, decidiendo que nazca o que no nazca. (En este sentido, aunque no quiera, siempre juega con el destino de otro. Pero de nuevo: no es lo mismo un "otro" posible, simple figura de la nada sobre la cual proyecto mis proyectos, que un "otro" real, proyecto que toma figura propia y se emancipa de los míos.)

¿Una objeción de fondo?

Es de imaginarse el horror o la indignación con que Unamuno o Kierkegaard verían la apuesta de Pascal, si la conocieron. (¿Lo sabe algún lector?) El mismo Voltaire considera el argumento "un poco indecente y pueril; la idea de juego, de pérdida y ganancia, no corresponde a la gravedad de la cuestión". Pero esto, claro, es despachar el asunto por la dicotomía fácil. Por un lado están las cosas económicas y el cálculo racional; por el otro, los valores últimos. Un antropólogo de otro planeta vería en nuestra vida de negocios algo más profundo que meros negocios. Algo con raíces comunes a nuestras creencias y supersticiones, en particular la fe en la ciencia, su infinita bondad y el cielo que nos tiene prometido.

La apuesta de Pascal, como el argumento aparentemente contrario del soneto: "No me mueve mi Dios para quererte, el cielo que me tienes prometido", así como el sentimiento de ser protagonistas en "el gran teatro del mundo", donde "el delito mayor del hombre es haber nacido" (Calderón), muestra en la actitud religiosa de tres escritores del siglo XVII que el verdadero centro de gravedad de la cuestión se había movido del objeto de la fe (o sea Dios, creído o no creído) al sujeto de la misma (el hombre, creyente o incrédulo).

En las antiguas discusiones sobre la predestinación se daba por supuesto que Dios existía y que sabía de antemano si un hombre iba a salvarse o condenarse: lo dudoso era la libertad del hombre, que, desconociendo su destino, debía sin embargo realizarlo por su cuenta y riesgo. El problema estaba visto desde Dios: ¿cómo podía existir la libertad del hombre si para la omnisciencia divina estaba de antemano salvado o condenado? La apuesta de Pascal, aunque parece continuar este razonamiento, lo invierte radicalmente. La apuesta no está vista desde Dios sino desde el hombre; y no considera dudosa la libertad del hombre sino la existencia de Dios. Considera al hombre libre, capaz de calcular sus opciones y de seguir racionalmente la que más le conviene, por su cuenta y riesgo, como un gerente de sí mismo, que hace proyectos, toma riesgos y trata de optimizar sus ganancias. Por el contrario, Dios se vuelve una equis, una incógnita, un abscónditus, un supuesto que parece depender del hombre, como lo dijo el poeta y místico alemán Ángelo Silesio (también del siglo XVII): "Sé que, sin mí, Dios no podría vivir".

Desde este punto de vista, centrado en el hombre, no deja de haber cierta sabiduría, inconsistente, cursi y todo lo que se quiera, en los viejos libertinos o librepensadores que al final de su vida, "por si las dudas", piden los últimos sacramentos. Aunque esto escandaliza a los moralistas, hay algo más sabio, más objetivo y hasta más científico, en no creer que sólo existe lo que el hombre sabe o supone, en no endiosar al hombre como protagonista, sabedor o apostador; en dejar la puerta abierta al misterio.

Pero ya lo dijo Nietzsche: el hombre ha eliminado a Dios y no es capaz de vivir con las consecuencias. "La grandeza de este acto, ¿no es demasiado grande para nosotros? ¿No nos obliga a convertirnos en dioses?" La responsabilidad de un mundo sin Dios es tan aplastante, que nadie está preparado para asumirla, ni siquiera para darse cuenta de la enormidad que implica, a menos que se vuelva un superhombre. Lo humano, lo demasiado humano, es buscar otro dios a quien echarle la responsabilidad. La gente deja su religión para dejar su infantilismo y lo que hace es llevárselo a otra parte.

Implicaciones anticonceptivas

Cuando se cree que decidir sobre la vida corresponde sólo a Dios, puede haber cierta irresponsabilidad justificada en la procreación. El hombre hace su parte, pero es realmente Dios (o la Naturaleza o la Historia o la Sociedad, como se cree en otras cosmogonías) quien actúa a través del hombre y se hace cargo. Cuando se toma en serio que el hombre, y no Dios, es el creador y responsable de la vida, las consecuencias son espantosas.

Mientras se creía en Dios, todas las pérdidas y ganancias de la vida se relativizaban frente a la pérdida o la ganancia absoluta. Los fracasados, los mediocres, los oprimidos, podían esperar un ajuste final de cuentas favorable, una compensación en la otra vida. Y claro que esto se prestaba a irresponsabilidades. (En las nuevas cosmogonías también. Si la verdadera existencia es la colectiva, qué importa sacrificar a unas cuantas generaciones, si las futuras van a contar con suficiente acero, cemento, educación.) Pero si no hay más vida que ésta, lo único lógico es cerrar con utilidad cada ejercicio contable: el "now" y el "do your own thing". Toda pérdida es absoluta. Hay que vivir todo momento como si fuera un ciclo contable y cosmogónico total, o como dijo Nietzsche: digno de un "eterno retorno".

Sin embargo, el "te amo, eternidad" del instante nietzscheano, parece un tanto ridículo en el "now" de un drogadicto. Simétricamente, la noción de "paternidad responsable" puede ser de una superficialidad cómica: los padres modernos y científicos que planean en forma exacta el nacimiento de su hijo para que nazca en una conjunción astrológica favorable y compatible con los signos del resto de la familia. Lo cual todavía es más responsable que la práctica ordinaria de considerar únicamente la libertad, los derechos, las obligaciones y los riesgos de la vida de los padres. La antigua irresponsabilidad sólo se entiende cuando se acepta como un hecho intocable que Dios y sólo Dios es el creador y responsable de la vida.

Pero esto no es lo que hoy sentimos. En cuanto sea posible intervenir en el código genético, y tener niños del sexo, color, estatura y otras características preferidas, nos sentiremos con el derecho y hasta con el deber de hacerlo. Y lo haremos para optimizar nuestros proyectos como padres o planificadores estatales, no el proyecto posible del niño como centro de utilidad para sí mismo. Aunque quizá tengamos, como en el *Nuevo mundo feliz* de Huxley, la piedad de diseñar con una conciencia limitada y feliz a quienes fabriquemos para vidas menores. Pero ¿tiene sentido diseñar y producir condenados al infierno? Ni siquiera para el purgatorio. ¿Cómo vas a responderle a un hijo que te diga: no tengo esto ni lo otro que los de arriba tienen; no puedo hacer esto ni aquello que los de arriba pueden; ni tú ni nadie cree que sea mejor estar abajo que arriba; es una vil mentira que todos puedan subir y tú lo sabes; no te pedí nacer: ¿con qué derecho me trajiste al purgatorio?

Desde la perspectiva de la conciencia moderna, la validez de este discurso es irrefutable. Tan es así, que la respuesta de los padres modernos a las diversas exigencias juveniles que de algún modo dicen este discurso, no es "poner en su lugar" al blasfemo, como haría un padre antiguo, sino doblar las manos y pedir perdón: "es cierto que entregamos a nuestros hijos un mundo absurdo, injusto, inhabitable". Esto quiere decir que los padres comparten el sentimiento de que, fuera del cielo, la vida no es vida; de que sería mejor no haber nacido que vivir en el purgatorio; y que, en último término, si no les dan el cielo a sus hijos, se lo deben, pues, ciertamente, no pidieron nacer.

Y el rechinar de dientes del purgatorio se oye por todas partes, entre gente que uno diría que está bien en comparación con tantas otras, con las cuales naturalmente no se comparan, sino con los bienaventurados. Si no hay otra vida, la tierra tiene que ser el cielo desde el primer momento: ginecólogos de primera, hospitales de lujo, toda clase de atenciones.

Las consecuencias deberían ser obvias. Si se va a ocupar el papel de Dios, lo único razonable y generoso es no dejar que nazca nadie, a menos que tenga el cielo asegurado de antemano: recibir grandes dosis de atención personal, hacer estudios universitarios, viajar, tener acceso favorable al consumo, vivir de veras en el cielo que nos tiene prometido el progreso. Ahora, no después.

Pero quizá por lo que dijo Nietzsche (que el hombre no es capaz de asumir las consecuencias) o por simple falta de imaginación, no se ha llegado a la solución lógica. Para que todos los que vayan llegando entren directamente al cielo, deberían ser hijos de millonarios. Dado que no es posible, de momento, convertir a todos los padres en millonarios, habría que convertir a los no-millonarios en no-padres. La medida (que serviría también para llevar la ciencia del control fiscal a una etapa avanzada) pudiera ser muy simple: castrar a quien no pueda demostrar que es millonario. En un par de generaciones, la tierra sería el cielo.

¿QUÉ FALTA EN EL MERCADO INTERNO?

△

¿QUÉ FALTA EN EL MERCADO INTERNO?

△

Vertientes poskeynesianas

La escasez de dinero parecía lo esencial de los mercados pobres, cuando (a mediados de siglo) se empezó a hablar del "círculo vicioso de la pobreza": no hay poder de compra, por lo cual no se vende, por lo cual no se produce y no se invierte, por lo cual no se crea empleo, por lo cual no hay dinero, por lo cual no hay poder de compra. Se daba por supuesto que lo que falla en un mercado pobre es la demanda, con una especie de keynesianismo vulgar, bajo distintos lemas:

1. La repartición del ingreso. Que parece implicar el siguiente razonamiento: lo que falta en el mercado interno es demanda efectiva. No se puede avanzar sin darles a los campesinos un poder adquisitivo más cercano al de la clase media, para que teniendo más ingresos compren lo mismo que la clase media: cosas que así tendrán mercado interno.

2. La creación de empleo y las tecnologías intensivas de mano de obra. Que parecen implicar un razonamiento complementario. Para convertir a los campesinos en clase media, hay que darles ingresos y por lo tanto empleo. Pero como no se trata de hacer otras cosas, sino las mismas, hay que "hacerlas rendir" con otras tecnologías que ocupen más mano de obra, aunque (por definición) su productividad por hombre sea menor.

3. La necesidad de exportar. Que parece implicar un razonamiento desesperado a continuación de los anteriores: en vista de que convertir a los campesinos en clase media parece cosa de mil años, si no imposible, y de que bajar la productividad parece suicida, integremos un gran mercado con las clases medias de todos los países. Así podremos desarrollarnos vendiendo lo que sabemos producir: cosas para la clase media.

Demanda efectiva y oferta efectiva

Pero ¿qué falta en el mercado interno? Para que haya un mercado efectivo, la demanda efectiva es necesaria, pero no suficiente: se requiere también una oferta efectiva. Si el dinero es indispensable para hacer efectiva la demanda, no basta para hacer efectiva la oferta. Lo que se cambia en el mercado es dinero por bienes y servicios. Son los bienes y servicios los que tienen que ser efectivos (en diseño, volumen, calidad, oportunidad, precios, condiciones de pago) con respecto a las necesidades que pretenden satisfacer y a los medios de pago disponibles, para que la oferta sea efectiva.

Repitiendo: lo más faltante del mercado interno es una oferta pertinente para las necesidades de los pobres. Para que haya un mercado efectivo se requiere no sólo que los demandantes potenciales tengan el dinero, sino también, cosa que por elemental se olvida, que haya cosas que comprar que correspondan efectivamente a sus necesidades y estén efectivamente a su alcance. Así como la efectividad equivale a dinero, desde el punto de vista de la demanda, la efectividad equivale a pertinencia, desde el punto de vista de la oferta: cosas que vengan al caso, y vengan realmente, a través de canales de distribución que operen con el volumen, diseño, precio, condiciones de crédito, de las necesidades del mercado interno.

¿Cuándo se ha sabido de un huichol que ande buscando desesperadamente los servicios de un psicoanalista, pero que esté impedido de hacer efectiva su demanda por falta de dinero? Si no hay ese mercado interno para los psicoanalistas es porque no tienen nada que ofrecerle a un huichol. Y lo mismo sucede con las universidades, el mármol, los automóviles, y hasta la investigación agrícola.

La falta de una oferta efectiva se ha puesto en evidencia en fenómenos "curiosos" vistos aisladamente: los bloqueos operacionales que se han producido cada vez que hay una derrama excepcional de dinero en un sector social desatendido. Durante el gobierno de la República española, la industria textil no alcanzaba a surtir la demanda de ropa. En el Frente Popular chileno se repitió el fenómeno con una inflación desbocada, porque mucha gente empezó a tener más dinero que cosas que comprar. En 1973, en México hubo un comienzo de lo mismo. En Cuba hay colas, que es el análogo de la inflación en una economía racionada. En todos estos casos no ha bastado con dar dinero para hacer funcionar el mercado interno. Lo que ha hecho falta en el mercado es una oferta efectiva.

Pero el volumen no es el único requisito para una oferta pertinente. Hay muchos aspectos igualmente importantes: el diseño y los canales de distribución, para no hablar de otros más obvios, como el precio y el crédito. Los almacenes soviéticos estaban llenos de ropa que se queda porque a la gente no le gusta, aunque tenga dinero con qué comprarla. Los mismos títulos de libros han vendido más ejemplares por el simple hecho de llegar al público de las grandes tiendas, que (teniendo dinero) no va a las librerías.

¿Qué hemos preparado y hecho llegar efectivamente para las necesidades del campo? ¿Dónde están las semillas y los animales de tracción mejorados genéticamente para siembras de temporal; la investigación agrícola orientada a la producción doméstica de alimentos para el consumo propio; la reinvención del trabajo a domicilio, para darles a los campesinos capacidad de "exportación" maquilera; la oferta que nos autorice a decir que no existe su demanda? Queremos venderles lo mismo que producimos para nosotros y ni siquiera somos capaces de salir a ofrecérselo: queremos que vengan a la ciudad a comprar. ¿Qué falta en el mercado interno? Ante todo una oferta pertinente. Hay muchos signos de inmensos mercados potenciales, desatendidos esencialmente porque la oferta del sector moderno no se imagina otras necesidades ni otros satisfactores que los del mundo de la clase media.

85

LA OFERTA PERTINENTE

△

De Say a Keynes

¿Hay mercado para todo? ¿No llegará el momento en que la producción no pueda crecer por falta de mercados? ¿No hay límites para el crecimiento económico?

Estas cuestiones, hoy revividas, se planteaban en los tiempos de la gran crisis (1929), y un siglo antes, en la depresión que siguió a las guerras napoleónicas. En la primera reunión del Club de Economía, fundado en 1821 por James Mill, David Ricardo, Thomas Malthus y otros, Malthus llevó al extremo el problema del estancamiento, que nadie negaba como realidad, pero que se suponía temporal y de algunos mercados. Provocativamente, sugirió discutir una tontería pesimista a los ojos de los ricardianos: ¿es posible llegar a un estancamiento general y permanente ("a general glut")?

Este Malthus, preocupado por el paro universal, no tuvo el mismo reconocimiento que el primero, preocupado por el exceso de población, hasta que fue revalorado por Keynes, como antecesor de sus teorías sobre la deficiente demanda global que puede resultar por falta de medios de pago (medios que, según la tradición, nunca podían faltar).

La respuesta tradicional a la cuestión extremada por Malthus había sido formulada por Jean-Baptiste Say (1767-1832), con su ley de los desfogues ("debouchés") o ley de los mercados: "si ciertas mercancías no se venden, es porque otras no se producen; la producción abre sola desfogues a los productos". Alguien supo acuñar una fórmula aún más contundente, que hoy se conoce como Ley de Say: "La oferta crea su propia demanda".

La explicación de Say es que toda producción adicional genera pagos (al personal, proveedores, contratistas) que a su vez generan demanda para otras cosas, lo que en último término crea una demanda adicional equivalente a la oferta adicional. Así, todo crecimiento de la oferta se compensa automáticamente con un crecimiento de la demanda. Pero contra esta idea optimista, Keynes hizo ver que nada garantiza que el dinero se gaste: los medios de pago pueden existir, sin usarse en compras para el consumo o para la producción.

A partir de esta corrección, la Ley de Say quedó como tirada a la basura, aunque en realidad, por el lado monetario, quedó integrada a una teoría más amplia como fue la de Keynes, de la misma manera que en física unas leyes quedan subsumidas en nuevas explicaciones más completas.

Lo curioso es que, por este lado monetario, el keynesianismo ha llegado a tener la misma fe en las virtudes creadoras de la oferta que tenía Say, sólo que con respecto a la oferta monetaria. Como si la nueva versión de la ley fuera: "si ciertas mercancías no se venden, es porque los medios de pago no se producen; la oferta monetaria abre sola el mercado interno". Lo cual requiere una corrección importante: nada garantiza que habiendo dinero para hacer efectiva la demanda, el mercado ofrezca lo que haga falta. Los medios de pago pueden existir, sin que exista la oferta pertinente, en cantidad, calidad, tamaños, diseños, precios, distribución, servicio, publicidad.

"Nuestra crítica de la teoría económica clásica aceptada, ha consistido menos en hallarle errores lógicos de análisis, que en señalar que sus supuestos tácitos rara vez o nunca se cumplen, por lo cual no puede resolver los problemas económicos del mundo real", dijo Keynes. Es decir: rara vez o nunca sucede que la demanda global y la oferta global se equilibren, automáticamente, como lo supone Say. De ahí la necesidad de que el Estado cree medios de pago, o los restrinja, según vaya siendo necesario. Pero, a su vez, Keynes supuso algo que rara vez o nunca sucede por el lado no monetario del equilibrio entre la oferta y la demanda globales: "No veo razón para suponer que el sistema existente haga muy mal uso de los factores de producción". "Cuando de diez millones de hombres que quieren trabajar y son capaces, nueve millones tienen ocupación, no hay evidencia de que su trabajo esté orientado mal. La queja en contra del sistema vigente no es que éstos nueve millones deberían estar haciendo otras cosas, sino que debería haber quehacer para el millón restante. La falla del sistema está al determinar el volumen de ocupación, no al determinar en qué se ocupa el trabajo." Así como la tradición anterior a Keynes supuso, optimistamente, que la demanda global no podía ser deficiente por falta de medios de pago, la tradición keynesiana ha supuesto, optimistamente, que la oferta global no puede ser deficiente por falta de pertinencia.

Grados de utilidad de la oferta

Las dificultades para armar una nueva teoría más completa, que sí tome en cuenta las deficiencias de la oferta y las enormes diferencias de utilidad que hay entre producir unas cosas, en vez de otras, espera un nuevo Keynes, capaz de construir (o eludir hábilmente la imposibilidad de construir) una función no monetaria de la utilidad global. Pero no hay que esperar esa nueva teoría para ver que con el mismo tiempo y dinero se pueden hacer cosas útiles o inútiles, pertinentes o impertinentes, oportunas o a destiempo, y que el grado de utilidad de la oferta puede variar infinitamente aunque el nivel de empleo y el volumen de la oferta global no varíen.

Dicho de otra manera: los mercados pueden estar constreñidos, no sólo por falta de dinero para hacer efectiva la demanda (lo cual pudiera subsanarse creando la oferta monetaria necesaria para el caso) sino también (como es sabido en la práctica, pero no incorporado a la teoría) por falta de bienes y servicios adecuados y oportunos. Por falta de lo que pudiéramos llamar una oferta efectiva (simétrica, desde el punto de vista de la efectividad útil para el cliente, con la efectividad monetaria de su demanda para el proveedor).

Los supuestos keynesianos sobre la pertinencia de la oferta, rara vez o nunca se cumplen, sobre todo en los países pobres, donde la oferta, empezando por la estatal, se configura de maneras que no corresponden con las necesidades de los pobres, por lo cual no puede resolver los problemas del mundo real en que viven los pobres.

Supongamos la creación de un organismo más, dedicado a los problemas del campo. Tiene ventajas indudables: todo esfuerzo en pro del campo es loable, y es loado, más aún si emplea a jóvenes universitarios que tienen deseos de servir a la patria, y que de no tener empleo pudieran crear malestares políticos; más aún si, gracias al efecto multiplicador, los choferes, mensajeros, boleros, jardineros, criadas, que requieren los nuevos funcionarios públicos, crean empleos en la ciudad para gente del campo. Pero hagamos un balance de la oferta y la demanda adicionales que permiten los nuevos medios de pago. La creación del nuevo organismo genera una oferta adicional de consejos útiles, así como pagos a los funcionarios y su servidumbre. Sin embargo, los nuevos choferes, criadas, jardineros, mensajeros, no van a gastar lo que ganan en consejos útiles para resolver el problema del campo, sino en alimentos, ropa, transporte. Pero resulta que la oferta de estos bienes y servicios no aumentó con los nuevos empleos. O sea que la oferta global aumentó, pero en forma desbalanceada y nada pertinente con respecto al aumento de la demanda global. Lo mismo sucede al ocupar campesinos para hacer obras públicas en la capital, o para hacer obras en el campo que no corresponden a sus necesidades como las carreteras de lujo, o que no les sirven para nada, como tantas obras mal concebidas o realizadas, o que ni siquiera funcionan una vez terminadas, o que ni siquiera se terminan.

Es más fácil crear medios de pago que una oferta pertinente. Nada garantiza que el dinero ofrecido a través de la creación de empleos se gaste precisamente (aunque sea indirectamente) en las cosas adicionales que producen esos nuevos empleos. Suele verse lo contrario: que se ocupe a los pobres en crear más cosas de las que necesita la clase media urbana, no de las que ellos necesitan. Lo cual produce un desbalanceo de la oferta que ningún dinero del mundo puede equilibrar, a menos que se llame equilibrio a la inflación. Ocupar a los pobres en producir lo que no necesitan equivale a darles dinero para que traten de comprar lo mismo que había antes, a falta de las cosas pertinentes que no se produjeron.

La falta de pertinencia de la oferta es una restricción decisiva para el crecimiento del mercado interno. Que el Estado cree empleos para producir automóviles, consejos útiles, y tantos bienes y servicios que no van al caso de las necesidades campesinas, empezando porque ni siquiera van, restringe el crecimiento del mercado con un doble efecto desbalanceador. No crece el mercado de satisfactores urbanos, por falta de demanda: porque el proceso de convertir a los campesinos en clase media es muy lento. Y tampoco el mercado de satisfactores rústicos, por falta de oferta: ni el Estado, ni las grandes empresas, ni los que escribimos críticas para el consumo de la clase media, nos ocupamos de producir bienes y servicios pertinentes para un mercado pobre.

¿Cambiar la oferta o cambiar al cliente?

Cambiar la oferta tiene más sentido que cambiar al cliente, exigiéndole que se convierta en clase media para que compre lo que sí ofrecemos. Pero, desgraciadamente, hay muy poca conciencia de que éste es el dilema. Se trata de vender más de lo mismo a clientelas ya convertidas en clase media, y en esa dirección no hay más salida que exportar (hasta consejos útiles). No hay una marcha al grito de "clases medias de todos los países, uníos". Pero el esfuerzo desesperado por integrar mercados y exportar puede ser

89

visto así. Es más fácil abrir el mercado externo exportando automóviles que abrir el mercado interno convirtiendo a los indios en automovilistas. Para vender lo mismo que las ciudades consumen, es más fácil integrar los mercados de las grandes ciudades de los países pobres, que integrar a cada una con su mercado interno.

Sin embargo, parece razonable creer, con un optimismo que corrija las limitaciones de Say y de Keynes, que la oferta pertinente sí tiene virtudes creadoras, y que la Ley de los Mercados es válida en esta versión: "si ciertas mercancías no se venden, es porque no responden a lo que hace falta; la oferta pertinente (incluyendo la pertinencia de los medios de pago) abre sola mercados". La oferta pertinente crea su propia demanda.

EMPLEOS ¿PARA HACER QUÉ?

△

Visiones empleocéntricas

La práctica, de los hombres prácticos, dijo Keynes, suele ser la teoría de algún economista difunto. Conviene recordarlo, hoy que ciertas teorías del difunto Keynes parecen la cosa más práctica del mundo; en particular, que es bueno dar empleo, aunque sea para abrir zanjas y volverlas a cerrar.

En efecto, la proliferación de organismos, choferes y otros gastos suntuarios de la administración pública, la multitud de gente improductiva y frustrada que se ve en las oficinas estatales, muestran la fe keynesiana que se tiene en el empleo como algo valioso por sí mismo. Esta fe la comparten algunos empresarios privados, conscientes de que "el gran reto para la iniciativa privada es la creación de empleos".

Curiosamente, en esto, como en otras cosas, los grandes empresarios piensan igual que sus opositores; quizá porque no piensan mucho teóricamente y tienen que atenerse al único pensamiento disponible, que es el que los combate. Por eso los empresarios más conscientes de su responsabilidad social, la sienten ante todo como patrones, no como proveedores imaginativos al servicio de las necesidades del público. En las grandes empresas privadas, como en las públicas, es más fácil encontrar buenas prestaciones para el personal que buenos productos y sistemas de oferta, ya no se diga un gran espíritu de servicio al público.

Hasta puede observarse una afinidad de intereses económicos entre el Estado, las grandes empresas privadas y el personal de ambos sectores, que explica lo que pudiéramos llamar la Alianza Tripartita contra el público. Obsérvese que, frente al público, puede existir una identificación de los empresarios con su personal por el simple hecho de estar del mismo lado de la ventanilla: el productor. Más aún si el empresario se ocupa realmente de la empresa. Si soy empresario o funcionario, no una viuda con

91

acciones, lo importante de la empresa, o de la institución, es que me permite actuar y ganar como persona productiva, poderosa e importante. Qué se produce, a quién le sirve, para qué sirve, qué tanto le sirve, resulta secundario.

En el mismo Marx parece haber este narcisismo de la producción, quizá de origen romántico. El obrero, el trabajo y el producto no enajenados, parecen inspirados en los ideales románticos del artista libre, la creación a través de la cual se realiza como persona y la obra de arte en la cual se expresa. El artista como héroe, de los románticos alemanes, prefigura al obrero como protagonista de la historia: son supremos hacedores, que haciendo hacen el mundo y se hacen a sí mismos. ¿Qué más puede pedir un artista que cobrar por satisfacer sus necesidades creadoras? ¿Qué espera un joven brillante sino que después de becarlo a Harvard le pongan el poder alfombrado a sus pies, con ayudantes, presupuesto, choferes y todo lo necesario para seguir aprendiendo y desarrollándose con experiencias interesantísimas? En una futura sociedad sin opresiones, el productor no estaría sometido ni siquiera a una especialidad: podría ser cazador en la mañana, escultor en la tarde, filósofo en la noche. El productor, el artista, el obrero, tienen eso que no tiene Dios, ni la tierra, ni el capital, ni el consumidor: ser creadores.

En un apólogo que sirve para mostrar cómo las mismas actividades no son lo mismo, alguien pregunta a unos canteros: ¿qué estás haciendo? Y uno responde: ganándome la vida; otro: alineando este canto; otro: un santuario para la Virgen, etcétera. Esta variedad de acentos implica planteamientos prácticos igualmente diversos. Aunque puede pensarse en situaciones utópicas, en las cuales el autor de una obra haciendo "lo suyo" sirva a los demás y tenga ingresos, en caso de tener que renunciar a uno de estos elementos, ¿a cuál renuncia? Para el artista medieval era fácil renunciar a la obra de arte como expresión de uno, como obra de autor. Hoy, la exaltación romántica del autor sigue pareciendo irrenunciable, aunque empieza a haber cierta conciencia de la creatividad propia del lector (significativamente, visto como autor), así como de la "impersonalidad" del texto o de la obra. Renunciar a los ingresos (al arte como forma de ganarse la vida) no tenía sentido para un arte (el medieval) fundido con los oficios. En cambio, hoy los ingresos se han vuelto ambivalentes: son deseados como reconocimiento del valor del autor, pero temidos como algo que pudiera desviarlo de su realización.

Hay, pues, una tradición poderosa que da sentido al producto del lado del productor (ya sea como fuente de ingresos o de expresión) sobre el lado del consumidor. La expresión que importa, la ganancia legítima, la verdadera creatividad es la del productor. Hablar de expresión, liberación, creatividad o plusvalía del lector, contemplador o consumidor (ya no digamos de la naturaleza) parece no tener sentido. Sin embargo, esta inversión copernicana viene al caso, porque en la práctica ya se están presentando hechos que no encajan en la teoría de que el sol gira alrededor del trabajo.

Liberación de la naturaleza y del consumidor

Quizá el de más repercusión sea la experiencia de toparse con los límites (y por lo tanto el valor y la creatividad) de la naturaleza. Tanto en las cuentas marxistas como en las modernas cuentas nacionales se le da un valor cero. Se reconocen, por supuesto, los desembolsos a que dan lugar los derechos de propiedad y semejantes, que son desembolsos que reciben personas consideradas para el caso como improductivas, pero la naturaleza misma es considerada improductiva. Lo que vale de un elemento natural es el trabajo de extraerlo.

En los países más industrializados, hay en esto una coincidencia "objetiva" con la apreciación marxista del trabajo. Se desperdician más los materiales y el capital que las horas de trabajo, porque éstas cuestan más. Gastar trabajo en componer, arreglar, limpiar, devolver, cuidar, es (o en todo caso venía siendo) más caro que desechar.

Pero hemos topado con los límites de la naturaleza. La grandeza del hombre puede convertir los mares míticos en charcos malolientes, eliminar para siempre especies milenarias, quemar las fuentes de energía acumuladas en millones de años. Estos hechos se integran con otros que desbordan las teorías económicas y políticas que conocemos. ¿Dónde situar el movimiento de los consumidores? ¿En qué teoría se puede hablar de paisajes oprimidos? César Chávez ha podido organizar huelgas de consumidores en favor de campesinos, mientras el proletariado industrial no demuestra ningún interés en adquirir la propiedad de las empresas. Ralph Nader ha hecho retroceder a la empresa más grande del mundo. Los empresarios norteamericanos se sienten más amenazados por el público que por su personal. El mismo pueblo parece estar más satisfecho con sus empresarios como patrones que como proveedores. La opresión del consumidor, como la opresión de la naturaleza, nos encuentra sin teorías adecuadas.

Aun antes de que se llegara a la época de los enfrentamientos, la simple existencia de un "sindicato de consumidores" con laboratorios para hacerse una idea del valor de los productos, implicaba lo que pudiéramos llamar una plusvalía creada por la actividad del consumidor, en el proceso de saber precisar lo que hace falta, saber buscarlo, escogerlo y comprarlo, saber verlo, etcétera. En el campo de las compras industriales y la ingeniería de diseño, se ha llegado a configurar este proceso como una técnica llamada value analysis que consiste en estudiar las partes de un producto y su función, y analizar qué contribuye cada elemento y cómo a la función, empezando por replantear ésta. ¿Para qué se compra este tornillo? ¿Es necesario fijar la pieza? ¿No podría estar, en vez de atornillada, fundida como una sola parte? ¿Hay que usar cuatro tornillos o basta uno? ¿Tiene que ser de aluminio? ¿Por qué una rosca especial? Hay una forma de "crear riqueza" que no consiste en producir más sino en saber usar, consumir, comprar o diseñar cosas que vengan más al caso.

Las personas con empleo dedican más tiempo a actuar como productores que como consumidores. Además, al actuar como productores lo hacen en el mismo lugar y en convivencia con otros productores que comparten sus intereses; mientras que al actuar como consumidores se encuentran dispersos y sin contacto con otros consumidores de lo mismo. Por último, consumen muchas cosas pero producen una, que por lo mismo afecta más sus intereses que cualquiera de las muchas que consumen. Todo esto puede explicar la aparición tardía de la unión de los consumidores y su fuerza menor en términos de lucha. Pero pueden darse casos de concentración física del consumo: una multitud de espectadores en un estadio o plaza de toros siempre es más temible que una multitud de espectadores de televisión. O de convivencia temporal: un grupo de turistas en una excursión más o menos larga puede llegar a adquirir una fuerza que nunca tiene un pasajero aislado y de prisa. Por eso también los inquilinos de una vecindad llegan a unirse. Mayor fuerza pueden adquirir los consumidores a tiempo completo de una sola cosa, que conviven por años en un solo lugar: los estudiantes. La coincidencia histórica del movimiento estudiantil con el movimiento de los consumidores y el ecologista puede no ser simple coincidencia. La tendencia a ver el movimiento estudiantil en las perspectivas del movimiento obrero, y las dificultades para integrar ambos, se explican como ilusiones ópticas: hay mayores afinidades del movimiento estudiantil con la defensa de la naturaleza y del consumidor.

Producir lo que hace falta

Nótese la coincidencia histórica entre la aparición del consumidor activo y la de obras de arte, espectáculos y textos literarios que piden la participación activa del actor, espectador o lector. Muchos fenómenos de las últimas décadas están pidiendo un giro: la cuestión central es el consumo (la pertinencia de lo que se ofrece en el mercado), no el empleo. Su relación monetaria, cuya importancia hizo ver Keynes, y que es válida por el lado de la demanda (empleo-ingreso-consumo: que el trabajo dé dinero con qué comprar) ha hecho perder de vista la relación operacional que existe por el lado de la oferta (empleo-oferta-consumo: que el trabajo produzca los satisfactores pertinentes), que es la relación primordial. El empleo está ligado al consumo porque hay que hacer las cosas que hacen falta, más que por generar los ingresos para comprarlas. Este giro, que pone la cuestión central en su lugar, aclara muchas cosas:

1. Keynes tenía razón, en cuanto dar empleo para dar ingresos, sí produce los efectos de multiplicación que estimulan toda la economía, aunque el empleo consista en abrir zanjas y cerrarlas. Pero, para este efecto multiplicador, no hay para qué dar el empleo, basta con dar el dinero, aun a cambio de nada.

2. Por otra parte, no es lo mismo dar empleo para hacer unas cosas que para hacer otras. La misma suma de valor agregado medido en términos de empleo, producción o costo puede valer mucho más o mucho menos medido en términos de valor de consumo. Por eso la meta indiscriminada de crear empleos resulta ridícula frente a la verdadera meta que es crear los satisfactores que realmente hacen falta, y crearlos de la manera más satisfactoria (para quienes los necesitan, en primer lugar, y también, naturalmente, para quienes los crean).

3. Marx tenía razón al desear para todos un trabajo libre: ya no sería trabajo sino creación. Pero a menos que volviésemos a una economía paleolítica, en la cual sí era posible ser cazador por la mañana, escultor por la tarde y filósofo por la noche; a menos que se pueda convertir el trabajo en consumo (como lo son las actividades de juego, por las cuales se paga para darse el gusto de hacer algo), la satisfacción de las necesidades de producir no coincide exactamente con la satisfacción de las necesidades de consumir. Como lo saben los artistas, y todos los productores, hacer cosas satisfactorias para uno, no asegura que lo sean para otros. El trabajo expresivo, desopresivo, liberador, puede no servirle para nada al consumidor. Has-

ta puede oprimirlo. Mejorar los ingresos y las condiciones del productor traslada en muchos casos la opresión al consumidor (como es obvio en los servicios públicos, y en muchas otras situaciones; por ejemplo: las casas oprimentes para sus moradores, que sin embargo expresan maravillosamente al arquitecto).

4. Por lo demás, abrir y cerrar zanjas que no le sirven a nadie, tampoco es muy creador: ha sido un método de tortura, como lo es convertir a una persona en burócrata. Ésta sería otra razón para dar dinero simplemente y no cualquier absurdo empleo a los pobres desocupados: no torturarlos.

Si la mitad del personal del gobierno siguiera recibiendo su sueldo, pero cambiando la obligación de ocupar su tiempo en cosas improductivas, por la de irse a vivir a las aldeas, donde pudiese platicar con más libertad y participar en coros, bailes, festejos, el volumen de la producción nacional no bajaría pero habría más contento. Se crearía más bienestar al mismo costo.

Naturalmente que lo práctico sería ahorrarles el viaje y empezar por no hacerlos venir del campo a mendigar trabajos serviles en la corte de los tecnócratas. Es mejor empezar por enviarles dinero para que sigan improductivos donde su improductividad no genera sobrecostos (lo que echan a perder o entorpecen los burócratas, el tiempo que les quitan a los demás, las inversiones directas en oficinas, las indirectas en obras y servicios municipales).

5. Mejor aún sería que el tiempo improductivo se aprovechara en balancear la composición, forma y canales de la oferta nacional. Con los mismos millones de horas-hombre y con los mismos millones de pesos se puede crear una enorme plusvalía por el simple hecho de producir otras cosas: cosas que vengan más al caso, sobre todo al caso de los consumidores pobres.

Por eso, frente a la solución: el desempleo está en el campo, hay que traer a los campesinos y darles empleo en cualquier cosa en la ciudad, tiene más sentido práctico y humano: enviarles dinero a cambio de nada y ayudarles a que se atiendan a sí mismos, con una oferta pertinente de medios de producción de alimentos, ropa, techo.

Con el mismo costo y empleo se puede generar una oferta satisfactoria o insatisfactoria. La misma satisfacción (sobre todo teniendo hambre) puede obtenerse con comidas que den mucho o poco trabajo. Y lo importante no es que den trabajo, es que den satisfacción. Para lo cual, naturalmente, no hay que excluir la satisfacción de cocinar. Hasta en este sentido superior, el consumo y no el trabajo debe ser lo determinante. Una optimización del consumo debería sumar la satisfacción del productor a la del consumidor. Pero esto es sólo un refinamiento del argumento básico: que, al mismo costo nacional, la satisfacción total varía enormemente en función de cómo se estructura la oferta.

Toda actividad o inactividad puede ser planteada con un acento diferente. Las limitaciones de poner el acento en el empleo como fuente de ingresos (Keynes) o como fuente de opresión o expresión (Marx) hacen perder de vista algo que ya es tiempo de acentuar: la primera razón de ser del empleo es que se ocupe en lo que hace falta. Lo que importa son las necesidades "en especie" y las diferencias de "satisfacción en especie" que dan unos satisfactores frente a otros y frente a sus costos respectivos.

Cambiando el acento, hay que decir entonces que el verdadero problema de la pobreza campesina no es el desempleo: es la desnutrición, la falta de ropa, etcétera. Si hubiera desempleo y a nadie le faltara una comida pobre pero sabrosa y bien balanceada, sería mejor que si hubiera pleno empleo con desnutrición. En este caso, habría que dejar de hacer otras cosas para producir alimentos. Y por supuesto que si la misma gente desnutrida es la que está desocupada, lo lógico es darle medios para que produzca alimentos, no ver qué nueva tontería se inventa que dé trabajo en la ciudad.

Mercados hechos

△

No se puede esperar de los mortales la creación de mercados. Fuera de los mercados hechos, hay una terra incógnita que devora una y mil veces las iniciativas, inocentes o temerarias, y en la que sólo se abren paso algunos semidioses. El temor universal a vender, el resentimiento de tener que vender, el desprecio a los vendedores, la envidia de que otros vendan, las ovaciones y la prosperidad que esperan los que han vendido, serían temas dignos de estudio para una antropología del comercio, misteriosa actividad suplicante, abusiva, inventiva, prometeica. Nada menos que el alfabeto parece tener su origen en la creatividad de los mercaderes fenicios. Nada menos que Hermes-Mercurio, mensajero del cielo, dios de los caminos, de la penetración, de lo posible, de la doblez, de la mediación, de la traducción, de la comunicación, es el dios del comercio. Sin hablar de los pochtecas, cuyo ascendiente en el imperio azteca se debía a que le abrieron mercados "trasnacionales".

Con estos antecedentes, se comprende que la investigación de mercados para el común de la humanidad consista en algo muy modesto: ¡Qué bien le va a Fulanito! Hay que hacer lo mismo.

Orígenes de la oferta

La oferta primordial es la que ofrece la naturaleza. Mientras el hombre se mantuvo de la recolección, la caza, la pesca, no hubo mercado, porque era imposible comerciar con alimentos de fácil descomposición, difíciles de cargar y que no tenía caso llevar a donde se encontraban igualmente disponibles y frescos.

Esta falta de comercio no era falta de contactos. Lévi-Strauss explica la comunicación de mitos en el continente americano porque bajo el modo de producción recolector, los mismos millones de kilómetros cuadrados, se llenaban con muy poca gente nómada. Jane Jacobs ha hecho una hipótesis complementaria: lo que arraigó a los nómadas no fue la agricultura sino las "industrias extractivas": el hallazgo de vetas de obsidiana, la necesidad de quedarse a cuidarlas de otros cazadores, que empiezan por disputárselas y acaban por ser clientes de los sedentarios que se vuelven los primeros comerciantes (y los primeros vendedores de armas).

Nótese que los viajes de comercio fueron para comprar, antes que para vender: para conseguir lo necesario, a cambio de lo que se tuviera; como una extensión de la actividad recolectora. Hasta la fecha, muchas caravanas comerciales indígenas, parten a buscar lo necesario (sal, por ejemplo) más que a satisfacer lo que otros necesitan. Igual que las misiones comerciales o asistenciales modernas no se preocupan mucho de qué sería mejor para el cliente (por ejemplo: qué cosas inventar, diseñar, desarrollar, para las necesidades de un mercado pobre): piensan en adquirir (divisas, indulgencias, grados académicos, méritos burocráticos) a cambio de los sobrantes que se tengan. Desde el origen del comercio, parece más urgente salir a obtener que a satisfacer. Quizá por eso pesa tanto el paradigma sedentario en todo vendedor: sentarse a esperar que vengan a comprarle, no salir a vender.

Según la señora Jacobs, el desarrollo urbano da origen al desarrollo rural, y no al revés, como se ha creído: la domesticación de plantas y animales se inicia en las aldeas, todavía recolectoras (aunque asentadas por las actividades extractivas, que permiten el comercio y estimulan las artesanías). Pero como las plantas y animales requieren mucho espacio, se van llevando al campo a medida que la agricultura deja de ser una curiosidad doméstica y se vuelve una actividad sustitutiva de la recolección. En todo caso, la recolección trasmutada en compra-venta (más que en venta-compra) desempeña la parte activa en los orígenes del mercado, frente a una oferta pasiva, disponible directamente en la naturaleza, o con quienes se adueñan de sus bienes.

La demanda sin oferta

La creatividad de la naturaleza y de las cosas mismas, el azar proferidor de monstruos y milagros, lo que se da, lo que se ofrece por sí mismo, para quien reconozca su necesidad en un objeto de deseo transformado en satisfactor (o su oportunidad de comercio en un objeto de cambio), sigue siendo el origen fundamental de la oferta. Incluyendo casos muy modernos: un desperfecto en una máquina textil (la "creatividad de las cosas mismas") produjo el género que alguien tuvo el genio de reconocer como muy satisfactor para secarse; el género que hoy, deliberadamente, se produce para hacer toallas.

¿Dónde estaba la demanda para ese género? ¿Cómo avisa la demanda que existe? ¿Cómo dijo, por ejemplo, que quería comprar millones de ejemplares de *Cien años de soledad*, antes de que este libro se escribiera?

Para que el deseo (o el rechazo) se concrete, hace falta un objeto de deseo. Esta cristalización o concrescencia (concretar: con-crecer) tiene su origen último en una colaboración no controlable entre el deseo que no tiene objeto todavía y la aparición de objetos satisfactorios posibles. En este sentido es válida la Ley de Say: la aparición de la oferta crea (concrea, concreta) la demanda (o la indiferencia, o el rechazo). Lo cual es repugnante para nuestras ambiciones planificadoras. Significa que no sabemos bien lo que hace falta en el mercado hasta que aparece y funciona; que el desarrollo depende de la creatividad (intelectual, empresarial, política, artesanal, de la naturaleza, de las cosas), cuyos elementos azarosos o providenciales no se dejan fácilmente planificar.

Dirigir sistemáticamente la creatividad y la innovación es una pretensión reciente de la modernidad, de la cual se tiene muy poca experiencia (incluyendo experiencias desastrosas) y que parece con frecuencia imposible o difícil de realizar. Lo humano, lo "natural", es tratar de modificar la demanda, no la oferta. En esto incurren desde el comerciante que trata de conformar al cliente con lo que puede ofrecerle (diciéndole qué bien le queda el único tamaño o color que tiene) hasta los keynesianos que tratan de cambiar la demanda pero no la oferta. Pasando, naturalmente, por esos planificadores mitológicos que, según Galbraith, son capaces de hacer que el público demande todo lo que ellos quieren que se venda.

Pero la oferta sin demanda es una experiencia cotidiana en los mercados libres, oligopólicos o totalmente planificados. Y lo mismo sucede con la demanda sin oferta. A pesar de toda nuestra ciencia, la terra incógnita de los mercados potenciales sigue siendo un misterio, sujeto a los caprichos del azar, el deseo y la inspiración.

Mercados hechos

Pudiéramos llamar mercados hechos a los que ya están organizados con un sistema definido, que le da forma a ciertas necesidades en términos de ciertos satisfactores, a través de ciertas formas de operar la demanda y la oferta respectivas. Las oportunidades potenciales en estos mercados consisten en ofrecer lo mismo, ya sea por crecimiento de la demanda o sustitución de la oferta.

La demanda puede crecer de varias maneras:

a) Porque aumenta la población o el sector de la población que demanda esas cosas.

b) Porque aumenta el universo de referencia. (Si hay más automóviles, aumenta la demanda de semáforos.)

c) Porque la oferta llega a lugares a donde no había llegado.

d) Porque se ofrece lo mismo a menos precio (absoluto o relativo).

La oferta puede ser sustituida de varias maneras:

a) Porque algunos oferentes mueren, se arruinan, se retiran, desatienden su negocio o son forzados a reducir su participación en el mercado por accidentes, huelgas, falta de abastecimientos; por la competencia o por medidas gubernamentales. (En estos casos, el mercado aumenta para algunos participantes, pero no para el conjunto.)

b) Por sustitución de importaciones (con lo cual se amplía el mercado de la oferta interna, aunque no la demanda interna).

c) Por exportación (que tiene el mismo efecto).

En ambas listas, los casos *a* y *b* pueden verse como variantes de la situación "¡Qué bien le va a Fulanito!". Hay un mercado hecho y se compite por una (o mayor) participación. Los casos *c* (apertura de nuevos territorios, internos o externos), tienen, por decirlo así, más mérito. Hay una creación de nuevos mercados, aunque sea para lo mismo. El caso *d* también tiene su mérito: abaratar lo mismo (a través de nuevos procesos, economías de escala, mejor organización, mejores estrategias comerciales, etcétera) beneficia a los consumidores existentes y permite que otros se incorporen al mercado.

Pero lo que decididamente parece cosa del otro mundo es el genio comercial para imaginar, desarrollar y armar mercados totalmente nuevos: otras configuraciones de necesidades-satisfactores, otros sistemas de oferta-demanda. Esta clase de genio carece de prestigio intelectual por muchas razones. Sin embargo, recibe un homenaje indirecto cada vez que un empresario público o privado, y todos los que ofrecemos algo (cosas, servicios, ideas), nos vamos por el camino fácil y ofrecemos más de lo mismo.

La historia no registra al inventor (si fue uno solo) de las conservas y los alimentos enlatados, aunque se trata evidentemente de una hazaña *contra natura,* una negación de los ritmos de la naturaleza y una blasfemia contra la inmediatez del tiempo presente. La oferta de conservas y alimentos enlatados ha creado nuevas formas de expresar y satisfacer las necesidades alimenticias y nuevos sistemas de organizar la oferta y la demanda respectivas, en mercados más estables y eficientes, que aprovechan mejor la producción agrícola y extienden su utilidad más allá del momento y lugar de la cosecha.

Y estos mercados, ¿dónde estaban antes? ¿Dónde estarán los otros muchos que no existen por falta de iniciativas? ¿No es de suponerse que en ese limbo estén los mercados que esperan las necesidades de los pobres? No es fácil que los pobres se hagan a nuestros mercados: tendrían que dejar de ser pobres. Pero la misma contradicción, planteada así, remite a la cuestión central y a su posible solución: no tenemos por qué suponer que no haya otros productos y servicios, y otras formas de ofrecerlos, más pertinentes para las necesidades de los pobres que los mercados hechos para nosotros. No hay por qué suponer que ellos deberían volverse previamente clase media para que nosotros tengamos la facilidad de vender más de lo mismo. Parece más lógico suponer que, en el intercambio entre el sector moderno y los sectores pobres, hay inmensos mercados potenciales esperando las iniciativas creadoras de una oferta pertinente.

△

Dificultades para estudiar la pertinencia

Para que la demanda sea efectiva con respecto al vendedor, se requiere que el comprador tenga medios de pago. Las "dimensiones" de esta efectividad son relativamente pocas: cantidad, clase de moneda y, en caso de no pagar en efectivo, garantías, plazos, tasas de interés. Se trata por lo general de magnitudes que se prestan al análisis matemático.

En cambio, para que la oferta sea efectiva con respecto al comprador, se requieren muchas pertinencias difícilmente manejables bajo un común denominador para efectos de análisis. Por eso la teoría económica no les ha dedicado la morosa atención que pone en las cuestiones medibles en términos monetarios. No hay manera de medir qué tan satisfactoria es la oferta global de satisfactores con respecto a las necesidades del conjunto de la población. Y en estos casos, como sabe todo investigador que tenga un mínimo de sentido irónico, se acaba investigando lo investigable, no lo pertinente. Es más fácil concentrarse en las ideas que ya tienen mercados hechos. La oferta de investigación no es mejor ni peor que la oferta de otras cosas.

Y sin embargo, en la investigación y en otras cosas, la necesidad, el genio o el azar produce a veces algo pertinente. Hay muchos ejemplos históricos de cómo la aparición de una nueva configuración de oferta, oportuna para las necesidades y recursos de un sector de población, ha hecho el milagro de sacar de la nada una demanda efectiva que se daba por deficiente (y que lo era: para la oferta que había).

Doce ejemplos

1. Cuando apareció la televisión en México, las estaciones de radio temieron por sus mercados, por lo cual una cadena tuvo la idea de aumen-

tar su auditorio promoviendo la venta de un aparato de radio casi al costo: al precio excepcionalmente bajo de 165 pesos, siempre y cuando se pagara en efectivo y se recogiera en la misma estación. Nadie se imaginó que la oferta suscitara una demanda de veinte mil aparatos mensuales y que se volviera un negocio por sí mismo. ¿Dónde estaba esa demanda? En el limbo de los mercados potenciales por falta de oferta.

2. Hacia 1960, por primera vez en México, el gobierno ofreció departamentos en condominio pagaderos "como renta". El proyecto inicial era supuestamente para obreros, con pagos mensuales tan bajos que sirvieron para descubrir algo inesperado: gente de mayores ingresos estaba dispuesta a pagar sobornos para ocupar los departamentos. Esto abrió los ojos de las constructoras privadas, que se lanzaron a ofrecer condominios, oferta que no existía simplemente porque no se les había ocurrido, no porque faltara la demanda potencial ni el dinero para hacerla efectiva.

3. Para que los constructores pudieran proceder, fue indispensable reconfigurar la oferta de un viejo servicio financiero que tenía un aura siniestra: la hipoteca. Mientras los banqueros ofrecieron este servicio como un recurso desesperado, propio para agonizantes, su mercado fue limitadísimo. La gente que lo pedía llegaba escondiéndose, bajaba la voz, esperaba toda clase de miradas reprobatorias, no quería que se supiera. En cuanto se ofreció como un servicio normal, constructivo, para gente que quiere obligarse a ahorrar y tener casa propia, el mercado se multiplicó. La "imagen" de los satisfactores es una parte esencial de la configuración de la oferta.

4. Lo mismo puede decirse de la oferta de otros servicios financieros: el préstamo personal, la tarjeta de crédito, que antes no existían. En vez de limitarse a prestarle a la gente que ya tiene (lo cual sigue siendo el grueso del mercado), se ofrecieron préstamos a la gente que cuando menos ya gana, lo que suscitó un mercado antes inexistente, que hasta se hubiera considerado utópico o de science-fiction, y que no es ninguna obra de caridad sino un negocio. Extensión lógica deseable (que de momento puede parecer utópica): que todo ciudadano, aunque todavía no tenga ni gane, disponga de una línea de crédito con el aval de la sociedad, por el simple hecho de ser socio de la misma. Los créditos para hacer una carrera universitaria son un avance tímido en esta dirección: mucho más sentido tendrían los créditos para aprender carpintería o costura y poner el taller correspondiente.

5. Nótese que la oferta de préstamos personales y tarjetas de crédi-

to es una reacción tardía de la banca para entrar a un mercado ya hecho, creado por otros con mayor visión. La invención de las ventas en abonos cambió la oferta de muchas cosas, que entonces pudieron llegar a sectores de la población antes marginados. Cambió hasta el giro de muchos comerciantes: el verdadero negocio de muchas tiendas aboneras es actuar como banca financiera de consumo.

6. Otra innovación genial de la oferta fue la invención de las ventas por correo, que no tuvo el propósito social de integrar económicamente a la población dispersa por el campo, pero que de hecho logró ese efecto, el siglo pasado en Estados Unidos. (Lo cual supuso, naturalmente, un buen sistema de correos, una línea de productos pertinentes, seriedad de los proveedores, un sistema de garantías para devoluciones y composturas, etcétera.)

7. También del siglo pasado fue la invención francesa de la tienda de departamentos (análoga en cierto modo al concepto de enciclopedia). Estas tiendas enciclopédicas, las tiendas monográficas (por ejemplo: las que ofrecen todo para la práctica del buceo), las de autoservicio, de descuento, las plazas comerciales, son también ejemplos admirables de creatividad de la oferta y de cómo "lo mismo" se vuelve otra cosa y abre nuevos mercados, si se ofrece de otra manera.

8. Todavía a principios de siglo había más de mil constructoras de automóviles en Estados Unidos. (Constructoras como las de barcos: lo que explica el título de "arquitecto naval".) La base del actual oligopolio fue convertir "lo mismo", aquella cosa de lujo que se mandaba construir como un yate, en otra cosa: en un producto que por su precio pudieran comprar hasta los obreros (lo cual requirió un modelo estándar y hasta "en cualquier color, siempre que sea negro"). El hecho de que esa clase de transporte sea todavía impertinente para las necesidades de los campesinos (y ya una pesadilla para la vida urbana) está pidiendo nueva creatividad de la oferta de medios de transporte.

9. Sin la intención de hacer una reforma agraria, y mucho menos de perder dinero, en El Salvador hay empresas fraccionadoras que compran baratas grandes haciendas mal atendidas, invierten en obras para hacerlas productivas y las subdividen con ganancia en parcelas económicamente viables para sostener una familia y pagar la parcela en ocho años. Esto implica escoger a los compradores con mayores probabilidades de éxito (por tener experiencia en los cultivos más rentables para esa tierra, por tener hábitos de ahorro, demostrados con un enganche de 20%) y aun así darles apoyo técnico, alquilarles equipo que no se justifica tener en forma perma-

105

nente y darles otros servicios. Es decir: ofrecer el paquete completo de medios de producción necesarios para que una familia campesina capaz los adquiera con su propio trabajo.

10. Los servicios que ofrece el gobierno de México a los pobres no suelen llegarles más que en forma simbólica. Una agrupación voluntaria ha hecho más efectiva esa oferta para unas cuantas barriadas de la capital, reinventando la publicidad: haciéndoles llegar información pertinente sobre dónde hay servicios gratis y cómo se consiguen (lavaderos, dispensarios, funerales, clases de tejido, arbolitos); cómo divertirse el domingo sin gastar; cómo se hace el contrato de luz; qué documentos piden en la bolsa de trabajo. La publicidad estatal es demasiado narcisista y faraónica para ocuparse de estas pequeñeces prácticas que son las que realmente le sirven a los supuestos beneficiarios. Por lo demás, las bolsas de trabajo, las diversiones gratuitas y casi todos los servicios que ofrece el gobierno se concentran en las grandes ciudades: donde la clase media exige empleo, no donde más se necesitan.

11. Más de la mitad de las familias norteamericanas ha vuelto a cultivar parte de sus propios alimentos. Muchos no lo hacen porque no disponen de los 70 metros cuadrados que hacen falta para cosechar 250 dólares de hortalizas con 10 dólares de semillas. En 1972, un par de maestros pensaron que algunos lugares públicos baldíos se podrían embellecer, convertir en centros de recreación y aprovechar para producir hortalizas, enseñando a cultivarlos a familias que no tuvieran jardín, y obteniendo los permisos que fueran necesarios. El municipio, las escuelas, las iglesias, los cementerios, las fábricas, se entusiasmaron con la idea y prestaron o alquilaron espacio y agua a sus vecinos, estudiantes, obreros, feligreses. La idea se extendió a otras ciudades y las decenas de familias iniciales se volvieron cientos de miles. Se formó Gardens for All, una agrupación de voluntarios que no tiene más que dos personas a tiempo completo y se limita a dar información a quienes quieran organizar grupos de aficionados, ya sea desinteresadamente, como negocio de alquiler de terrenos o como materia de enseñanza práctica en las escuelas.

12. No hay manera más barata de "transferir tecnología" que por medio de publicaciones. Sin embargo, no es fácil encontrar recetarios prácticos para producir en pequeño. La oferta disponible de ingeniería, viene en paquetes de estudios costosos ad hoc, cuyo precio y "cultura" rebasan las posibilidades del pequeño empresario (suponiendo que la tecnología ofrecida fuera pertinente). Una empresa familiar de ingenieros españoles ha

106

tenido éxito ofreciendo ingeniería por correo, y hasta ha llegado a exportarla a todo el mundo en un libro recetario (para los procedimientos más sencillos) con planos y fórmulas (para los casos más difíciles). Por ejemplo: un procedimiento para la fabricación de poliéster estratificado, con entramado de fibra de vidrio para la producción artesanal de tanques, cisternas, lanchas. Se trata de una idea análoga a la venta de patrones e instructivos para el corte y confección de ropa, o de planos e instrucciones para construir casas: ofrecer tecnología y diseño para que los pequeños productores produzcan por su cuenta.

Desarrollo: nuevas configuraciones de oferta

La utilidad de estos ejemplos no consiste, naturalmente, en mostrar que el automóvil o la usura sean la gran cosa para la humanidad. Sino en mostrar que lo importante para el desarrollo no es la simple creación de empleos o el simple progreso técnico. Por el contrario, fuera de circunstancias coyunturales (como las estudiadas por Keynes, que, por lo mismo, supuso constantes la configuración de la oferta y el progreso técnico), se diría que tanto el crecimiento de los mercados, como el empleo, como el progreso técnico, tienen como primer motor la configuración de la oferta. En este sentido, sigue siendo cierto que la oferta crea la demanda y todo lo demás, como dijeron Say y Schumpeter.

Las "dimensiones" de la efectividad de la oferta, los elementos que la configuran como más o menos pertinente para las necesidades de la población, incluyen cuando menos lo siguiente: diseño, tamaños, empaque, calidad, precio, condiciones de pago, cantidad, canales de distribución, tiempo de entrega, publicidad, garantías de devolución y de servicio.

Es importante no confundir estas dimensiones con la innovación científica y tecnológica. Lo que hizo Ford no fue inventar el motor de combustión interna; tampoco su adaptación a un vehículo; ni siquiera la producción en serie. Fue convertir "lo mismo" (tecnológicamente) en otra cosa (en términos de oferta): fue crear un nuevo mercado con una oferta antes inexistente. De la misma manera: cuando Pascal, que inventó muchas cosas científicas y técnicas, inventó el ómnibus (el sistema de transporte urbano colectivo con rutas fijas) no inventó algo científico ni técnico (los carruajes ya existían), sino un nuevo tipo de oferta de servicios. Igualmente, quien inventó las ventas por correo (idea de la cual surgió el imperio de Sears Roebuck) no inventó el correo, inventó usarlo como canal de distribución:

107

un nuevo sistema de ofrecer las cosas. Hay que insistir en esto porque los científicos, los técnicos y hasta los economistas suelen ser miopes, si no despectivos, con lo que a sus ojos parecen simples vulgaridades comerciales: ¡nada menos que la pertinencia de la oferta!

Los indicadores típicos para medir el progreso tecnológico incluyen, por ejemplo, el número de investigadores, de publicaciones, de patentes. Pero ¿qué registro de patentes aceptaría el concepto de paquete aplicado a un pastel como una técnica patentable? ¿Qué investigador se atrevería a sentirse creador de esa invención aparentemente ridícula, ya no digamos a buscar más invenciones de ese tipo? Y, sin embargo, el paquete ha sido una invención revolucionaria para el desarrollo del mercado. Los pasteles, y muchas otras cosas, fueron artesanías de distribución limitadísima mientras no se pudieron apilar, manejar, transportar como un producto industrial gracias a la genial caja de cartón, cuyo anónimo autor nunca recibirá palmas académicas. El paquete convierte lo mismo (tecnológicamente) en otra cosa (en el mercado): en una oferta más pertinente. Y no se trata de invenciones obvias (antes de que aparezcan): muchos "nuevos" productos que manejan las grandes tiendas y otros puntos de venta (por ejemplo: las bolsas de hielo en las gasolineras) son ocurrencias inteligentísimas que nos sorprenden precisamente por el hecho de que esa nueva forma ("obvia") de vender algo no existiera antes. Pero este tipo de creatividad no tiene prestigio intelectual, y por eso, a pesar de su importancia económica, ni siquiera los economistas suelen reconocerla.

Es más fácil historiar el desarrollo de la ciencia y la tecnología que el desarrollo de las configuraciones de la oferta. Es más fácil medir (o pretender medir) la supuesta influencia del progreso técnico en el desarrollo, que el conjunto de iniciativas públicas y privadas que sacan al progreso técnico de su mera potencialidad (o lo suscitan, si aún no existe) para crear una nueva configuración de la oferta. Parece imposible cuantificar qué tanto más o menos pertinente es una configuración frente a otra (sobre todo en términos sociales y globales; para un usuario o comprador específico, o para ciertos segmentos del mercado, sí puede ser posible determinar la oferta que les conviene más). La pertinencia de la oferta, aunque reconocida de una u otra manera, resulta resbaladiza y quizá imposible de manejar como variable macroeconómica. Sin embargo, parece más determinante que el empleo, la demanda efectiva o el progreso técnico para explicar el desarrollo.

LAS PARADOJAS DE LA PRODUCTIVIDAD

△

El trabajo como costo y como fuente de ingresos

1. ¿Nos salvará la ineficiencia? La producción en México ha venido aumentando más que la población, y sobre todo más que la población con empleo. Esto implica un aumento de la productividad, que debería alegrarnos, si no implicara, también, un menor índice de empleo. ¿Habrá que acusar a quienes trabajan de ser demasiado eficientes, de acabarse todo el trabajo, de no dejar algo que hacer a los demás?

Esto es lo malo de acentuar el trabajo como fuente de ingresos y no como costo de bienes y servicios que hacen falta. Para producir lo que hace falta al menor costo posible, trabajar menos (es decir: aumentar la productividad) resulta deseable. En cambio, para repartir el beneficio del ingreso entre un mayor número de personas, lo deseable es que la misma producción dé más trabajo (es decir: más empleo). Por eso tantos economistas recomiendan las tecnologías intensivas de mano de obra, y por eso tantos políticos, con mayor sentido práctico, han descubierto algo mejor: contratar gente de más para estorbarse y perder el tiempo. La creación de empleos inútiles, no sólo sirve para engrandecerse y comprar buenas voluntades: le da un giro científico a la ineficiencia vulgaris, cuya intensidad de mano de obra se ha vuelto una maravilla tecnológica.

Lo cual, naturalmente, es lo que (en otras circunstancias) suele llamarse desempleo disfrazado. Un campesino eliminable sin que baje la producción agrícola tiene una productividad marginal de cero: ejemplifica todos los males del espantoso desempleo. El mismo campesino, con la misma productividad, en una actividad burocrática perfectamente eliminable, ejemplifica todas las bendiciones de la creación de empleos. Pero si traerlo a perder el tiempo en la ciudad requiere inversiones y costos altísimos, ¿no sería mejor pagarle para que se quedara a perder el tiempo en el campo? Si se

109

trata de repartir los beneficios del progreso, resulta paradójico inventar maneras retrógradas de hacerlo. Sería más progresista y eficiente repartirlos sin más, como dinero en efectivo.

2. Utopías contradictorias: trabajar al máximo (pleno empleo) para que así lleguemos (¿cómo?) a que las máquinas hagan todo el trabajo (pleno desempleo). Sin embargo, históricamente, cada gran salto de productividad (de la recolección a la agricultura a la industria) ha reducido el tiempo libre. El tiempo de una persona que, precisamente gracias a su mayor productividad, gana mucho por hora, vale tanto, que no puede darse el lujo de disfrutarlo. Le cuesta demasiado. Lo cual explica qué difícil es para un obrero rechazar el tiempo extra, para un médico rechazar clientes, para un funcionario rechazar un ascenso que le exigirá la renuncia a todo tiempo libre. La elegancia antigua consistía menos en cierto desahogo de recursos que en cierto desahogo de tiempo. Hoy nos parece miserable vivir sin algunas cosas que antes hubieran sido grandes lujos; en cambio, nos parece normal vivir en la más completa miseria de tiempo disponible, y ni siquiera nos sentimos pobres diablos, en una situación rabona y poco elegante: por el contrario, consideramos pobres diablos a quienes tienen tiempo de asolearse y platicar. Preferimos usar los aumentos de productividad para producir más, no para producir lo mismo en menos tiempo.

3. Cuando se recomiendan las tecnologías intensivas de mano de obra, se da por supuesto que es posible producir lo mismo sustituyendo capital por mano de obra. Lo cual implica aumentar la productividad del capital (que es el factor escaso) y bajar la productividad de la mano de obra (que es el factor abundante). Pero quizá porque no es bonito decir esto (que hay que dar preferencia al capital), la prédica se concentra en la creación de empleos, dejando de lado la productividad, y peor aún: pretendiendo que aumente al mismo tiempo. Lo cual, por definición, es imposible: en los términos anteriores (producir lo mismo con más gente) la creación de empleo es, precisamente, una función inversa de la productividad laboral.

Pero la cosa no se queda en prédica. Se actúa simultáneamente en direcciones contrarias. Se fustiga la ineficiencia de una industria protegida con aranceles, se trata de aumentar su capacidad de competir en el mercado internacional y se encarece la mano de obra con salarios mínimos, aumentos, prestaciones, impuestos. Todo lo cual está muy bien para beneficiar a las personas con empleo, para modernizar la producción, para aumentar la productividad laboral (de los que tienen empleo) y para exportar usando menos tiempo mejor pagado. Pero en el reino de Constantinopla queremos

110

algo más: aumentar el trabajo (como empleo) reduciéndolo (como costo); usar tecnologías intensivas de mano de obra y pagar mayores salarios. Quien pueda desconstantinopolizarlo será un gran desconstantinopolizador.

4. También el consumo refleja estas paradojas de la productividad, el empleo y la tecnología.

La mayoría de los pequeños empresarios gana menos que los investigadores de tiempo completo que los denuncian como explotadores, con los mismos argumentos que usan los grandes empresarios, los sindicatos y el gobierno para denunciarlos como evasores del progreso que exigen nuestras leyes: ocupan a menores, no pagan salarios mínimos, no los inscriben en el Seguro Social, los hacen trabajar en condiciones insalubres, con equipo "hechizo", etcétera. También ganan menos que los técnicos de las dependencias oficiales que, en vez de denunciarlos, acuden en su ayuda para modernizarlos y ponerles la muestra. Pero ¿qué ha sucedido, por ejemplo, con las pequeñas ladrilleras patrocinadas por diversas dependencias oficiales? Que en cuanto se excluye el trabajo de menores, se pagan salarios mínimos, se inscribe a los trabajadores en el Seguro Social, se sustituye la quema de varas o de llantas de hule por quemadores de diésel, los costos resultan superiores a los precios. Peor aún: los pequeños empresarios descubren que su independencia vale menos que un empleo permanente de quinta categoría en el gobierno, por lo cual tratan de que el gobierno se quede con la empresa, de convertirse en asalariados, y si es posible en sindicalizados.

Pero no es posible que los pequeños empresarios se sindicalicen como los investigadores universitarios, y que exijan ingresos mayores, condiciones de trabajo decentes, seguridad, participación en las decisiones, a menos, claro, que directa o indirectamente el sobrecosto se traslade a los consumidores a través de subsidios o aumentos de precios, o se diluya (por unidad de consumo) a través de mayor productividad. Y sucede, precisamente, que esta dilución es posible en el caso de unas cuantas inmensas ladrilleras ultramodernas, intensivas de capital, con un nivel de eficiencia internacional, con un producto de mejor calidad, que le dan más al consumidor por su dinero, que sí pagan impuestos, que pagan más a sus trabajadores, que los contratan a través de un sindicato, que los inscriben en el Seguro Social. Disyuntiva: o se interviene en favor del empleo y de los pequeños productores (por ejemplo, estableciendo un precio de garantía elevado) a costa de los consumidores y en favor de los grandes productores, que entonces ganarán fabulosamente; o se interviene supuestamente en contra

111

de los grandes productores y en favor de los consumidores, fijando precios castigados, en cuyo caso los miles de pequeños empresarios desaparecen rápidamente, dejando únicamente a los grandes productores.

Según los casos específicos (tortillas, pan, servicios médicos, educación, transportes, ladrillos, energía eléctrica) se producen diversas situaciones, dentro de un cuadro siempre paradójico: para favorecer a los consumidores pobres hay que castigar a los productores pobres y hacer que prosperen los productores poderosos (gubernamentales o privados) que, gracias a su mayor productividad, o a su mayor poder de regateo (incluyendo el regateo necesario para obtener subsidios), pueden vender a precio bajo o gratis, pagando salarios elevados, lo cual favorece la desocupación de los productores pobres, que estarían felices de volverse empleados de los productores poderosos, pero que no pueden ser absorbidos por éstos. Por el contrario, si se trata de fomentar el empleo y favorecer a los productores pobres, se castiga a los consumidores con precios elevados, que sirven para hacer más prósperos que nunca a los grandes productores, que de cualquier manera salen ganando. (Con muchas excepciones: los grandes productores se estrellan frente a los pequeños cuando se trata de competir en actividades que no tienen economías de escala, que requieren localizaciones dispersas, en donde lucen la agilidad y la atención personal contra la burocracia, en donde no hace falta peso publicitario o político, etcétera.)

Intercambios improductivos

5. Se dice que el intercambio entre el campo y la ciudad es del sector primario al secundario: el campo exporta alimentos a la ciudad y la ciudad productos manufacturados al campo. Se dice que los términos de intercambio favorecen a la ciudad. Por lo tanto, subir los precios relativos del maíz, el trigo, el arroz, es en favor del campo. Paradójicamente, encuentra uno campesinos que se quejan de estas medidas. ¿Cómo es posible? Porque el grueso del intercambio campo/ciudad es realmente un intercambio entre dos sectores modernos. Los marginados del campo y de la ciudad tienen pocos productos primarios o secundarios que vender. El maíz que producen los campesinos marginados es ante todo para su propio consumo. Si pierden la cosecha y tienen que comprar maíz para comer (o, simplemente, si quieren comer arroz), resultan perjudicados por los mismos aumentos de precios que supuestamente son para favorecerlos. Si precisamos y decimos que lo que nos preocupa es el intercambio entre el sector urbano

moderno y el sector campesino marginado, resulta que es un intercambio terciario: no de productos sino de servicios.

¡Y qué intercambio! Servicios de braceros, criadas, cuidacoches, extras para la industria de espectáculos políticos, a cambio de servicios de control militar, visitas de candidatos presidenciales, estudios económicos, sociológicos y antropológicos, ejercicios espirituales, asesoramiento electoral, trámites burocráticos, educación primaria incompleta y buena para nada, servicios asistenciales parecidos, etcétera. En gran medida: costos improductivos a cambio de costos improductivos. Si hay algún sector que no va a ninguna parte en términos de aumentar su productividad, es el de los servicios (con excepción de los automatizables, como son los de telecomunicación). Los intercambios de atención personal son costosísimos. Por eso los médicos no siempre pueden pagar un arquitecto, y los arquitectos resienten lo que cuestan los médicos. Por eso es más fácil vender medicinas que medicina, casas en serie que arquitectura: el saber especializado se vuelve más pagadero diluyéndolo en grandes volúmenes de un producto impersonal.

6. A medida que la gente prospera, dedica una porción menor de sus ingresos a comprar alimentos. Esto implica una relativa saciedad y una cierta lógica del consumo: primero es comer que vestirse, vestirse que viajar. También implica cierta lógica del trabajo que hace falta. Si uno produce sus propios alimentos, no tiene caso producir más de los que va a comer. A menos, claro, que tenga tanta fe en el trabajo como algo deseable por sí mismo, que se las arregle para hacer lo mismo trabajando más. Pero esto, que sería deseable para crear empleos en el campo como un fin en sí, no sería prosperar. Por el contrario, si se trata de prosperar, habría que tratar de que lo mismo diera menos trabajo, para producir algo más de comer (en lo cual hay un límite) y sobre todo para producir otras cosas deseables, incluyendo la simple ociosidad.

Prosperar implica que haya menos agricultores, o en todo caso que los campesinos dediquen menos tiempo a la agricultura. Paradójicamente, quienes desean la prosperidad de los campesinos suelen desear que todos se vuelvan agricultores comerciales modernos, por lo tanto en gran parte redundantes (puesto que al producir más de lo mismo se llega a producir más de lo que hace falta) o que se impida la prosperidad del sector agrícola moderno, ya que no puede generalizarse a toda la población del campo. Pero si se quiere la prosperidad de los campesinos, y de todo el país, hay que aceptar que un porcentaje cada vez menor de la población produzca

113

todos los alimentos que hacen falta, y que los demás ni se asomen a un mercado en el cual nada tienen que hacer. La lógica del consumo, que debe regir la del empleo, sugiere que una vez que es posible producir todos los alimentos que hacen falta con menos gente más productiva, lo que sigue es aumentar la producción de satisfactores de la necesidad siguiente, que es vestirse, todavía lejos de satisfacerse, y donde la producción rural puede ser muy competitiva. Para lo cual no es necesario que los campesinos marginados dejen la agricultura de subsistencia y emigren a la ciudad.

a) La agricultura doméstica al margen del mercado puede enriquecerse y modernizarse. Si es costeable que en los países ricos la población urbana esté volviendo a sembrar en el jardín cosas para su propio consumo, ¡cómo no va a serlo donde hay más espacio y tiempo libre! Cultivar su propio maíz, frijol, hortalizas, yerbas medicinales, miel, pollos, puede ser más productivo que sembrar maíz y vender los pocos excedentes para comprar todo lo demás.

b) La producción campesina de otras cosas, por ejemplo la ropa, puede dar mejores "cosechas comerciales" en el mercado que la venta de maíz marginal o servicios personales marginales.

A estas alturas, la reforma agraria, en vez de inventar nuevos procesos kafkianos para entretener la impaciencia de los campesinos sobrantes, debería reinventar la agricultura de subsistencia y el trabajo a domicilio, a través de la organización de maquilas de productos modernos de alta densidad económica y mucho contenido de mano de obra, que la ciudad pueda comprar al campo, a cambio de medios de producción baratos.

7. Paradojas contables. La administración pública se registra al costo en el producto nacional. Esto quiere decir que hacer viajes innecesarios o contratar gente de más en la administración pública, se registra como un aumento del producto nacional. Eso no es todo: como por razones políticas y puritanas parece inconcebible mandar dinero a cambio de nada a las aldeas, la gente contratada tiene que venir a hacer bulto cerca del jefe, que tiene que vivir en una ciudad decente; lo cual requiere más construcción urbana, servicios viales, policía, drenaje. Pero esto no se contabiliza como un sobrecosto generado por contratar gente de más: se contabiliza como un nuevo aumento del producto nacional, gracias al efecto "multiplicador del empleo". Como si fuera poco, cada aumento real de estos salarios y costos por persona, aparece en las cuentas nacionales ¡como un aumento de productividad!

Solución a las paradojas

Tratemos de pensar en especie, para eludir los equívocos de donde nacen todas estas paradojas.

1. La medida última de la eficiencia económica pudiera ser el grado de bienestar por unidad de sacrificio; sin olvidar el costo que representa el acto y el tiempo del consumo, así como la satisfacción que puede haber en la misma producción. Aunque ninguna contabilidad lo registre, producir cosas más satisfactorias aumenta la eficiencia en el uso de los recursos, de la misma manera que producirlas en menos tiempo (o producirlas con más satisfacción en el acto de producirlas).

2. Se puede aumentar la productividad invirtiendo tiempo propio en ahorrar tiempo propio, por ejemplo: dedicando unos minutos diarios a planear el trabajo del día, organizando físicamente el lugar de trabajo, construyendo algo, adquiriendo un hábito, aprendiendo algo. Esta inversión se puede recuperar casi de inmediato o a muy largo plazo, bajo dos formas: trabajar menos para obtener las mismas satisfacciones o (lo que suele preferirse) trabajar lo mismo (y aun más) para aumentar el nivel de satisfacciones (o, en todo caso, la acumulación adquisitiva de medios potenciales de satisfacción o de ahorro de tiempo). Si se trata realmente de una inversión productiva, no de un costo improductivo (como son los preparativos para cosas que nunca se realizan, los aprendizajes innecesarios, los medios de satisfacción o de ahorro de tiempo que en la práctica no se usan) lo que limita la inversión es la capacidad de financiarla. Esta limitación financiera es lo que justifica las tecnologías intensivas de mano de obra: quien opera con baja productividad, dispone de muy poco tiempo para aumentarla. Sus inversiones tienen que ser pequeñas y recuperables casi inmediatamente: en unos cuantos días, semanas o meses (cosa perfectamente posible, aunque no lo suponga nuestra mentalidad grandiosa).

No se trata de usar más mano de obra sino de hacerla más productiva con poco capital: distrayendo muy poco tiempo productivo en construir medios que permitan recuperar rápidamente el tiempo invertido. Dedicar horas diarias (en vez de minutos) a planear el trabajo del día, puede ser muy científico, pero es una estupidez. Sin embargo, se hace constantemente: al hacer estudios de lujo, preparativos de lujo, inversiones de lujo, oficinas de lujo, que difícilmente se pagan con los aumentos de productividad que generan.

3. El problema se complica cuando la productividad aumenta usan-

do tiempo de otros. Además del problema financiero, se presenta un problema de intercambio y por lo tanto de mercados. Si con el tiempo que me ahorro, y a medida que lo obtengo, puedo pagar sobradamente el tiempo de los otros, la inversión se paga sola y sobre la marcha. Por ejemplo: me dan un tractor gigante, irrigación, semillas mejoradas, fertilizantes, para producir más maíz en el mismo tiempo; medios que puedo pagar con el maíz adicional que obtengo, a medida que lo obtengo. Pero ¿qué sucede si los otros no quieren más maíz, porque ya están bien alimentados (o porque sale más barato importarlo)? Que no puedo pagar, aunque me den plazos muy largos. Desde esta perspectiva, para que el aumento de la productividad sea viable tiene que tener en cuenta la doble pertinencia en el mercado del intercambio.

Lo importante de las tecnologías intensivas de mano de obra no es que den empleo (para lo cual basta la ineficiencia vulgaris), es que hagan más rendidor el capital con respecto a la economía del productor y con respecto de la economía de los consumidores, incluyendo el consumo propio, así como el intercambio (directo o indirecto) con los productores de medios de producción. Por ejemplo: máquinas de coser y telas apropiadas para vestir a la familia, pagaderas con ropa que haga la familia.

4. Es deseable intensificar el capital y aumentar así la productividad del trabajo: lo indeseable es hacerlo donde rinde menos, en vez de hacerlo donde rinde más. Se puede usar un millón de pesos para doblar los medios de producción que tengan docenas de productores rústicos; o para doblar la inversión en medios de producción que tenga un obrero moderno; o para crear un seudoempleo burocrático. En los tres casos se intensifica el capital; sólo en el último se crea empleo. Sin embargo, el mismo millón no produce nada en el último caso y produce varias veces más en el primero que en el segundo. Eso es lo importante. Ofrecer medios rústicos de producción a los pequeños productores tiene un sentido económico que no tiene ofrecerles seudoempleos en la ciudad. Producir un productor urbano (alimentos, educación, salud) cuesta varias veces más que producir un productor rústico; alojarlo en la ciudad (construcciones, transporte) también; equiparlo (máquinas, instalaciones) igualmente. Es absurdo destruir el capital humano, social y físico de los productores rústicos, trayéndolos a la ciudad, para (supuestamente) convertirlos en productores modernos con un capital más costoso y menos rendidor, en vez de aprovechar, aumentar y mejorar su capital rústico, en donde están.

Desgraciadamente, la oferta de progreso consiste en lujos poco productivos: inscripciones en el Seguro Social, mejoras a la vivienda que satisfacen nuestras necesidades emocionales más que sus necesidades prácticas, asesorías costosas y de poca utilidad. Véase una lista impresionante de casos en George M. Foster, *Las culturas tradicionales y los cambios técnicos*, que en términos de oferta pueden leerse así: cuando el mercado pobre necesita una bicicleta, el sector moderno insiste en que lo único decente es un Cadillac. Nada tiene de extraño que los productores pobres acaben modernizándose por la única vía que realmente les ofrecemos: emigrar a la ciudad.

Gracias al gasto público, las leyes progresistas y decentes, las computadoras, los edificios alfombrados, las limosinas con chofer, los pasos a desnivel y tantas otras maravillas del progreso, los servicios improductivos aldeanos llegan a convertirse en servicios improductivos modernos.

117

Deseconomías de las pirámides

△

Deseconomías de escala

Después de cierto número de horas, alargar la jornada de trabajo produce menos por hora de esfuerzo adicional. Así se cumple la llamada ley de los rendimientos decrecientes, establecida para la explotación de la tierra y generalizada, como suele suceder. Sin embargo, ensanchar un tubo (y muchas instalaciones químicas son en gran parte tubería) niega redondamente la ley: el costo crece proporcionalmente, pero la capacidad de conducción crece al cuadrado. Es decir, en vez de rendimientos decrecientes se tienen las llamadas economías de escala.

Se diría que con esto habría que buscar una "ley" más amplia que explicara ambos hechos, o al menos una clasificación empírica de hechos o familias de hechos que se comportaran de un modo u otro. Pero esto sería no entender cómo funcionan las ondas de la moda en los medios intelectuales. Ciertas cuestiones, fórmulas o palabras, van de salida, otras están en su apogeo y otras se abren paso, conviviendo simultáneamente, de la misma manera que las distintas generaciones conviven, con sus gustos, estilos y planteamientos. ¿Qué se hizo el problema del valor? Las discusiones sobre el justo precio, ¿qué se hicieron? Las cuestiones "superadas" en cada disciplina no son cuestiones cuya verdad o falsedad haya quedado establecida: son cuestiones que pasan, que dejan de interesar y que por lo mismo, como las modas, pueden volver.

Hoy está en su apogeo la fe en las economías de escala, aunque la ley de los rendimientos decrecientes no ha desaparecido de los libros de texto y aunque ya algunos vanguardistas empiezan a llamar deseconomías de escala a los sobrecostos contraproducentes que provocan algunos crecimientos: la ley de los rendimientos decrecientes, con una falda más corta.

Teóricamente, todas estas cuestiones pudieran integrarse en una "ley" del tamaño óptimo, por arriba del cual se tendrían rendimientos decrecientes y por abajo del cual estarían las economías de escala. Pero no es fácil pasar de estudios de optimización casuistas a una ley general, que tendría como problemas la enorme variedad de circunstancias y la dificultad axiológica de optimizar con respecto a qué y a quién.

Deseconomías del especialismo

Hay gente que cree que cargar unas maletas, o hacerse un café, o marcar un número telefónico, ofenden su dignidad. Prefiere quedar inmovilizada, a veces mucho tiempo, mientras consigue quien le dé el servicio. Otras personas incurren en lo mismo por un falso análisis económico: su tiempo vale más. Pero si no lo aprovechan para hacer otra cosa mientras, la ventaja económica potencial no se realiza: la operación cuesta su valioso tiempo de espera y además el tiempo de quien les da el servicio.

En una sociedad estrictamente igualitaria, en la que el tiempo de todos valiera lo mismo, todavía pudiera argüirse la economía de la especialización: el cargador gana lo mismo que yo, pero carga más en menos tiempo, lo cual hace económico llamarlo, porque el tiempo ahorrado (si esta ventaja se realiza) me permite hacer más de aquello para lo cual soy mejor; es decir: la suma de nuestra producción aumenta al dividirnos el trabajo. Pero eso no es todo.

Para que las ventajas de la división del trabajo se realicen, se requiere una coordinación cuyo costo puede ser igual o mayor que las ventajas. No sólo puede suceder que el tiempo ahorrado no sea aprovechable por las circunstancias de lugar, momento, etcétera, sino que el tiempo requerido por el trabajo adicional que resulta al dividirse el trabajo, puede ser mayor que el ahorrado. En ponerse de acuerdo, citarse, esperarse, explicarse lo que hay que hacer, volverse a ver para aclaraciones, entregar y recibir lo hecho, devolver una parte que no quedó, citarse de nuevo y demás, puede gastarse más tiempo que el sobrecosto resultante de hacerse un café, o cambiar un fusible, o recetarse vitamina C, sin ser especialista.

La coordinación se complica y se vuelve todavía más costosa cuando lo que antes era una especialidad se subdivide en veinte. Para lo mismo, hay que llamar a tres o cuatro personas, que además no se entienden entre sí y consumen un tiempo enorme en traducirse las cuestiones, en sentirse ecuménicos y maravillosamente interdisciplinarios, o, por el contrario, en arremeter unos contra otros para hacer prevalecer su gremio. Los pasajes de avión y los gastos de hotel se multiplican; en vez de esperar a que llegue una persona, hay que esperar a que se reúna un grupo; la asignación de posiciones en la mesa y el politiqueo de las intervenciones consumen tiempo adicional, todo pagado, y muchas veces la única manera de llegar a algo es no llegar a nada, o peor aún: a componendas insatisfactorias para todos. Por eso dicen que los camellos, dromedarios, jirafas, son caballos... diseñados por un comité.

Viabilidad y límites

La fe en el especialismo y las economías de escala no podrían tener vigencia sin alguna clase de viabilidad económica. Es un hecho que los especialistas y las grandes pirámides administrativas prosperan. Es de suponerse que en muchos casos prosperan porque son más eficientes, porque aplican saberes especializados y costosos, etcétera. Pero es dudoso que se trate de una ley general.

a) La desigualdad de los ingresos oculta muchas ineficiencias. Coordinarse con una persona que gana decenas de veces menos, puede ser económico aunque implique desperdiciar grandes cantidades de su tiempo. Que una persona trabaje un día entero para que yo me ahorre quince minutos puede ser perfectamente económico, aunque ni siquiera sea más eficiente que yo en eso que le encargué. Si su tiempo costara lo que el mío, lo tendría que cuidar como el mío, lo cual en la práctica me llevaría a prescindir de sus servicios en muchos casos, porque al actuar solo me ahorraría todo el costo de coordinación. Esto explica la tendencia al "do it yourself" en los países donde menos se esperaría, que son los ricos, y se explica porque tienen menos desigualdad de ingresos. En condiciones de igualdad, los trabajos in situ, como son los de mantenimiento casero, resultan ineficientes y sumamente costosos, realizados por una persona que tiene que recorrer media ciudad cargando con sus herramientas, ver para qué lo llaman, descubrir que hace falta una pieza, ir a comprarla, etcétera.

b) La economía doméstica (cuya escala relativa se ha venido reduciendo enormemente en relación con la escala de los negocios: antes había casas más grandes y negocios más chicos) menos aún puede pagar la consulta de especialistas universitarios. Para calcular los lotes óptimos de compra de una despensa familiar, y en general para mejorar económicamente las decisiones familiares, contratar un especialista puede costar más que los ahorros logrados por su intervención. Lo mismo sucede en las empresas pequeñas, que pueden manejar una variedad inmensa de pequeñas decisiones (para volver al ejemplo: de lotes óptimos de compra de miles de refacciones diferentes) que no vale la pena mejorar. El costo del estudio necesario para reducir en 10% la inversión en un almacén de uno, diez o cien millones de pesos, puede ser prácticamente del mismo orden, mientras que los ahorros varían de uno a diez a cien. Por eso un contador doctorado en Harvard no puede darse el lujo de crear un sistema de costeo y control de inventarios en computadora para el refrigerador de su casa.

c) Donde quiera que haya un gran volumen de operaciones o cosas homogéneas (o que de alguna manera puedan ser forzadas a la homogeneidad) hay oportunidades para reducir los costos, aumentar la productividad, bajar los inventarios. Ésta es la base real de las economías de escala y el especialismo. El 1% de una cantidad muy grande puede pagar estudios especializadísimos que permitan ahorros de varios puntos de por ciento, es decir: que se paguen varias veces. No hay que creer, sin embargo, que toda gran pirámide administrativa se justifica por ser más eficiente. Puede suceder:

- Que despilfarrar 1% de un gran presupuesto sea perfectamente viable, aunque no sirva para nada.
- Que la grandeza de la pirámide (estatal, privada, internacional) no esté fundada en su mayor eficiencia sino en su poder de regateo frente a clientes, proveedores, competidores.

Es decir: es perfectamente posible operar en gran escala sin tener economías de escala y contratar especialistas sin que produzcan nada. Basta con tener el poder económico para hacerlo.

Por lo demás, la tendencia al crecimiento no parece ser el medio para alcanzar una mayor eficiencia, sino un fin en sí mismo: crecer para engrandecerse, siempre que sea posible. En más de un caso se podría demostrar que el crecimiento costó deseconomías y no sólo externas (pagadas por otros) sino internas, con el límite obvio de que sean pagaderas (es decir: que las finanzas lo permitan). De la misma manera, el especialismo suele considerarse un valor en sí, aunque produzca deseconomías, también con ese límite obvio. Por eso, en casos de apuro financiero, se ve el triste espectáculo de pirámides administrativas que se deshacen de grandes cantidades de especialistas y siguen funcionando como si nada hubiera pasado.

121

Situaciones ilustrativas

Lo anterior puede explicar algunas situaciones ilustrativas.

a) Los numerosos casos de empresas pequeñas y medianas que se arruinan al tener éxito. Esto sucede mucho cuando el hijo del dueño estudió economía o administración y adquiere esa fe ciega en las economías de escala y el especialismo, incluyendo las computadoras, los estudios en el extranjero, la idea de convertir una operación de tres centavos en tres empresas de a centavo que "integran" un poderoso "grupo", así como la crítica científica al poder que "no sabe delegar", de especial pertinencia cuando uno todavía no lo hereda.

La fe ciega del junior puede acabar con las utilidades de una operación bien llevada a pequeña escala y sin estudios especializados. Sin embargo, también puede hacer milagros y convertir una pequeña operación en una grande y próspera. ¿Cómo explicarlo? Suponiendo la misma capacidad personal, recursos y oportunidades, la diferencia suele estar en si esa clase de operación se presta al especialismo y a las economías de escala, y si a la hora de crecer se pasa siempre por tamaños viables. Hay operaciones que por su propia naturaleza (las circunstancias tecnológicas y de espacio económico) tienen que moverse dentro de escalas mayores o menores. Una fábrica de ropa puede ser viable a escalas imposibles para una compañía petrolera. A su vez, dentro de esas escalas, el crecimiento tiene zonas no viables, por las cuales hay que pasar rápidamente o desaparecer. Muchos fracasos se presentan entre dos módulos óptimos: cuando se opera en un volumen intermedio que ya es muy grande para el modus operandi anterior, pero todavía no es suficiente para afrontar los costos y problemas de un módulo óptimo mayor.

Si es que existe. La situación histórica de la tecnología y el espacio económico pueden hacer indeseable un crecimiento mayor, económicamente. Lo cual, claro, no impide que los crecimientos sean deseables por otros motivos, ni que se realicen, mientras sean viables (es decir: pagaderos, aunque sea a costa de otros), por inercia, por fe en las economías de escala, por megalomanía o por aprovechar las ventajas económicas y de poder que puede dar el crecimiento a tales o cuales beneficiarios.

b) El extraño éxito de un libro, *Up the Organization* de Robert Towsend, que se burla del afán piramidal de la organización "moderna" y recomienda enormidades tales como suprimir los departamentos de compras y de personal. La fuerza del libro está en que su autor aplicó con éxito sus ideas al dirigir una gran empresa: la compañía Avis de alquiler de automóviles, que operaba con pérdidas. ¿Cómo explicar su éxito, y el de su libro? Towsend tuvo el genio administrativo de darse cuenta, contra toda la corriente, de que, en su caso, la verdadera economía de integrar cientos o millares de estaciones de servicio por todo el mundo no estaba en operar como una gran pirámide sino como una federación de pequeñas empresas bajo un nombre común. Si cada estación operase con un nombre distinto, la demanda sería menor porque no habría la posibilidad de hacerse publicidad mundial, pasarse negocios a través de un sistema de reservaciones, emitir una tarjeta de crédito, con mucho poder de regateo y descuentos en publicidad y automóviles. Pero fuera de esto, llevar departamentos de compras centralizadas, de personal, etcétera, no se justificaba económicamente, aunque era pagadero (tan pagadero que se estaba pagando). Reducir casi a cero la administración central fue un éxito en ese caso, que Towsend ahora predica como una fe nueva. Pero igual que en el caso del joven con ideas modernas, se trata de una fe ciega, que en muchos casos puede hacer milagros y en otros conducir a la ruina. Que su libro se haya convertido en un best-seller satírico entre la gente de las pirámides, no deja de ser significativo. Muestra que los efectos negativos de la grandiosidad y el especialismo son experiencias tan comunes que pueden reconocerse en una caricatura.

c) Los negocios que dejan de serlo cuando son adquiridos por un gran consorcio. Esto puede deberse a muchas causas, pero la más interesante, como en los dos ejemplos anteriores, es el progreso improductivo. Se cree que si un negocio pequeño, o manejado con poco refinamiento, es un buen negocio, cuánto más podrá serlo con una administración moderna y un fuerte apoyo central. Pero a veces resulta que el apoyo y la modernización aumentan más los costos que las utilidades. Si queda por ahí el antiguo dueño, convertido en socio minoritario o en empleado, protesta: "Me están robando. Cómo quieren cobrarme tales cantidades por los servicios centrales de computación" (o de lo que sea). Cuando se le demuestra que no está pagando ni el costo, que de hecho está recibiendo (como los contribuyentes a un servicio público) progreso subsidiado, protesta todavía: "Pero yo qué gano con esos maravillosos servicios que no valen lo que cuestan; puedo operar como antes, a un costo mucho menor". Con lo cual queda, a los ojos de la administración central, como un hombre de las cavernas, y hasta como el culpable del fracaso. La parte progresista hizo lo que pudo, pero el beneficiario (como los países pobres o las comunidades indígenas) no pudo asimilar el progreso. Naturalmente, por falta de educación.

d) También existen piramidaciones "desde abajo" que pueden ser ilustrativas. Supongamos un conjunto de tiendas vecinas que deciden mejorar su calle o hacer publicidad conjunta para atraer más clientes; o un grupo de campesinos que se unen para gestionar una petición de servicios; o una asociación de profesionistas independientes que tienen instalaciones comunes, por ejemplo una clínica; o una fábrica en la cual los socios trabajan. En casos como éstos, no hay subordinación propiamente dicha sino líderes que no pueden llevar adelante sus iniciativas sin convencer a sus socios. Pero los socios no sólo tienen diversos caracteres: están en diverso grado de "adelanto". Unos apenas logran subsistir; otros no pueden invertir más que en cosas que rindan mucho y de inmediato; algunos pueden darse ciertos lujos, si es en combinación con los demás; y hay quienes pueden hacerlo sin necesitar a los demás. Los líderes progresistas suelen estar en la tercera situación: necesitan la organización colectiva para prosperar y darse ciertos lujos. Los conservadores suelen estar en los extremos; o no quieren costos adicionales porque apenas subsisten, o no quieren complicarse la vida con lujos en condominio que pueden darse solos. Cuando los líderes progresistas son buenos políticos, les dicen a los que apenas subsisten que la organización colectiva les va a dar algo gratis o subsidiado; a los que pueden hacer pequeñas inversiones, que el rendimiento va a ser rápido y fabuloso; a los más fuertes, que pueden encabezar el condominio, recibir honores o privilegios, además de que, en último término, tienen que cooperar si no quieren granjearse el odio colectivo, que quién sabe hasta dónde pueda llegar. Puede suceder, naturalmente, que la organización colectiva les dé a todos más de lo que ponen. Pero puede suceder que la organización cueste más de lo que produce, o en todo caso que a algunos les cueste más de lo que les produce. En este caso, si la pertenencia es voluntaria, la organización se deshace o pierde parte de sus miembros: si organizarse produce deseconomías, es lógico proceder separadamente. Sin embargo, puede haber deseconomías ocultas; o pueden ser evidentes sin que sea posible separarse, por la fuerza de la costumbre (como sucedía con las formas de organización impuestas por las tradiciones gremiales) o de las armas (como sucede con los impuestos modernos para dar servicios colectivos, que pueden beneficiar a todos en más de lo que contribuyen, o pueden no beneficiar a nadie, o pueden resultar de muy distinto beneficio según el grado de "adelanto" de los ciudadanos: los líderes progresistas pueden estar orgullosísimos de prosperar y darse ciertos lujos modernizando a los demás, aunque resulten modernizaciones improductivas, para todos o para los que apenas subsisten).

La piramidación tiene economías y deseconomías que dependen

de muchas circunstancias. Cabría argumentar que en la mayor parte de los casos son deseconomías, y que en todo caso la carga de la prueba debería corresponder a las pretendidas economías. Pero basta con reconocer que las nuevas pirámides, como las antiguas de México y Egipto, pueden crecer gracias a la fe, el poder, el saber esotérico, el deseo de engrandecerse, el interés de algunos beneficiarios, aunque piramidar tenga más costos que beneficios.

VENTAJAS DE LA ECONOMÍA DE SUBSISTENCIA

△

Subsistencia y autosuficiencia

Se llama economía de subsistencia a la que casi no produce excedentes sobre el consumo del mismo productor. Un campesino siembra el maíz que se come, con una técnica de bajo rendimiento que le produce pocos sobrantes. Con esto y los sobrantes de tiempo que puede vender (trabajando para otros, en el campo, en la ciudad, en el extranjero) adquiere algunas cosas, muy pocas. En este sentido, su vida de intercambio es limitada. Vive al margen de ese gran mercado que es la vida moderna.

Esto no suele considerarse como una forma de autosuficiencia orgullosa. En primer lugar, porque el consumo de los marginados suele ser muy bajo, y porque es obvio en muchos casos que preferirían aumentarlo. Pero además porque los modernos, desdeñosos o paternales, no podemos entender que una vida *out* de nuestra vida pueda ser una vida *in* para sí misma, y hasta desdeñosa y paternal, como fue Juan Matus con Carlos Castaneda.

Curiosamente, la vida moderna, que tiene tanto espíritu de autosuficiencia, ha ido dejando la autarquía de la producción doméstica y depende cada vez más de toda clase de intercambios. Más curiosamente aún, el individualismo, que pretendía superar los lazos y enredos familiares o comunales, ha creado lazos y enredos monumentales: el Estado moderno y sus émulos, las grandes empresas, que, como el Estado, pretenden ser "familias" progresistas, bienhechoras y paternales. Han sido las "personas" piramidales, máquinas hechas por el hombre, las que sí han llegado a ser personas autónomas, las que se han arrogado el espíritu de autosuficiencia buscando la autarquía, en el doble sentido de autarkeia: calidad del ser que se basta a sí mismo, y autarchia: soberanía; naturalmente, a costa de las verdaderas personas y de las pequeñas comunidades de vida y de producción, cada vez más dependientes del intercambio. El caso extremo es el de la familia que únicamente duerme en casa y no se produce nada: todo lo compra, trabajando y comercializando hasta los últimos rincones de su vida (vocaciones, amistades, elecciones matrimoniales, actividades religiosas). Comercializando, politizando, socializando o "religando": lo que se cuenta de las comunas chinas, de los kibutzes israelíes, de algunas comunidades jipis o religiosas, muestra un grado extremo de intercambio, aunque no sea comercial. En estos casos, marginarse, no sólo no prospera, sino que hasta parece un delito de lesa modernidad, un egoísmo o "inadecuación" que suscita sentimientos desdeñosos o paternales, cuando no represión.

Pero no es posible intercambiarlo todo. Morir, comer, dormir, son actos intransferibles. Tampoco es práctico o costeable intercambiar todo lo transferible, por ejemplo: comprar bienes o servicios que uno puede hacerse a menor costo. Los ejemplos abundan. Que cada quien se cepille los dientes a sí mismo toma menos tiempo que establecer en esto una división del trabajo, desde luego posible. La comida hecha en casa puede ser más barata y sabrosa que la que se come fuera. Hacerse ropa puede costar menos que encargarla o comprarla hecha. Hay todo un tratamiento teórico (capítulos o libros enteros de administración de compras) sobre la cuestión de qué hacerse y qué comprar. La economía de las maquilas, del contratismo, de la proveeduría, de la integración vertical de las empresas, tiene que ver con esta cuestión. ¿Sale más barato tener una copiadora o mandar hacer las copias fuera? ¿Conviene llamar a concurso para cada impreso, amarchantarse con un impresor, adquirir acciones de una imprenta, montar un departamento propio de impresión? Todo depende.

Sería absurdo negar que la división del trabajo puede aumentar la productividad global de tal manera que intercambiar convenga. Si algunas cosas que yo me hago me las puede hacer otro en la mitad del tiempo que a mí me tomaría, y a su vez algunas cosas que él se hace se las puedo hacer yo en la mitad del tiempo que a él le tomarían, hay una oportunidad obvia de ahorrarnos los dos la mitad del tiempo, o de consumir el doble, a través del intercambio. De lo cual, naturalmente, hay que restar el costo del intercambio mismo: darse la información necesaria, ponerse de acuerdo, viajar, enviar las cosas, ocupar el tiempo de intermediarios, incluyendo a los intermediarios que vigilan que los intermediarios no abusen, etcétera. Aun así, por supuesto, el intercambio puede convenir más que la autosuficiencia. Pero puede convenir menos.

Desde esta perspectiva, la economía de subsistencia no tiene por qué ser la economía de los muertos de hambre, sino la economía que permite aumentar el consumo en todo aquello donde la autosuficiencia es más eficiente que el intercambio.

Ilusiones sobre el empleo

Hay que insistir en que la simple creación de empleos, como el simple aumento del producto nacional, no son metas valiosas por sí mismas, y ni siquiera medios de asegurar la que pudiera justificarlos: satisfacer las necesidades básicas de consumo de todos. Aceptar esto, cambia las prioridades y pone bajo otra luz la economía de subsistencia.

Hay trabajos puramente manuales, o auxiliados por útiles o por máquinas, donde el trabajador marca el paso. Hay trabajos donde la máquina o el proceso marcan el paso. Por ejemplo: pelar papas se hace a la velocidad con que trabaje quien lo haga; en cambio, hervirlas, ya no depende de él: depende del proceso (en olla simple, en olla de vapor, a fuego lento o vivo, según la receta). En las industrias de proceso químico, que son como grandes cocinas, hay muchas operaciones en las cuales el trabajador ni puede marcar el paso, ni puede hacer más que vigilar el proceso. Los tiempos muertos forzosos son innumerables en muchos procesos modernos: todo lo que se puede hacer es tratar de aprovechar el tiempo en otras actividades.

Sucede en los trabajos de fábrica y en los servicios: la persona que atiende una ventanilla, una recepción, un teléfono, así como los choferes, taxistas, bomberos, veladores, no pueden producir más que un estado de espera, de alerta, de disponibilidad, mientras no se presente la ocasión de hacer lo que corresponde. Sin embargo, nadie dice que estén desempleados, subempleados o bajo un régimen de desempleo disfrazado.

Los procesos del campo están llenos de tiempos muertos impuestos por el proceso. El campesino es "fatalista" porque sabe que no puede hacer llover ni, en general, marcarle el paso a la naturaleza. (Las muchas fiestas campesinas, criticadas desde el siglo XVIII como ociosidad, además de que cumplen funciones sociales y hasta comerciales importantes, no son un desperdicio, como puede verse por sus fechas: corresponden a tiempos muertos del ciclo agrícola.) El hombre urbano tampoco puede hacer llover ni marcar el paso a los terremotos, o despejar el cielo en los aeropuertos. Pero sus actividades le permiten olvidarlo con cierta facilidad. El equivalente urbano del campesino es el burócrata: sabe que no puede hacer nada fren-

128

te a la sequía presupuestal, los relámpagos del poder y otras fuerzas incontrolables de la moderna división del trabajo. Por eso, de manera distinta, es "fatalista" y se adapta a un régimen de vida lleno de tiempos muertos. Sin embargo, como gana más que un campesino, marca tarjeta y su ociosidad transcurre en instalaciones modernas y costosas, nadie dice que padezca el desempleo disfrazado.

Hacer comida en casa, según las estadísticas, no es una actividad productiva ni cuenta como empleo. Que la familia deje de comer en casa y acuda a empresas o instituciones de servicio donde reciba desayunos escolares o pague por alimentos cocinados o servidos por miembros de la misma familia, se registra como un progreso: se ha creado empleo gracias a la asistencia pública o a la iniciativa privada. Es decir, la misma actividad que antes no contaba en el producto nacional ni como empleo, cuenta a partir de que se vuelve indirecta o mediatizada: ganar dinero vendiendo servicios para tener con qué comprar servicios.

Esto mejora la productividad global registrada, pero no necesariamente la productividad real. Generar movimientos y actividades adicionales puede aumentar los costos sin producir nada adicional. Cuando se trabaja en casa, no hay el costo adicional de los viajes para ir a trabajar y a comer. Y si, para ahorrarse el viaje de ir a comer, se come cerca del lugar de trabajo, esta oportunidad de empleo y de inversión, aunque convenga más, se hace a costa de reducir la ocupación (no contabilizada) en casa, así como el uso de las instalaciones caseras (que no se contabilizan como medios de producción sino como bienes de consumo). O sea que se producen sobrecostos de transportes o duplicaciones de instalaciones, que sin embargo se consideran "oportunidades" de inversión y de empleo en la fabricación de vehículos y muebles de cocina, construcción de obras, dirección del tráfico. Comer a las carreras después de recorrer media ciudad, o comer mal cerca del lugar de trabajo, no se contabiliza como un sobrecosto sino como un aumento del producto nacional, aunque se trate de hacer lo mismo, menos sabrosamente y a un costo mayor (un buen ejemplo de "inflación sincrónica").

Naturalmente, es posible que haya alternativas de mayor productividad real (no puramente contable) para el tiempo ocupado fuera de casa: todas aquellas actividades que resultan menos costosas al integrarse físicamente en un lugar de trabajo externo, a pesar de los sobrecostos que engendran. Sin embargo, ni todas las actividades están en este caso, ni todas las personas tienen esta oportunidad, ni siempre es fácil crearla. La producción doméstica no sólo es producción, aunque no se contabilice: es una alternativa más eficiente en muchos casos. Favorecerla puede tener un costo/beneficio atractivísimo en términos familiares y sociales, si lo que se busca ante todo es que mejore el consumo básico, no las cifras contables del empleo, la inversión y el producto nacionales.

Esto sin contar con que el beneficio de una mayor productividad se queda en casa, en vez de ir a parar, como sucede mucho en la agricultura comercial, a manos de los consumidores (urbanos o extranjeros) o los intermediarios (incluyendo al gobierno).

Circuitos excesivos

Un principio de diseño fundamental en ingeniería de sistemas es la creación de redundancias. Cualquier sistema razonablemente complejo se volvería inseguro y fácilmente vulnerable si al fallar cualquier cosa, por pequeña que fuera, fallase todo el sistema. El sobrecosto de crear y mantener vías de operación alternativas en caso de falla, es mayor al crecer y complicarse los sistemas, pero puede resultar menor (como una prima de seguro) que el riesgo de un paro general costosísimo (por la magnitud y complejidad del sistema).

La interconexión de grandes redes eléctricas permite apagones de consecuencias incomparables con el apagón de una vela. Un accidente no se "contagia" en un camino vecinal con el efecto catastrófico que puede tener en un sistema de vías rápidas. Una interrupción de la contabilidad manual no paraliza las operaciones de una empresa con la misma eficacia que una computadora descompuesta. Un sistema presupuestal de gran alcance le da instrumentos a un funcionario público o privado para equivocarse en una escala antes imposible. En un archivo inmenso, lo que se archiva mal se vuelve prácticamente irrecuperable: un error cuesta menos en un archivo pequeño. Una carta (una llamada, una visita) mal dirigida llega más fácilmente a la persona correcta en un centro pequeño que en un centro inmenso, donde nadie sabe nada ni responde de nada. Los ecólogos han llegado à conclusiones análogas. La naturaleza no "centraliza" todos los miembros de una especie en un mismo lugar, como lo hace la agricultura moderna de monocultivos mastodónticos: se volverían más vulnerables a plagas, epizootias o degeneraciones genéticas. Lo mismo sucede con la distribución de funciones en un organismo: de ahí la capacidad de recuperarse o sobrellevar una mutilación o enfermedad. Las redundancias son sobrecostos que

130

disminuyen la probabilidad de fallas o atenúan sus efectos cuando se producen. Sobrecostos que, naturalmente, complican más aún los sistemas.

Pero los sobrecostos son sobrecostos, aunque sean un mal menor. Hasta en la ingeniería de sistemas se ha abandonado el sueño utópico de la interconexión absoluta: hacer sistemas más grandes, más complejos, más interconectados, más integrados, más centralizados. La práctica ha demostrado que esto no siempre es más operacional o económico. Antecedente obvio: el gran motor central que a través de flechas, bandas y poleas movía todas las máquinas de un taller, resultó un mastodonte que no sobrevivió: fue sustituido por motores "descentralizados" en cada máquina. De manera semejante, el ferrocarril fue desplazado en gran parte por coches y carros automóviles, motorizados independientemente y sueltos, en vez de encarrilados y enganchados a una gran máquina. Las grandes computadoras centrales van por el mismo camino.

De la misma manera, apoyar la marginación autosuficiente (en paquetes descentralizados que reduzcan la interconexión al mínimo operacional de mayor rendimiento) puede ser un ideal de diseño para los predios de subsistencia, al menos durante el tiempo necesario para que el intercambio llegue a convenirles más que la autosuficiencia. Salirse de un mercado agrícola, en el cual no pueden competir, y usar la agricultura como un medio de enriquecer su consumo, a través de una mejor economía de subsistencia, puede convenirles más que integrarse fallidamente a la agricultura comercial o a las grandes ciudades.

Los mismos predios que no son, ni pueden ser, integrables como un negocio competitivo en el mercado que domina el sector moderno, pueden ser muy satisfactorios, marginados como "huertos familiares" donde se produzca el maíz, frijol, chile, gallinas, verduras, hierbas medicinales, miel, que consuma la misma familia. Así, estar "fuera del mercado," que es el problema actual, se convertiría en la oportunidad económica de ahorrarse los viajes, aprendizajes y sobrecostos del transporte, el crédito, la administración y la intermediación que implica el convertirse en agricultores comerciales fracasados.

La ropa, que es igualmente un satisfactor básico, tiene más posibilidades de facilitar la creación y comercio de excedentes sobre el consumo familiar, a través de intercambios que sí paguen sobradamente el sobrecosto de la interconexión. Una máquina de coser representa una inversión menor por persona ocupada que la agricultura moderna (compárese con el costo de un tractor) y que la burocracia urbana (aunque sea intensiva de mano de obra; porque la inversión indirecta en urbanización, vivienda y transporte que requiere un barrendero adicional, aunque trabaje con una simple escoba, es del mismo orden que un tractor). Sin embargo, hay menos desnivel tecnológico entre una máquina de coser en el campo y otra en la ciudad, que entre la agricultura de subsistencia y la moderna; ya no se diga entre la "infraestructura" que requieren los servicios domésticos en el campo y la que requieren los servicios en una gran ciudad. La costura en el campo puede ser más productiva, competitiva y rentable que la "exportación" de maíz o de brazos para trabajos serviles. Una máquina de coser en el campo puede estar tan cerca de la productividad urbana como la agricultura moderna. Por si fuera poco, la demanda es más prometedora que la del maíz: por una parte, está más insatisfecha (por razones obvias: primero se come que se viste); por otra, se satura menos fácilmente (si la gente gana más, no compra más maíz pero sí más ropa). La ropa tiene mayor densidad económica: producir, almacenar y transportar mil pesos de ropa, requiere decenas de veces menos espacio y flete que mil pesos de maíz. La ropa aprovecha el trabajo de las mujeres. Puede hacerse a ratos. No tiene estaciones. No se pudre tan fácilmente (lo que da una mejor posición de regateo).

Convertir a los campesinos marginados en agricultores comerciales (fracasados, si las cosas salen mal; redundantes, si salen bien), o convertirlos en servidores urbanos, parece costar más y convenirles menos que apoyar su economía de subsistencia dándole medios para que se atiendan a sí mismos donde están, aumentando su autosuficiencia, con medios de producción baratos y pertinentes para sembrar, cocinar y hacerse ropa y casas para ellos mismos, fuera del mercado, con excepciones que hay que aprovechar. Desde luego, el caso de la ropa que puede hacerse para el consumo y para la venta; pero también otros productos y maquilas que aunque no sirvan para el consumo puedan competir en el mercado (a pesar del sobrecosto de interconectar unidades dispersas por el campo), ya sea porque la densidad económica haga muy pagable el transporte, porque la tecnología no se preste a economías de escala, porque los requisitos de calidad no sean muy estrictos, porque la inversión en aprendizajes sea muy baja, porque el equipo casi no requiera mantenimiento o pueda dárselo el mismo operador (sin aumentar demasiado los costos de aprendizaje).

Salirse del mercado, cuando operar en el mercado resulta más costoso, es igualmente válido para la economía doméstica de una familia urbana, de una familia campesina o de una gran empresa, química por ejemplo.

132

Los costos de producir verduras en el jardín, maíz en un pequeño predio rústico o vapor (o sulfato de equis, necesario para el proceso) en una planta química, pueden ser:

a) Muy altos para que valga la pena salir a vender (menos aún en pequeños volúmenes).

b) Pero suficientemente bajos para que no valga la pena salir a comprar (menos aún en pequeños volúmenes).

Supongamos una empresa consumidora de A, B, C, D, productos todos que puede producir en sus propias instalaciones aunque prefiere especializarse en A, que vende a 40 (y que el último comprador paga a 100) en cantidades suficientes para comprar B, C, D, a 100. Esto tiene sentido si los volúmenes que requiere de B, C, D, son insignificantes y si producirlos en esas cantidades le sale a un costo superior a 100. Pero si su eficiencia comparativa no es $100 \div 40 = 2.5$ veces mayor en su especialidad; si también puede producir B, C, D, a 40, o en todo caso a menos de 100; lo lógico es dejar de comprar B, C, D, y producirlo para su propio consumo, fuera del mercado.

En casos como éstos, las empresas y hasta los grandes grupos industriales tienden a la integración vertical, es decir: a la economía doméstica, fuera del mercado; a la autarquía.

Cuando se dice que sobran campesinos, se supone que están ahí para sembrar y enviarnos alimentos, como subordinados de las grandes ciudades. Desde esa perspectiva centralista, aumentar su productividad, que es deseable, los deja sin empleo, que es indeseable.

Pero supongamos que están ahí para vivir bien. Todo el cuadro cambia. Vivir en el campo cuesta menos que en la ciudad. El campo puede absorber grandes aumentos de productividad y de ocupación al mismo tiempo, si se trata de que los campesinos marginados de la agricultura comercial se atiendan a sí mismos, fuera del mercado, en todo aquello donde la autosuficiencia es más eficiente que el intercambio, orientando su comercio a los renglones donde sí pueden competir.

133

MERCADOS IGUALITARIOS

△

Ilusiones igualitarias

L os mercados modernos (a diferencia de los tradicionales) son igualitarios porque son puramente mercantiles. El dinero es impersonal y vale
en manos de quien sea. Si para comprar en el mercado no hay más derecho
de admisión que pagar el precio, la admisión al mercado es igualitaria.

Esto puede parecer una burla cuando los precios son muy altos, pero no hay que olvidar que el espíritu mercantil representó una democrati-
zación frente al espíritu aristocrático. La gente "que sube" no gastaría ton-
tamente en cosas que a veces ni le gustan, si no fuera por sentirse igualada
con la que va dos peldaños arriba. Por eso, cuando se siente discriminada,
reclama: mi dinero es igualmente bueno. Basta pensar en la discriminación
racial, para darse cuenta de que el libre acceso al mercado es igualador,
aunque nuestras exigencias morales hoy nos piden más: que todos tengan
los recursos necesarios para tener acceso a todo.

No somos consecuentes al pensar en esto. Si tomáramos en serio la
hipótesis igualitaria, al menos como ejercicio reflexivo, muchas cosas saltarían
a la vista. Por ejemplo: el trabajo de criada a tiempo completo, se volvería imposible de pagar. El jefe de la familia tendría que pagarle a la criada lo mismo que él ganara, quedándose sin nada para comer, vestir, ahorrar. Pero ¿se
ha pensado realmente en un mundo en el cual las criadas fueran licenciadas,
con tiempo libre para hacer su doctorado en ciencias domésticas, y con ingresos suficientes para tener criada?

Ni se ha pensado, ni se han hecho las cuentas. La clase media mejor intencionada cree que no es posible, deseable, ni decente, vivir sin criada ni coche, además de ser padres de varios hijos y mandarlos a todos a la
universidad, lo cual no es ningún privilegio, sino algo que todos deberían
tener. La incongruencia de esto con el hecho de que las criadas a tiempo

completo no pueden tener criadas a tiempo completo (sin hablar de coche, hijos universitarios, vacaciones en grandes hoteles) no parece estar clara. Así se entiende que el aparato estatal, con el evidente consenso del sector urbano, compre, venda, produzca, construya, ofrezca servicios, dé empleo, fije precios, establezca normas y, en general, decida, teniendo como modelo implícito una vida decente: es decir, criada, coche, varios hijos en la universidad, viajes de vacaciones. La verdadera diferencia entre la producción privada y la pública no está en la línea de sus productos, ni en la población a la cual se destinan, ni en los procesos con que se producen, ni en la capacidad o los ingresos del personal que ocupan, sino en las finanzas: el dinero público, como que no es de nadie.

Tomando con seriedad operacional la hipótesis igualitaria, saltaría a la vista que enseñar a leer libros a todos y llenar el país de bibliotecas, puede ser realizable a mediano plazo, mientras que nunca será posible (si fuera deseable) que todos se gradúen de ignorantes con título universitario. Saltaría a la vista que es perfectamente realizable a corto plazo eliminar la desnutrición, pero que nunca será posible que todos reciban diez años de psicoanálisis.

Un mercado radicalmente igualitario en el sentido de que todos tuvieran la misma capacidad económica sería un mercado operacionalmente muy distinto: muchos bienes y servicios actuales (y muchas formas de surtirlos) desaparecerían, se reducirían o se transformarían por completo; otros que actualmente no existen o no tienen mucho mercado, se desarrollarían. Los alimentos, la ropa, la vivienda, las medicinas, tendrían más demanda que la educación universitaria, los servicios hospitalarios, la dirección de tráfico, los grandes hoteles. Prosperaría el quehacer de los campesinos, costureras, albañiles, no el de los burócratas.

¿Por qué, entonces, la oferta estatal, con el supuesto propósito de igualar, ofrece precisamente lo que no tendría demanda en circunstancias igualitarias? Porque la burocracia ha llegado a la clase media y siente que es el mínimo aceptable. Porque no le interesa la igualdad realizable aquí y ahora. Porque quien tiene alimentos y ropa, desea tener servicios, de preferencia gratis o subsidiados.

Mercados polarizados

Si todas las personas tuvieran los mismos ingresos, no sólo cambiaría la estructura de la demanda de acuerdo con la llamada Ley de Engel: la

135

composición de la demanda se va orientando más a los servicios a medida que aumentan los ingresos; sino que cambiaría la estructura de los costos, lo cual también afectaría la estructura de los mercados. Muchas cosas actualmente baratas se volverían costosísimas, lo cual reduciría su demanda. Por esto, y por los esfuerzos de abaratarlas (reduciendo las horas de costo por unidad), habría desocupación en la producción de esos bienes y servicios. En general, se reduciría el mercado de servicios de atención personal y el de las cosas costosas en tiempo, como son las artesanías y los trabajos de mucha mano de obra o mucha calidad dada pacientemente en forma personal.

Ya actualmente es posible observar algunas de esas tendencias. En los países donde aumentan los ingresos y la igualdad, desaparecen las criadas, encarecen los servicios educativos y hospitalarios, la atención personal se vuelve impersonal, baja la calidad de muchos productos, aumenta el "do it yourself". Esta transformación de los mercados puede ilustrarse con el caso de la producción artesanal.

Las artesanías que los pobres producen para los pobres, son caras si el costeo se hace en tiempo por unidad (o, lo que es lo mismo, en términos igualitarios), aunque parecen baratas para el sector moderno, porque puede comprarlas en términos de intercambio muy favorables (digamos, pagando una hora de tiempo moderno a cambio de varias horas de tiempo artesanal). Pero luego sucede que el sector moderno produce algo semejante (por ejemplo, de plástico) a un costo tan bajo en tiempo por unidad (digamos, produciendo en una hora lo que los artesanos producen en varias) que, a pesar de las diferencias de pago por hora, resulta muy competitivo. Esto obliga a los artesanos a reducir sus ingresos (empeorar sus términos de intercambio) y finalmente a salir del mercado pobre, desplazados por el producto moderno. En un tercer momento, el sector moderno, que puede pagar más por esas artesanías que han salido del mercado pobre, y que, por lo mismo, a otros precios y con otras funciones (snob appeal, conversation piece, ornato, lujo) tiene demanda para éstas, les crea un mercado distinto. Es decir, el mercado normal original desaparece polarizado en dos direcciones opuestas: un mercado moderno de gran volumen y costos bajos en tiempo por unidad, y un mercado moderno de especialidades costosas para la minoría que puede intercambiar su tiempo en términos favorables.

Nótese que este desplazamiento de mercados es, simultáneamente, una transformación política. Los mercados relativamente igualitarios, autónomos y descentralizados, en los cuales unos pobres intercambiaban artesanías con otros, quedan suplantados por la subordinación radial al sector moderno, que se vuelve el centro de poder que compra artesanías y vende productos modernos.

La transformación es todavía más política en el caso de los servicios. Aunque el sector moderno compre servicios domésticos de los pobres, no puede venderles servicios modernos, porque a diferencia de los productos modernos que sustituyen a la artesanías, no son más eficientes que la alternativa pobre. Un psicoanalista no es más eficiente que un curandero: ni produce más curaciones, ni las produce en menos tiempo. En cambio puede cobrar cien veces más por hora que un curandero. Aun suponiendo que sus servicios fueran pertinentes para las necesidades de los pobres, nunca tendrían mercado entre los pobres. A menos, claro, que el mercado se abriera gracias a la intervención estatal. En este caso, aunque los servicios de psicoanalistas, médicos, trabajadores sociales, ingenieros, arquitectos, sociólogos, antropólogos, economistas, maestros, militares, policías, carceleros, sean totalmente impertinentes para las necesidades de los pobres, ineficientes, improductivos y hasta contrarios a sus intereses, no faltarán recursos para pagar una oferta bienhechora de servicios modernos, que permite, por una parte, comprar la buena voluntad de la clase media contratada para darlos, y por la otra la buena voluntad de los pobres, maravillosamente atendidos, al menos simbólicamente. Se trata de un mercado cautivo, centralizado y progresista, que tiene muchas ventajas políticas, pero que no es un mercado igualitario.

Cómo favorecer los mercados igualitarios

Lo verdaderamente igualitario sería la promoción de una oferta pertinente para las necesidades de los pobres, favoreciendo:

1. Los satisfactores indispensables para todos, tales como el agua potable, el aire limpio, la sal y otros minerales, vitaminas y medicinas preventivas, los alimentos, la ropa, la vivienda; desde luego, donde salgan más baratos, que no es en las grandes ciudades, y dentro de la "canasta" de sus gustos hechos, porque no es realista pretender cambiarlos a corto plazo (ni siquiera por su propia conveniencia), aunque favoreciendo los satisfactores de la "canasta" que cumplan los dos criterios que siguen.

2. Los satisfactores que se presten a la producción doméstica: que salgan más baratos o gratis fuera del mercado, ya sea porque la autosuficiencia es más eficiente que el intercambio (como puede ser en muchos casos el cultivo y la cocina de los propios alimentos y hierbas medicinales, el

137

tejido y la costura de la propia ropa, la construcción de la propia vivienda) o porque el costo se anule al convertir la producción misma en satisfacción, como sucede en los juegos y aficiones que no requieren equipo costoso, incluyendo, por supuesto, los juegos del amor, que son (o pueden ser) al mismo tiempo igualitarios y lujosos.

3. Los satisfactores cuyos costos de producción, distribución y consumo globales sean muy bajos con respecto a la satisfacción que ofrecen, tales como los bienes o servicios específicos que sacan altas calificaciones en las guías de consumidores (con los ajustes necesarios para considerar los costos sociales, en vez de los precios, como hacen estas guías): lo que pudiéramos llamar los "best values" sociales, las "muy buenas compras" para los consumidores más pobres.

4. Los productos modernos cuyo costo de producción-distribución-consumo sea abatible al producirse en ciertas condiciones, y, en particular, en gran escala. Muy especialmente (como contribución del sector moderno a la autosuficiencia de los pobres) los medios de producción de alimentos, ropa, techo, para que ellos se atiendan a sí mismos. En esto (más que en el intercambio de servicios) puede haber intercambios entre el sector moderno y el marginado que aumenten la productividad de ambos, sobre todo a través de sistemas de oferta que les permitan a los pobres pagar sus propios medios de producción "como renta".

5. Y, por supuesto, a la par que se crea una oferta pertinente: dinero en efectivo, repartido de manera igualitaria, como algo justo y como una acción práctica para estimular los mercados igualitarios, incluyendo la circulación de bienes y servicios promovidos por pobres y para pobres, no sólo la circulación, privada o estatal, que centraliza el sector moderno.

Conviene reconsiderar estos puntos en términos de "comercio exterior" entre ambos sectores:

a) El ejemplo perfecto (pero no excluyente de otras posibilidades) es la ropa: se presta a la pequeña producción, al abaratamiento del consumo propio, al fomento del mercado aldeano y a la generación de excedentes exportables a las grandes ciudades y hasta al extranjero. Viaja a costo muy bajo, no se descompone, no requiere grandes aprendizajes, se puede hacer en casa, en los momentos libres, y, sobre todo, se presta al intercambio por medios de producción: ropa a cambio de máquinas de coser y tejer, de telas, estambres, avíos, patrones.

En mayor o menor grado, se parecen a este ejemplo: los muebles, la cerámica, los zapatos, las conservas, la miel.

138

b) Hay un tipo de servicios cuyo intercambio sí puede ser muy productivo: las maquilas.

Aunque el trabajo a domicilio se ha ganado, merecidamente, una leyenda negra, no hay que olvidar que la revolución industrial hubiera sido irrealizable sin la previa revolución del capitalismo comercial que organizó un mercado para la producción dispersa por el campo. Fenómeno que subsiste en Japón, con las famosas trading-companies, empresas ante todo comercializadoras que, a partir de ahí, han creado imperios industriales. Sería absurdo repetir esto para la industria textil, pero organizar mercados de maquilas dispersas por el campo para procesos manuales, o de equipo muy ligero, o que requieren asoleo o mucho espacio, puede tener sentido, y se hace. Ha sido importante para la industria relojera suiza; en muchos ramos (metalmecánicos, eléctricos y electrónicos) japoneses y en las maquilas tradicionales (ropa, calzado) en México. Requiere un análisis previo para efectuar el despiece más conveniente; tiene muchos problemas de coordinación; se presta a abusos; casi no satisface necesidades locales (es una actividad puramente "exportadora"); pero considerando la oportunidad de aumentar la productividad local a un nivel urbano, sin incurrir en las inversiones de urbanización y sociales que requiere un trabajador urbano, parece una solución muy atractiva.

c) El caso opuesto (puramente "importador") es el de ciertas vitaminas que mejoran mucho el consumo con respecto a su costo. Mejor es el caso de los medios para mejorar el consumo, abaratándolo, como son los molinos de nixtamal, o pueden ser algunos libros de how-to. Todo lo cual es deseable, con la limitación de que no genera "divisas" para pagar a los proveedores urbanos.

d) Para este efecto, y también para los dos primeros casos (*a* y *b*), conviene aceptar un déficit permanente moderado en la balanza de pagos del campo, a través de financiamientos a los medios de producción, que se paguen "como renta" (y, si es práctico, por trueque con los mismos productos), así como a través de una redistribución en efectivo del ingreso nacional.

De una lógica a otra

$\triangle$

La lógica del empleo en lo que sea

Durante muchos años, se dio por supuesto que del aumento del producto nacional derivaría todo lo deseable, y que por lo tanto había que maximizar esta función, que dependía de aumentar la tasa de inversión (en lo que fuera). La lógica del empleo no es mejor: considera que el problema fundamental es el desempleo y que todo lo demás llegará por añadidura.

1. Lo que hace falta es empleo (en lo que sea).
2. Para esto hay que aumentar el gasto público.
3. Lo cual requiere que el gobierno tenga más dinero.

Seguir esta lógica tiene muchas ventajas:

a) Se crea empleo de inmediato (el gobierno es intensivo de mano de obra); sobre todo en el sector moderno, que tiene preparación, es progresista, pertenece a la misma "cultura" que el Estado moderno y es menos marginable, dada su capacidad de protesta; protesta que a través del empleo, se orienta constructivamente y fortalece al Estado, en vez de amenazarlo con tensiones improductivas.

b) Se atienden necesidades sociales; con la ventaja adicional de crear una clientela cautiva, que fortalece la capacidad del Estado, porque quienes reciben servicios gratuitos o subsidiados no protestan igual que si pagaran directamente el costo, aunque así reciban mucho menos que si recibieran el costo en efectivo.

c) Se tiene más poder de compra del Estado, que es un poder más deseable que el de las armas, y que permite ir comprando muchas buenas voluntades, hasta de las grandes empresas, que operan como el sector contratista, concesionario o permisionario de los favores del Estado, con la función de crear empleo, desembarazar al Estado de responsabilidades que no desea, sobre todo sindicales; recibir los ahorros, favores y, por último, la capacidad personal de los funcionarios públicos enriquecidos, retirados o fracasados; presionar para impedir los excesos de las autoridades que, arrastradas por sus propios discursos, estuviesen a punto de creerlos (sacando peligrosamente al negocio gubernamental de ese sano pragmatismo que le permite convertir sus problemas políticos en oportunidades creadoras de nuevos mercados para el servicio público).

Sin embargo, las vías financieras para que crezca el negocio gubernamental tienen muchos problemas.

a) El financiamiento externo puede volverse excesivo.

b) La creación de dinero puede producir inflación.

c) El financiamiento interno del sector público puede dejar sin liquidez al sector privado.

d) Los impuestos, que financieramente son lo más sano de todo, generan resistencias.

e) Las exhortaciones, incentivos y amenazas a la "iniciativa privada", para que acepte el papel de socio subordinado y haga lo que le corresponde, también encuentran mucha incomprensión.

f) Las actividades burocráticas no sólo tienen una productividad baja o negativa: le producen al fisco menos que otras actividades, lo cual produce un círculo vicioso, si el fisco "invierte" cada vez más en actividades que le producen cada vez menos.

Lo peor de todo es que esta maraña de buenas intenciones, demagogia, lucha por el poder, metas absurdas, limitaciones prácticas, aunque se presta a bonitas discusiones técnicas e ideológicas, no ha resuelto ni va a resolver el problema del sector marginado, porque se mueve en otra problemática y en otra dirección. Aumentar el producto como sea, o el empleo en lo que sea, no lleva a la creación de satisfactores básicos para todos, porque, para empezar, no se lo propone. Aunque el producto, el empleo y el consumo básico están relacionados, las consecuencias son muy diferentes según lo que se adopte como propósito central.

La lógica del consumo básico

¿Qué es lo que justifica hacer cosas, económicamente? Obtener satisfacciones de la misma actividad (caso del juego). O de sus resultados directos (caso de la producción doméstica). O indirectos: a través de la venta de los bienes o servicios producidos (caso de las ocupaciones libres). O a

141

través de la venta de tiempo obediente (caso del empleo). Es decir, ni el empleo ni la producción se justifican como instancias últimas de la actividad económica: ese lugar central corresponde al consumo.

La lógica del consumo tiene muchas dificultades, sobre todo a escala nacional. Maximizar el bienestar global es muy bonito y fácil de prescribir pero difícil de especificar en términos prácticos. Sin embargo, el simple hecho de tomar en serio el consumo básico como la primera cuestión económica nacional cambiaría muchas cosas, empezando por la forma en que se plantean los problemas y las soluciones. Hay una lógica del consumo: primero es comer que vestir; primero vestir que tener automóvil. Esta lógica lleva a planteamientos diferentes.

1. Lo que hace falta en primer lugar son tortillas, frijoles, ropa, techo y, en general, satisfactores básicos para todos.

2. La oferta del sector urbano (público y privado) no corresponde a las necesidades de un mercado pobre: los servicios, productos y medios de producción urbanos están configurados para atender situaciones privilegiadas y, por lo mismo, no generalizables.

3. Es mejor que los marginados se atiendan a sí mismos, y que el sector urbano les ayude con una oferta pertinente de medios para hacerlo, que favorezca:

a) Su marginación del mercado urbano, en todo aquello donde el intercambio no les convenga (donde el máximo consumo se obtenga con el mínimo intercambio): alimentos, ropa, techo, producidos para sí mismos.

b) Su integración al mercado urbano, en donde el intercambio sí les convenga: no comprándonos bienes y servicios de lujo (para sus circunstancias) que los conviertan en consumidores modernos, sino medios de convertirse en productores domésticos modernos (para su propio consumo y para que nos vendan cosas que sean mejor negocio que el maíz, como la ropa).

La tecnología que hace falta

Si se define como el problema número uno la falta de alimentos, ropa y techo, la creación de medios de producción baratos y eficientes para que el sector marginado atienda sus propias necesidades a través de la producción doméstica debería tener prioridad. Hay en esto una gran laguna que es al mis-

142

mo tiempo una oportunidad creadora, porque la oferta más común de tecnología y medios de producción está dirigida a las necesidades de los grandes productores modernos. Entre la técnica de los grandes productores modernos y la de los pequeños productores tradicionales, no se ha desarrollado una tecnología intermedia que permita la producción doméstica moderna.

Por ejemplo, en el caso de la alimentación:

a) Sistemas baratos para recoger agua de lluvia, para localizar agua subterránea, para bombearla, guardarla, conducirla, reduciendo el desperdicio, para hacerla potable, para desarrollar variedades vegetales o animales que consuman menos agua.

b) Semillas y especies mejoradas para la escala de operación doméstica: maíz, frijol, chile, tomate, papa, cebolla, calabaza, frutales, hierbas para infusión y medicinales, miel, gallinas, cerdos, vacas, burros, que sirvan para mejorar el consumo de la propia familia, no para competir y perder en el mercado.

c) Equipo y aparejos para la agricultura, ganadería, apicultura, caza, pesca, de uso múltiple, baratos, que requieran poco mantenimiento, dado por el propio dueño.

d) Procesos, equipo y envases de conservación y cocina que permitan aprovechar alimentos vegetales y animales desaprovechados, que compensen la estacionalidad o indivisibilidad, que mejoren la dieta respetando los gustos hechos.

e) Instructivos ilustrados, programas de radio y televisión, con verdadero sentido práctico para todo lo anterior (incluyendo el sentido práctico de no hacer instructivos ni programas si no tiene caso).

Así como los productos deseados por razones militares se especifican en términos operacionales (necesitamos un X capaz de A, B, C, sujeto a las restricciones M, N), habría que definir especificaciones operacionales, económicas, sociales, culturales, de canal de distribución, forma de pago, servicio de mantenimiento, para cada producto deseable.

Ahorrarse este trabajo de especificación es una de las grandes ventajas del sistema de sustitución de importaciones. No hay que quebrarse la cabeza, porque la producción se orienta a especificaciones hechas de productos hechos con mercados hechos. Pero este ahorro supone limitarse a las soluciones desarrolladas en otras partes para otras necesidades.

El precio del medio de producción, su rentabilidad para el pequeño productor, la facilidad de aceptarlo social y culturalmente, aprender a manejarlo y repararlo, deben ser esenciales para el trabajo de especifica-

143

ción. Si se parte de que un pequeño productor no puede pagar más de equis por concepto de tracción, con esa sola especificación la ingeniería del producto delimita que los materiales no pueden rebasar los tantos kilos, lo cual no permite un motor capaz de cargar con su propio peso y un tripulante, lo cual puede sugerir un arado con motor, para trabajo poco profundo (una especie de segadora de jardín, como los tractores de a pie desarrollados en varios países); o puede sugerir que es mejor desarrollar un servicio de alquiler de tractores grandes, o puede sugerir reinventar la yunta, con bueyes, mulas o burros mejorados genéticamente.

A partir de este trabajo de especificación "socioeconómicoperacionalcultural" para una multitud de medios de producción deseables, se puede proceder de varias maneras: publicar listas de productos y servicios deseables, análogas a las que se han usado para estimular la sustitución de importaciones; hacer concursos, premiando de alguna manera a quienes desarrollen la oferta más pertinente para ciertas necesidades; difundir ejemplos exitosos.

Dos ejemplos urbanos extranjeros: en España, el gobierno organizó un concurso para dar toda clase de facilidades (sobre todo publicidad gratuita) al editor que ofreciera publicar la mejor serie de libros distribuibles en estanquillos a un precio bajísimo; en Estados Unidos, varias empresas han desarrollado unidades paquete de lavandería que son más eficientes, le dejan más al lavandero y se pueden pagar "como renta". Dos ejemplos agrícolas mexicanos: en 1852, el gobierno de Yucatán organizó un concurso para que se inventara una máquina desfibradora de henequén, que ganó un yucateco, José Esteban Solís, con una máquina que permitió multiplicar el cultivo del henequén y la exportación de fibra. Recientemente, algunos empresarios urbanos, con el ánimo de hacer algo por los campesinos, han dado avales para proyectos viables, por ejemplo: la compra de una bomba de riego que, al triplicar la producción, se paga sola en dos años. Lo cual es loable pero menos empresarial que ver ahí la oportunidad de hacer negocios socialmente útiles, por ejemplo: una empresa que ofreciera el paquete completo, desde la búsqueda del agua subterránea hasta la planeación de los cultivos, el financiamiento de la bomba y el conjunto de servicios, pagaderos como renta, como en el ejemplo salvadoreño (capítulo "Ejemplos de pertinencia", ejemplo 9).

Nótese que en los cuatro ejemplos se trata de una intervención pública o privada en sectores cuyas unidades típicas de producción no tienen la capacidad necesaria para aumentar su propia productividad a través de iniciativas innovadoras que, por su costo o su naturaleza, tienen que ser exógenas: ninguna lavandería puede tener presupuesto para gastos de investigación y desarrollo, ni comprará jamás tecnología, a menos que venga en un paquete de producción desarrollado para miles de lavanderías.

Argumentos distintos: "tecnología propia", "subsistencias populares"

Conviene distinguir la lógica del consumo de una serie de argumentos que pueden sonar a lo mismo pero que van en otra dirección, en particular la necesidad de una tecnología propia y la distribución de alimentos.

1. La producción, difusión y asimilación del saber es un consumo socialmente deseable, como un fin en sí mismo, limitado por razones económicas y por el respeto a las vocaciones y gustos. Se trata de una situación parecida a la del arte o los deportes.

El saber como medio para otros fines está condicionado por éstos. Por ejemplo:

a) Nacionalismo. Lo que importa aquí es tener genios propios, hagan lo que hagan, para poder exhibirlos ante el mundo. Situación parecida a patrocinar cualquier deporte que permita ganar medallas de oro.

b) Independencia. Lo que importa es no estar sujetos a la voluntad de los proveedores extranjeros, aunque sea duplicando la investigación extranjera. Situación parecida a la de crear una industria militar.

c) Divisas. Lo que importa es mejorar la balanza de pagos, importando menos y exportando más tecnología. Esto debería llevar a cierta selectividad, según las ventajas competitivas que tenga el país en ciertos campos frente a la oferta internacional, según el tamaño de la inversión frente a lo que va a ahorrarse o ganarse en divisas.

d) Desarrollo. Lo que importa es la pertinencia, no el origen, de la tecnología para producir o mejorar los productos que hacen falta. Hay que empezar por definir esas faltas para escoger la mejor tecnología internacional o para adaptar o desarrollar una propia. Lo importante no es que la tecnología sea propia o que sea la más moderna: es que sea la mejor para el caso, aunque la tengamos que crear (porque no existe) o adaptar o comprar o redescubrir (abandonada por el progreso en otras partes).

145

Por razones sociopolíticas, se han subrayado los fines de nacionalismo, independencia y divisas. Pero que un genio mexicano ahorre divisas duplicando una tecnología extranjera para hacer un producto suntuario, parece menos importante que saber escoger una tecnología que permita producir eficientemente a pequeña escala, aunque consista en redescubrir la yunta o mejorarla genéticamente con técnicas nacionales o extranjeras.

2. También hay que distinguir entre el propósito de aumentar el consumo básico del sector marginado y el de aumentar la ocupación del sector moderno como abastecedor de alimentos al sector marginado. Esto puede justificarse en muchos casos, por ejemplo: sal, aspirina, vitaminas y otros complementos que tienen una utilidad para el consumidor desproporcionada para su costo, que pueden abaratarse mucho a través de la producción masiva, que no pueden producirse en forma doméstica. Pero no es cierto para el grueso de la alimentación.

El caso paradigmático de los errores en este sentido es el desplazamiento de la leche materna por la leche en polvo. Alan Berg ha documentado ampliamente los resultados negativos de esta modernización. La leche materna es un gran alimento; es el ejemplo perfecto de producción doméstica sin ninguna intermediación; no genera costos de almacenaje, distribución, tramitación, corrupción administrativa, pérdida de divisas, consumo excesivo de energéticos, contaminación; evita (aunque no a la perfección) un nuevo embarazo de la madre durante la lactancia; no requiere preparación, lo que evita peligros higiénicos y pérdidas de tiempo; le da satisfacciones corporales a la madre y al niño; todo gratis, y por lo mismo no contabilizado ni como producto nacional ni como empleo.

Sustituir los 375 litros de leche gratuita que una madre puede darle a su hijo en dos años, requiere 58 kilos de leche en polvo, que sí se contabilizan como producto y como empleo del sector moderno, y que cuestan una fortuna para el nivel de ingresos de los supuestos beneficiarios. Una fortuna despilfarrada para desplazarlos como productores domésticos y reducirlos al papel pasivo de consumidores modernos, naturalmente incompetentes: muchos niños indígenas son tan ineptos para el progreso que, en vez de asimilar la leche en polvo, se intoxican.

Otro ejemplo: la masa de maíz (para hacer tortillas, tamales, atoles) puede producirse con metate, con molino de nixtamal o añadiendo agua a la harina de maíz producida en fábrica. En el caso del maíz, toda la tecnología es propia: desde la domesticación de la planta silvestre (que tenía mazorcas de dos o tres centímetros) hace miles de años, hasta el proceso para hacer harina (know-how que el Instituto Mexicano de Investigaciones Tecnológicas exportó a Estados Unidos); pasando por la invención de la cocina del maíz, la tortilladora mecánica y hasta la "revolución verde". Sin embargo, aunque en los tres casos hay una tecnología propia para elaborar una subsistencia popular, se trata de casos muy distintos en términos del análisis que hemos venido planteando.

a) El metate, aunque "crea empleo", gracias a su ineficiencia, es una solución inferior al molino de nixtamal. Lo ven los campesinos que prefieren llevar diariamente a maquilar su nixtamal. Con dos o tres pesos, las mujeres quedan libres de aprovechar la mañana en tareas que produzcan más, por ejemplo: acompañando a los hombres en las tareas del campo. La racionalidad campesina es obvia y no es distinta de la racionalidad industrial.

b) Es la industria harinera la que resulta irracional, cuando se molesta por la persistencia del "obsoleto" molino de nixtamal. La oferta de progreso que consiste en ofrecer harina de maíz no tiene sentido para quienes siembran el maíz que se comen: no abarata su consumo ni les permite aprovechar mejor sus recursos. Lo que sí tiene este efecto es el molino de nixtamal. El campesino que tiene los ahorros para comprar un molino no hace una instalación lujosa ni atiende el negocio a tiempo completo: trabaja en su casa (un par de horas en la madrugada) atendiendo a sus vecinos y luego se dedica a las faenas del campo, como ellos. Una fábrica de harina de maíz no puede operar así, y mucho menos maquilando el maíz de cada quien. Por eso la harina de maíz ha prosperado sobre todo en las ciudades, donde la gente no tiene maíz propio.

Ofrecer molinos de nixtamal baratos para el campo (con motor de gasolina, donde no hay electricidad) ha sido una buena oferta de progreso, aunque produzca "desempleo". Lo absurdo sería la "creación de empleo" improductivo, sometiendo a las mujeres al metate. O la preferencia irracional por lo más moderno, sometiendo a los campesinos que tienen maíz propio y un molino cercano, a consumir harina de maíz. El maíz "autónomo" no requiere ninguna intermediación; el "centralizado", cuando menos dos, con todos los viajes, almacenajes y sobrecostos que implica recogerlo de su dispersión, concentrarlo en la ciudad donde esté la fábrica de harina y volver a dispersarlo hasta los últimos rincones del campo.

REPARTIR EN EFECTIVO

△

EL ESTADO PROVEEDOR

△

La gran receta

Se diría que en México se ha llegado al consenso de que las grandes diferencias de ingresos entre los mexicanos:

    a) existen;

    b) no son recomendables;

    c) deben al menos atenuarse.

Se diría, entonces, que es tiempo de insistir en la gran receta: que el gobierno tome dinero de los que tienen, para darles bienes y servicios a los que no tienen.

Sin embargo, ya es tiempo de pensar que la receta no funciona. Desde hace décadas, los impuestos han venido aumentando. En el mismo lapso, la desigualdad ha empeorado. Luego, no existe conexión entre esos dos fenómenos, o, lo que es peor, funciona al revés de como dice la receta: los aumentos de impuestos aumentan la desigualdad.

Claro que se puede decir, como siempre con las recetas, que no se aplicó bien, que tarda en dar resultados, que la dosis es insuficiente, que si así estamos como estamos, ¡cómo estaríamos de otra manera! Pero la verdadera cuestión es otra: ¿por qué habría de esperarse que aumentar los impuestos mejore la distribución del ingreso nacional?

El enredo

Supongamos que el Estado no tuviera otra función que igualar los ingresos, que esta igualación fuera total y que pudiera realizarse sin fuerza ni costo administrativo. En ese comunismo utópico de los resultados (en vez de los medios) de la producción, todos los ingresos se pondrían en una charola de la cual se repartiría a partes iguales.

151

En plena utopía, añadamos a las funciones del Estado igualador, las del Estado director de la economía: habría una fuente central de información de todas las situaciones y propósitos, de "cuadratura" de los mismos en planes coherentes, de arbitraje para optimizar el bien común, con lo cual la productividad y el ingreso aumentarían, sin afectar la nivelación.

Consideremos por último las funciones del Estado proveedor, a precios y costos razonables, de algunos bienes y servicios que en el plan presentaran lagunas de oferta. De nuevo, esto mejoraría la situación utópica pero no tendría por qué afectar la igualación.

El enredo comienza al mezclar estas funciones. Si en vez de repartir el dinero de la charola, el Estado da bienes y servicios para atenuar las diferencias de ingresos, debe cobrar tomando de la charola la diferencia en dinero de lo que está entregando en especie, y no a precios y costos razonables, sino al costo que hayan tenido, incluyendo el costo de la ineficiencia, la irresponsabilidad y la corrupción.

De la misma manera, si para dirigir la economía, en vez de recabar y hacer pública toda la información necesaria, formular y coordinar planes, tomar decisiones coherentes, el Estado opera directamente y al costo, se acaba gastando más y gobernando menos. Un Estado más grande, más cargado de miles de operaciones, ni siquiera es un Estado políticamente más fuerte: acaba absorbiendo fuerzas contradictorias a las que ya no puede gobernar abiertamente. El Estado tiene mil recursos para someter a una empresa privada rebelde, pero no tantos para someter a una empresa pública, que puede disfrazar sus propios intereses bajo las banderas del interés público.

Sin embargo, las actividades de mayor volumen del Estado mexicano son las del tercer tipo: las del Estado proveedor de bienes y servicios. Y no para llenar lagunas temporales de la oferta, sino de hecho como un fin en sí mismo; de acuerdo con una ley que parece biológica: la función primordial de los entes de la administración pública es, en primer lugar, no morir y, en lo posible, crecer y multiplicarse en entes semejantes. Así, la fe popular en Tata Gobierno, sumada a la ortodoxia de quienes creen que toda estatización es un progreso, sumada a los intereses de los empresarios y empleados públicos, sumada a los intereses de los grandes empresarios privados y a los de muchas profesiones cuya viabilidad y mercado dependen del Estado, hacen palidecer las supuestas otras funciones. Mejor dicho: crean la ilusión de que para cumplirlas mejor (igualar los ingresos, dirigir la economía) nada mejor que el crecimiento del aparato estatal.

Sería extraño que en este río revuelto de propósitos, las mayores ganancias fueran para los pobres.

¿Para quién produce el gobierno?

Pudiera creerse que a los pobres no les va tan mal, porque además de sus ingresos reciben bienes y servicios gratis o subsidiados.

Sobre esto cabe considerar dos cosas:

a) Si para los pobres valen lo que cuestan, con el criterio más simple: ¿qué preferirían, frente a la alternativa de recibir en efectivo el costo que realmente tienen?

b) Si realmente son para los pobres: si responden a sus necesidades, y si efectivamente les llegan.

Por lo que hace al primer punto, parece obvio que en general preferían el dinero en efectivo. Darle a un lacandón mil pesos de automóvil, cirugía cardiovascular, estudios universitarios, protección militar u otros bienes y servicios estatales, es darle mucho menos que mil pesos en efectivo.

Por lo que hace al segundo punto, basta un repaso del presupuesto federal para ver que los impuestos producen empleos, bienes y servicios para el sector moderno, antes que beneficios para los mexicanos más pobres.

El Estado mexicano produjo automóviles, así como la gasolina, calles, electricidad, alumbrado público y dirección de tránsito para que circulen. Pero ¿en qué beneficia todo esto a los lacandones? ¿Qué producen las secretarías, los poderes legislativo y judicial, el Seguro Social, el Infonavit, Petróleos Mexicanos, la Comisión Federal de Electricidad, que llegue a los campesinos marginados?

Si alguien se tomara el trabajo de hacer un "catálogo de ventas" de la extensísima línea de productos y servicios estatales, acabaría haciendo una enciclopedia. Tómese el índice de la sección amarilla del directorio telefónico y obsérvese que pudiera ser el índice de la oferta estatal: abarrotes, abogados, abonos, abrasivos, abrazaderas, abrigos... Pero ¿dónde están los abarrotes del gobierno? En donde sirven para impedir que los abarroteros sin escrúpulos acaben con la clase media. ¿Qué hacen los abogados del gobierno por los pobres? Llenar las cárceles. ¿A dónde iban a dar los abonos que producía el gobierno? A muchas partes y hasta al extranjero, pero no a las siembras de subsistencia de los campesinos más pobres. Y así hasta la zeta.

¿Para qué sirve aumentar los impuestos? Para que una parte del sector moderno prospere y produzca más para sí mismo y para el resto del sector moderno.

La vocación del Estado

El Estado no actúa como instrumento de la sociedad. Actúa como si fuera una persona: como un fin en sí mismo, como alguien cuyo verdadero fin fuera existir, crecer, multiplicarse, entregado a su vocación, que es la totalidad. Al Estado le conviene que haya males sociales que remediar, y que nunca se acaben, como a los médicos les conviene la enfermedad y a los enterradores la muerte: para darle sentido a su existencia, ventas a sus servicios, demanda a su oferta.

Cada vocación trata de vender su mercancía, y sería muy extraño que no lo hiciera. Si alguien cree en la medicina, el urbanismo, la revolución, ¿qué va a ofrecer sino lo que tiene, lo que sabe hacer, aquello a lo cual dedica su vida? Si un periodista dijera que suprimir la prensa es lo mejor para el país, si un rector propusiera suprimir las universidades, se pensaría más bien que faltan a su vocación o que no la tienen. Lo natural es decir que para el bien del país debe haber más y mejores revoluciones, prensa, universidades, medicina, urbanismo, funerarias, ejército, investigación, crítica, poesía. No porque me convenga que prospere lo que hago, sino porque es bueno para el país, que, al ocuparme y engrandecerme, en realidad me pone a su servicio. Que haya contratos para los ingenieros, atención para los críticos, poder para los economistas y, en general, demanda para mis productos, le da sentido a mi oferta, que es también mi ofrenda: dedicar lo que soy al servicio de lo que hace falta.

Y ¿qué se va a esperar de la vocación del Estado, más aún si se refuerza con la de muchas otras personas? Que ofrezca más y mejores bienes y servicios estatales. Por eso, en términos realistas, no se puede esperar que el Estado emprenda una redistribución radical del ingreso suprimiendo gran parte de su oferta y repartiendo en efectivo. Tomar dinero de los que tienen para dárselo a los que no tienen genera menos crecimiento estatal que usarlo para ofrecer ayuda en especie.

Tampoco puede esperarse que el Estado desperdicie la desigualdad, eliminándola rápidamente. Las cosas (desgraciadamente) toman tiempo y requieren (desgraciadamente) esfuerzos interminables. Mientras tanto, la desigualdad permite lanzar los comerciales más vendedores del mundo, para que el sector estatal mejore su posición en el mercado, gracias a los im-

154

puestos. Cada aumento refuerza doblemente su poder para negociar desde una posición fuerte.

a) Por el lado de la oferta, adquiere más mercado cautivo. Toda persona razonable sabe que si recibe algo gratis o subsidiado no puede ponerse exigente.

b) Por el lado de la demanda, adquiere más poder de compra y de empleo, con resultados semejantes. Toda persona razonable sabe que el cliente y el patrón tienen la razón.

Con esto, imponerse por las armas se vuelve una necesidad excepcional, con unos cuantos testarudos. La esencia del contrato social en México, el bálsamo que apacigua los ánimos, concilia los espíritus y resuelve las contradicciones, es el dinero estatal. No quedan fuera sino los marginados: unos cuantos testarudos y los millones que tuvieron la mala suerte de nacer huicholes, tarahumaras, lacandones, para los cuales no hay sino la vaga esperanza de que vayan siendo integrados, no se sabe cómo. Tampoco importa mucho saber cómo: a pesar del fantasma de la violencia (que también sirve para hacer comerciales), los marginados no tienen voz, ni voto, ni posibilidades realistas de triunfar en una insurrección. Sirven como una buena reserva, no tanto de mano de obra, porque es difícil ocuparla, como de buenos sentimientos para que haya institutos, centros, dependencias, organismos, que den ocupación a la clase media y le permitan al gobierno crecer y multiplicarse en su vocación de servicio.

Repartir en efectivo, yéndose al extremo de eliminar gran parte de la oferta estatal, sería como atentar contra el sentido mismo del Estado; tan cruel como decirle a un sacerdote, a un poeta, a un matemático: tu vocación sale sobrando, la sociedad puede andar sin tus servicios. ¿A quién le gustaría ser ninguneado así? Repartir en efectivo sería como repartir el poder de compra entre los ciudadanos, lo que en último término, a gran escala, sería como disolver la policía y el ejército. Aunque el liberalismo, el anarquismo, el marxismo y hasta el leninismo hayan soñado con la desaparición final del Estado, sería un extraño monstruo, digno de una zoología fantástica, el que renunciase a vivir, crecer y multiplicarse.

Las realidades de esta lucha por la vida pueden verse en la misma jungla estatal. Si los piadosos sermones federales sobre la distribución del ingreso, fuesen algo más que comerciales para vender la oferta federal, la igualación empezaría por el mismísimo gobierno, por ejemplo: repartiendo en efectivo un porcentaje mayor de los ingresos federales entre los gobiernos municipales, ya no digamos atenuando las diferencias de ingresos

155

entre los altos y bajos empleados públicos, que de la presidencia de la república al municipio más pobre, pueden variar de diez mil a uno.

La falta de una oferta pertinente

Naturalmente, hasta un pequeño porcentaje del ingreso nacional repartido a partes iguales, produciría un efecto radicalmente distinto que la misma cantidad como impuesto común y corriente. Aumentar los impuestos, aumenta la demanda de elevadores, alfombras y caoba, así como el empleo de universitarios y choferes. Redistribuir en efectivo aumentaría la demanda de alimentos y ropa y la ocupación de la gente del campo.

Pero como la oferta nacional, empezando por la estatal, no está orientada a las necesidades de los pobres, repartir en efectivo sin preparar una oferta adecuada, reduciría el valor del efectivo de dos maneras:

a) Provocando una inflación, debido a que las cosas más necesarias no existirían en cantidad suficiente.

b) Haciendo que el dinero se gastara en otras cosas que sí hay, pero que cuestan demasiado para lo que realmente sirven desde el punto de vista de un comprador pobre.

Esto último es tan importante como lo primero, y es igualmente inflacionario. Así como existe la inflación comúnmente reconocida, y que pudiéramos llamar diacrónica (variaciones del valor del dinero a lo largo del tiempo), hay variaciones del valor del dinero, en el mismo momento, a lo largo del espacio económico (ya sea geográfico, político o social).

La inflación sincrónica tiene una forma obvia: la misma cosa tiene un precio distinto antes o después de cruzar una alcabala local, en Tijuana que en Durango, en una colonia de ricos que en una de pobres, en un hotel de lujo que en una casa de huéspedes. El precio de unos huevos fritos o de un corte de pelo, a lo largo del espacio económico, puede tener variaciones más radicales que a lo largo de muchos años. Y así como se construyen índices deflacionarios diacrónicos, y se habla de pesos de 1960 frente a pesos actuales, se podrían construir índices deflacionarios sincrónicos y hablar de pesos de Tijuana frente a pesos de Durango o pesos de ministro frente a pesos ejidales.

Pero hay todavía una forma más sutil y quizá más grave de inflación sincrónica: no sólo el sobreprecio de los barberos con alfombras y título universitario que dan lo mismo (para todos los efectos prácticos de un cliente pobre) que un peluquero de pueblo, sino la falta del servicio pueblerino, que obliga a tomar otro más caro, no necesariamente mejor, o aunque lo sea. El barbero que ya no hace simples cortes de pelo sino paquetes completos de servicios de "estética masculina". El sastre que no corta más que casimir inglés. El médico que no se atreve a recetar remedios caseros. La investigación que no se ocupa de la productividad a pequeña escala. Las secretarías que no se interesan más que en grandes obras inaugurables.

Esta falta puede ser una supresión deliberada, lo que se llama en mercadotecnia una política de "up-grading" (el artículo A es muy bueno y barato, nada más que ya no se produce, ¿por qué no se lleva el B, que es mejor?). O una falta de imaginación, por la cual nunca se ha ofrecido algo que sería utilísimo para ciertas necesidades, en especial de los pobres.

La falta de una oferta pertinente para las necesidades de los pobres es radicalmente inflacionaria. Darle mil pesos en efectivo a una familia en una aldea de Oaxaca, donde no hace falta Metro, ni pasos a desnivel, ni agentes de tránsito, es darle mucho más que mil pesos de servicios urbanos gratuitos en el Distrito Federal. Pero si se destruye, como se ha venido destruyendo, la oferta pueblerina, y si la oferta urbana no produce nada que realmente sirva para las necesidades de los pobres, ¿cómo van a gastar el efectivo que reciban, de modo que les rinda?

Por eso la gran receta simplista de aumentar los impuestos debe transformarse en la siguiente:

a) Crear un impuesto (aunque sea adicional a los existentes) que se dedique exclusivamente a redistribuir el ingreso en efectivo.

b) Crear una oferta pertinente, sobre todo de medios de producción para las necesidades de los pobres, aunque el grueso de la oferta piramidal siga siendo para el sector piramidado.

157

CÓMO REPARTIR EN EFECTIVO

$\triangle$

Un gobierno costoso, ¿beneficia a los pobres?

La primera razón de ser de los impuestos es el poder: desde hace milenios, quienes pueden imponerse y quitar la vida, cobran por no hacerlo. La extorsión de vidas rinde más que el despojo de cadáveres. La no exterminación se vuelve una prestación positiva, una especie de venta de servicios de protección, que, bien administrada, sirve para adquirir más poder; hasta por vías que auspicien, no sólo permitan, la vida y el crecimiento de la bolsa de las personas protegidas. Un pueblo próspero es más lucrativo para el Estado que sabe hacerlo rendir.

Pero decir que los impuestos son impuestos por quienes pueden imponerlos, no tiene buena prensa. Son más vendibles como pagos por servicios públicos, como instrumentos de política económica y, sobre todo, como vía de justicia para repartir mejor el ingreso. La retórica justiciera sirve para legitimar a quienes pueden (vistiéndolos santamente de quienes deben) sacar dinero (por el bien de los pobres).

Sin embargo, una cosa es que los pobres paguen menos impuestos y otra es que se beneficien con eso. Ciertamente, reciben el beneficio negativo de haber salido con vida (o de no recibir nada) pagando menos. Pero si se pregunta cómo, positivamente, llega a los pobres el dinero recaudado, la respuesta es maravillosa: pagando ingresos a la gente que trabaja para el sector público (funcionarios, empleados, contratistas, proveedores, académicos). Lo cual está muy bien para entender por qué aumentar los impuestos ha venido aumentando la desigualdad, pero parece una burla contra los supuestos propósitos redistributivos. Computar el costo del gobierno como beneficio de los pobres, quiere decir que cuanto más costoso es el gobierno más se benefician los pobres. Hacer fastuosos edificios para las oficinas públicas, despilfarrar en viajes al extranjero, elevar los ingresos de los funcionarios públicos a miles de veces el ingreso de un mexicano indígena, darles aviones, limosinas, séquito, guardaespaldas, multiplicar el número de burócratas y de organismos innecesarios, gastar en obras innecesarias o que debieron haber costado menos, aumenta el reparto de beneficios a los pobres.

El gobierno es costoso porque puede serlo, no porque a los pobres les convenga. El gobierno está a cargo de gente preparada y progresista que quiere hacer las cosas bien hechas, con toda la mano, para estar a la altura de los tiempos y de su propia grandeza. El gobierno es la pieza clave del sector moderno. Lo que quiere ofrecer, cobrando impuestos, son servicios modernos. La oferta de servicios en especie, gratis o subsidiados, sirve para darle un mercado cautivo al sector moderno, pero resulta de un costo/beneficio desastroso para los supuestos beneficiarios. Si se les diera el costo en efectivo recibirían mucho más. Un peso de costos faraónicos en una situación rústica resulta ridículo frente a lo que puede dar el mismo peso, recibido en efectivo, de satisfactores rústicos. Que el dinero vaya a dar al gobierno para que dé servicios que cuestan mucho y sirven poco, no puede tomarse en serio como una política redistributiva. Que el gobierno ofrezca un Cadillac donde hace falta una bicicleta, sirve para venderles ostentosas visitas de Cadillac a los pobres, que es todo lo que les toca, no para que se muevan por su cuenta. Si se pretende en serio redistribuir el ingreso, ya es hora de empezar a hacerlo en efectivo.

Ventajas de repartir en efectivo

Supongamos que el ingreso nacional disponible se redistribuyera totalmente a partes iguales. En 1998 esto daría unos 15,000 dólares anuales por familia. (Estimaciones gruesas: 400 millardos de dólares de producto, 320 de ingreso neto, 96 millones de mexicanos, 21 de hogares. No confundir el ingreso familiar con el personal. Estimando 42 millones de personas económicamente activas, en cada hogar hay dos, lo que da unos 7,500 dólares anuales como ingreso promedio por persona económicamente activa.)

Primera observación: no es ninguna miseria, como dicen los que pretenden asustarnos del peligro de repartir. Relativamente a la distribución actual, hasta son ingresos privilegiados, por encima de la mayoría de las familias. Evidentemente, por lo que hace a la cantidad, no se trata de una solución descabellada o imposible, aunque habría que prever grandes ajustes del mercado. La demanda de muchas cosas costosas desaparecería. La

159

oferta de esfuerzos desagradables también desaparecería: a ingresos iguales nadie tendría interés en hacer más que lo gustoso.

No es imposible imaginar remedios prácticos para efectuar esos ajustes. Lo verdaderamente utópico de la solución no está en sus aspectos económicos sino en los políticos. La eliminación absoluta de la concentración económica es viable económicamente. La eliminación absoluta de la concentración del poder no es viable políticamente. Para imponer y mantener la igualdad de poder sería necesario un poder superior al de los iguales: ¿y quién reduciría a la igualdad ese poder igualador? Por eso es utópico soñar con la igualdad absoluta. Cierta concentración del poder parece inevitable en toda sociedad moderna, y toda concentración de poder va acompañada de privilegios. Ni Lenin, ni Mao, ni Castro, han vivido como el último de los pobres. Para hacer algo por los pobres (incluyendo escribir) hay que poder hacerlo: si uno estuviera como ellos, ¿qué podría hacer por ellos? Nada. Uno estaría para que lo ayudaran, no para ayudar. Por eso, los que queremos redimir a los pobres, tenemos que poder más, tener más, estar mejor. Es por su bien.

Tampoco es necesaria la igualdad absoluta. Lo importante es que el mínimo no esté demasiado abajo del promedio. Suponiendo que los extremos sean de 300 millones de dólares anuales para alguna familia de gran poder político y 300 dólares anuales para miles de familias indígenas, lo que importa no es tanto la diferencia de un millón de veces, sino que el mínimo es una miseria. Recomendar que se reduzcan los ingresos de los millonarios políticos es como recomendar que algún ratón creciera tanto que llegara a volverse un gato capaz de ponerle cascabeles a sus nuevos colegas. La revolución le haría justicia igualitaria al nuevo gato pero no a los ratones. A menos que fuera un gato de buenos sentimientos, que los hay. Pero, de nuevo: si por cualquier razón cambiara de sentimientos, o si sus buenos sentimientos lo llevaran a oprimir de otra manera a los ratones (por su propio bien), ¿cómo sería posible que un ratón (sin dejar de serlo) le pusiera el cascabel a su redentor?

Lo viable políticamente, lo importante humanamente, es mejorar a los de abajo: reducir la diferencia del promedio al mínimo. Lo deseable es un mínimo creciente para toda persona, trabaje o no trabaje, por el simple hecho de haber nacido (cosa que no solicitó).

Supongamos que 10% del ingreso se redistribuyera a partes iguales. Esto quiere decir que la familia con el mínimo ingreso (300 dólares) daría 30 y recibiría 1,500 (10% del promedio), lo cual sextuplicaría su ingreso a

1,770 (o sea 300 menos 30 más 1,500). La familia con ingreso promedio quedaría igual (daría 1,500 y recibiría 1,500). La familia con ingresos de más de 15,000 tendría una pérdida neta, mayor en cuanto mayores fueran sus ingresos (pérdida tolerable políticamente porque en términos porcentuales iría de 0 al 10% de sus ingresos). La desigualdad del promedio al mínimo se reduciría a la sexta parte: en vez de 15,000 a 300 (50 veces) se volvería de 15,000 a 1,770 (8.5 veces).

Para tener idea de lo que es sextuplicar el ingreso, piénsese que una mejoría per cápita constante de 3.6% anual, que es impresionante, produciría una sextuplicación del ingreso en medio siglo.

Ganar de golpe medio siglo, sextuplicando el ingreso de la población más pobre, no serviría de mucho sin una oferta de cosas adicionales, oportunas y pertinentes que comprar. Si no va a haber más que lo mismo, tener seis veces más dinero sextuplicará los precios de lo mismo. Es algo perfectamente previsible, aunque no siempre previsto. Los bien intencionados "caminos de mano de obra" produjeron chubascos monetarios por donde iban pasando, que se escurrieron rápidamente por vías inflacionarias. Junto con el dinero, habría que haber hecho llegar cosas deseables en qué gastar el dinero adicional. Deseables para los campesinos, no deseables para nuestros buenos deseos.

Que no haya lo que realmente hace falta, reduce el ingreso real más que la falta de dinero. De un modo u otro, hay transferencias de efectivo a la población más pobre (por ejemplo: ayudas de familiares que emigran a las ciudades o al extranjero). Lo que decididamente no hay son medios prácticos de producción para pobres. Por esta falta de una oferta pertinente, que no puede suplirse de golpe, el porcentaje que se redistribuya debería ser pequeño al principio y crecer gradualmente hasta donde fuera políticamente posible.

No faltarán almas piadosas que teman que el dinero repartido fomente el alcoholismo. Sobre lo cual cabe decir varias cosas.

a) También el empleo, los aumentos de salarios, o de precios de garantía, producen dinero que se puede gastar en bebidas alcohólicas. ¿Hay que impedir, entonces, cualquier mejoría económica?

b) El alcoholismo es universal, no nada más cosa de pobres. ¿Por qué preocuparse tanto del alcoholismo barato, si el caro cuesta más (en costo de oportunidad del tiempo del bebedor, en costo de las bebidas, en divisas, en accidentes de automóvil)?

161

c) Beber tiene más sentido que trabajar: el consumo es un fin en sí mismo; el trabajo (a menos que sea gustoso: es decir, consumo) no.

Otra presentación del mismo argumento: los pobres no van a ahorrar; se lo van a gastar todo o van a trabajar menos. Sobre lo cual cabe decir lo mismo y lo siguiente.

d) No parece probable. Todo grupo humano tiene su cuota de botarates y de tacaños, de pasivos y de emprendedores. Una parte del dinero que se reparta va a fomentar actividades productivas, sobre todo si hay una oferta pertinente de medios de producción.

Por razones parecidas, habrá quienes prefieran dar las cosas pertinentes que el dinero para comprarlas. Pero lo mejor es someter el criterio de pertinencia al juicio de los pobres: ofrecer separadamente las cosas y el dinero, para que ellos decidan. Lo que equivale a darles el poder de compra, en vez de concentrarlo políticamente. Lo que equivale a reconocer que nos hemos equivocado constantemente, y que no hemos sabido, podido o querido elegir mejor que ellos, como lo prueba una larga historia de costosos fracasos que han dado dinero a funcionarios públicos, burócratas, contratistas, proveedores del gobierno y académicos, sin beneficiar a los supuestos beneficiarios.

Repartir a partes iguales, incluyendo a los millonarios (que recibirían lo mismo aunque darían mucho más) tiene grandes ventajas.

a) No se ofende a los pobres con limosnas, ni exámenes que demuestren que son lo suficientemente poca cosa para recibir dinero. Reciben como todos, como iguales, como socios de la sociedad, algo que por derecho les corresponde.

b) Se ahorra el costo de esos exámenes, la inmensa burocracia que se crearía para el caso, así como el control político, los compadrazgos y la corrupción a que darían lugar.

c) Una cantidad variable según el grado de necesidad se prestaría a los mismos sobrecostos y abusos. Una misma cantidad para todos sería muy fácil de anunciar a través de la prensa, el radio y la televisión, haría difícil el engaño, fácil la cuenta, mínimo el papeleo.

Una excepción a estos considerandos pueden ser los hogares de las poblaciones de menos de 2,500 habitantes, donde se concentra la población indígena y campesina de menores ingresos. Que estos hogares recibieran más, a costa del promedio general repartido, aumentaría la eficacia del reparto para elevar el mínimo. Tendría una ventaja adicional: favorecer el arraigo. Lo cual, además de valor humano, tiene mucho sentido económi-

162

co: aprovechar y mejorar las instalaciones que ya existen, en vez de abandonarlas y construir otras (incomparablemente más costosas), para instalarse en las grandes ciudades.

Manera de empezar

1. Reducir el gasto federal en una cantidad equivalente a bajar el IVA de 15% a 10% gradualmente. Sobran oportunidades para hacerlo, aunque la Secretaría de Hacienda diga lo contrario.

Un ejemplo entre docenas: suprimir el personal del fisco dedicado a corretear microempresas. ¿Qué saca el fisco aterrorizando a más de un millón de microempresas? Según declaraciones oficiales, únicamente 2% de la recaudación empresarial. El 98% restante se recauda de las diez mil mayores empresas. Lo cual quiere decir que una gran parte del personal, de la papelería, de los arrendamientos, de los escritorios, de las máquinas, de los trámites, sale sobrando: cuesta más de lo que recauda. Sin contar los costos que no registra el presupuesto: las colas, las mordidas, las angustias, los tropiezos y el tiempo perdido en cumplir requisitos necios y exigencias altaneras. Sin contar el costo de los descuidos garrafales. ¿Realmente es creíble que la Secretaría de Hacienda quisiera saber todo sobre los negocios de la esquina, y los obligara a comprar máquinas especiales para fiscalizarlos, pero no supiera nada de los negocios de Raúl Salinas de Gortari, hasta que los suizos le contaron? ¿Realmente es creíble que le vendiera un banco a Carlos Cabal Peniche (y lo pusiera por los cielos, como ejemplo del país), sin saber con quién estaba tratando? ¿Realmente es creíble que autorizara carreteras incosteables, sin saber que iban a fracasar? ¿No es responsable de la inepta privatización bancaria, del desastre de los tesobonos, de la aturdida devaluación de 1994? ¿Realmente nunca supo cómo se esfumaron miles de millones de dólares del ahorro nacional en los fondos de pensiones y vivienda del IMSS, del ISSSTE, del Infonavit? ¿Realmente está cuidando el ahorro de los trabajadores al permitir que las afores cobren comisiones leoninas? Las millonadas que la secretaría le ha costado al país por descuidar las cosas grandes no se pueden recuperar persiguiendo a los empresarios en pequeño. El dinero no está ahí. Desregular por completo los negocios microempresariales serviría para economizar presupuesto y para concentrarse en lo importante.

2. Repartir a partes iguales entre todos los ciudadanos el ahorro obtenido, depositando en sus cuentas de ahorro. Esto sería convertir la ter-

163

cera parte del IVA (5%) en un impuesto socialmente deseable, porque sería redistributivo (los que gastan más pagan más, pero todos sacan los mismo); porque pasaría dinero del consumo al ahorro; porque pondría el ahorro en manos de los ciudadanos, que lo cuidarían, no de los burócratas, que han destruido el ahorro social; y, finalmente, porque es justo.

La mecánica de transferencia puede ser muy sencilla, por medio del padrón electoral (lo cual de paso serviría para tenerlo actualizado y vigilado). A cada credencial de elector correspondería una cuenta, escogida por el ciudadano. Puede ser su afore o su cuenta de ahorro en un banco, una casa de bolsa o el Patronato del Ahorro Nacional; puede ser la tesorería municipal en las poblaciones pequeñas o un sistema de cajas populares (previamente acreditado para recibir estos depósitos). Como se trata de la misma cantidad para todos y de un solo depósito anual, anunciado públicamente, las cuentas serían muy simples y la administración muy barata. En 1998, la tercera parte del IVA representó 1% del PIB: unos cuatro millardos de dólares, que repartidos entre 21 millones de hogares con 53 millones de ciudadanos, darían 190 dólares por hogar (75 por ciudadano). La cantidad iría aumentando.

3. Fomentar, paralelamente, una oferta de medios de producción baratos, para canalizar los ahorros hacia pequeñas inversiones productivas, por ejemplo: máquinas de coser. No es tan difícil desarrollar una máquina simple, sólida y barata, que no se descomponga, que no requiera mantenimiento especializado, ni aprendizajes especiales; que se pueda empaquetar de manera compacta, para hacerla llegar hasta los lugares más apartados, y que se preste a la distribución masiva (en tiendas) y a la venta directa por televisión (compra por correo). Una máquina de coser (o algo equivalente), año con año, para las familias rurales, más una buena inyección a las finanzas de sus municipios, haría una diferencia importante en su bienestar y sería un incentivo para retener población en localidades de menos de 2,500 habitantes, a un costo social muy bajo. Esas mismas familias, trasladadas al Distrito Federal, costarían mucho más a las finanzas federales, sin que su bienestar fuera mayor.

OTRA MODESTA PROPOSICIÓN

△

Aumentar los impuestos aumenta la desigualdad

Durante muchos años, personas que merecen nuestro respeto por su seriedad han venido diciendo que la única manera de atenuar la desigualdad es aumentar la recaudación fiscal. Por lo demás, la baja recaudación fiscal se da como la causa de mil enfermedades cuya terapia es sencillísima: esto y aquello y lo de más allá pudiera resolverse, si el gobierno tuviera más recursos. Pero la situación no parece tan sencilla.

1. Se puede maliciar en la receta una falta de imaginación, parecida a la que tiene mucha gente: el único problema parece ser ganar más, sin quebrarse la cabeza en pensar para qué se quiere, cómo se va a usar, en qué grado vale la pena, hasta qué punto y cómo va a aumentar o disminuir el bienestar neto.

2. También se puede maliciar un conflicto de interés. Mucha gente que aboga por una mayor recaudación fiscal, vive de ésta, y nada mal. Lo cual no es ninguna inmoralidad: los obreros abogan por mayores salarios, los agricultores por mejores precios de garantía, los escritores no pierden ocasión de mostrarle a la humanidad cuánto le sirven y qué mal les paga. Nadie propone proyectos en los cuales su importancia disminuya.

3. Institucionalmente, el gobierno es una parte interesada en su parte, como los empresarios y los sindicatos.

Las grandes pirámides de las comisiones tripartitas nos hacen creer que son los tres únicos sectores del país, cuando no son más que la mitad fuerte, la que tiene poder de regateo. De la misma manera que los grandes hacendados no representaban los intereses de los peones, la Secretaría de Hacienda no representa los intereses de las finanzas municipales; por el contrario: ha hecho y seguirá haciendo todo lo que pueda para que no se desarrollen ni independicen. La independencia municipal representa algo peligroso, como la independencia sindical a los ojos de las grandes centrales obreras. Es nada menos que la odiosa competencia, frente a la cual no hay enemigo pequeño. Nótese, por ejemplo, que los grandes empresarios, al negociar la creación del Infonavit, concedieron amablemente que no sólo aquéllos con más de cien empleados, que eran los obligados por la Constitución, hicieran aportaciones, sino absolutamente todos. Esta noble concesión, con otros impuestos y aumentos de salarios, servirá para eliminar a muchos de sus competidores pequeños, que "no son eficientes": es decir, que no pueden sustituir personas con inversiones de capital, o subir sus precios, o comprar más barato, o aumentar su volumen.

4. Lo anterior debería ser suficiente para maliciar, al menos, que los aumentos de impuestos benefician a la población piramidada pero no a la otra mitad. ¿De dónde pueden salir más impuestos sino de más "valor agregado" per cápita? ¿Cómo puede lograrse esta mayor "productividad", sin mayor margen entre los precios de compra y de venta, sin mayores volúmenes y capitales? Todo lo cual favorece a las pirámides, que pueden regatear situaciones viables para las tres partes, con mayores salarios, mayores impuestos y mayores utilidades, todo al mismo tiempo. La población no piramidada no tiene la "productividad" necesaria para satisfacer esa triple exigencia. Las pirámides se quieren y se pelean y regatean, porque son estructuras de la misma especie, que hablan el mismo lenguaje y se alimentan de lo mismo: la concentración del poder económico.

Supongamos que el Seguro Social, el Infonavit y el SAR, que actualmente se pagan sobre la nómina, se pagaran como una cuota progresiva sobre el total de activos de un negocio o institución. Eso haría que esta carga, muy útil actualmente para oprimir a las pequeñas empresas, se volviera muy útil para que las grandes no concentraran improductivamente recursos de capital. Supongamos, además, que así también se pagara el impuesto sobre la renta de las empresas. Se reforzaría el mismo efecto, y se eliminarían costos inmensos: los gastos innecesarios, incluyendo falsos gastos, que se hacen para que el fisco pague la tercera parte, al deducirlos de las utilidades; los gastos que se hacen para documentar y demostrar que los gastos no son falsos; los gastos originados por las imprecisiones, regateos y chantajes sobre qué es y qué no es deducible. Pero estamos soñando: los intereses de los pequeños empresarios, al igual que los intereses de los consumidores, de las mujeres, de los indios, de los municipios, no están representados en ninguna parte que pese, ni siquiera en los organismos empresariales. Si así fuera, hace mucho tiempo que habría una legislación laboral, fiscal, sanita-

166

ria, diferenciada para que las exigencias del progreso no se aplicaran igual a una empresa de dos o tres personas que a las de dos o tres mil. Habría un nivel de exigencia para las diez mil mayores empresas (las que ocupan a más de cien personas), otro para las siguientes cien mil y prácticamente nada para el resto.

5. Pero llegados a este punto, salen sobrando las malicias. Hay evidencias empíricas de que aumentar los impuestos aumenta la desigualdad.

De 1950 a 1996, la población aumentó 3.6 veces, el PIB real 12 veces, los impuestos federales (sin considerar a Pemex) 15 veces. Pero el 30% de la población con menores ingresos, que en 1950 recibía 10% del ingreso nacional (no 30%, como sería, de haber perfecta igualdad), bajó su participación a 6% del ingreso nacional. O sea que cuadruplicar la carga tributaria por habitante (de $580 a $2,425 pesos de 1996) empeoró la desigualdad.

6. Esto no debería sorprender a nadie que observara la "línea de productos" que ofrece y que demanda la pirámide estatal. Las supuestas funciones redistributivas del Estado consisten en empujar la venta de los servicios estatales, en el mayor volumen posible y al mayor costo posible: de la mismísima manera en que un médico, o cualquier universitario, trata de dar más y mejor atención, de hacer mejores y mayores trabajos, lo cual, naturalmente implica vender más de sus valiosos servicios. Los impuestos sirven para engrandecer a las grandes pirámides. El otro medio México no hace sino contemplar la aparatosa lucha libre, con llaves chinas, enmascarados, tapados, luchadores sucios y limpios, revanchas y demás, en la cual parece decidirse la Historia Nacional y no se decide más que el reparto entre el medio México privilegiado, incluyendo por supuesto a los árbitros.

Que mejoren los obreros de Pemex, que sea gratuita la educación superior, que los burócratas no trabajen los sábados, que suban los salarios de quienes tienen planta y contrato colectivo, ha sido bueno para consolidar a la clase media y modernizar el país. Que el gobierno tenga un papel determinante en la economía y que haya cada vez mayores empresas ha servido para lo mismo. Pero todas estas peripecias por las cuales parece que va a ganar el neocapitalismo estatal, y luego resulta que no, que se defiende bien el neocapitalismo privado y, en fin, que seguimos progresando por la vía del neocapitalismo mixto, son totalmente indiferentes para el otro medio México.

Lo decisivo para el otro medio México, es qué pueden ofrecerle las pirámides: qué clase de intercambios estimulantes pueden crearse para el desarrollo del otro. Pero las pirámides abominan de "lo otro", a menos que se lo incorporen (que es su gran solución, para algún siglo de éstos, cuando se encuentre cómo extender las pirámides, dando empleo y subordinación pagada a todos los pequeños productores). Se ocupan de producir para sus necesidades, no para el otro medio México. Y esto incluye el uso de los impuestos.

Supongamos que una gran parte de los impuestos, en vez de usarse para "vender" servicios piramidales costosos, se distribuyeran en efectivo entre los ciudadanos y autoridades municipales de las pequeñas comunidades. ¿Qué oferta prosperaría? La de alimentos, naturalmente, incluyendo por supuesto las bebidas alcohólicas, la de ropa, la de medios de producción baratos, la de medios para realizar obras comunales, incluyendo por supuesto lugares para festejos; y en general la de progresos de bajo costo.

Pero repartir los impuestos en efectivo resulta tan odioso para las finanzas federales como rayar en efectivo a los hacendados paternalistas. ¿No es mejor pagar con servicios, obras y cosas útiles de la tienda de raya, en vez de que los peones se gasten el dinero en tonterías? Que la federación "regale" obras, servicios y en general ayuda en especie, tiene ventajas infinitas: no se desperdicia el dinero en tonterías que no vienen al caso (que las obras regaladas no vengan al caso se da por inconcebible); se crean empleos en la capital, que es donde la gente tiene más poder de regateo para ser atendida y, lo mejor de todo, no se reparte el poder de compra, que es el verdadero poder federal (cuando las cosas no requieren más): compra de materiales y servicios, contratos, empleos, sobornos.

Por eso no debe extrañar que los impuestos aumenten la desigualdad. No se usan para transferir poder a los marginados, dándoles dinero en efectivo y estimulando la oferta de cosas que vengan al caso de sus necesidades. Se usan para aumentar el poder de las pirámides, para que el gobierno tenga dinero y aumente la demanda de elevadores, alfombras, viajes al extranjero, computadoras, choferes, tecnócratas... y estudios respetables que receten más ingresos para el médico.

Ventajas de un impuesto a la mordida

Todo es tan respetable, en efecto, que nadie se ha atrevido a ver uno de los sectores más prósperos del producto nacional, que hasta ahora no ha pagado impuestos: la mordida.

Si todos los funcionarios públicos, incluyendo parientes, amigos y compadres que ejercen sin título, desde los más altos hasta los más bajos,

168

cargaran un talonario de recibos foliados, y las mordidas fueran deducibles fiscalmente como lo que son: un gasto necesario, normal e indispensable para la vida diaria en México, y si el erario fuera a medias con los mordelones, es decir: cobrara un impuesto de 50% sobre las mordidas, el nuevo impuesto le produciría al erario muchos millones de pesos.

Esto sin contar con el multiplicador moral que este impuesto tendría. Legitimar la mordida haría más justo y honorable el servicio público. Actualmente este sector es el menos igualitario por muchas razones: no hay pirámides más grandes que las públicas, lo cual da pie para inmensas desigualdades económicas, sociales, de poder, de respeto, entre los de arriba y los de abajo. El día que se construyan las curvas de Lorenz y se calcule el coeficiente de Gini para el sector público, se encontrará que es determinante para explicar la desigualdad nacional. Entre el gabinete presidencial y las autoridades de una comunidad indígena hay un abismo económico más grande que entre los de arriba y los de abajo en una gran empresa. Más aún si los ingresos se calculan netos de impuestos. No hay mayor evasión fiscal que la que se practica en el sector público. Pero, además, ninguna más sesgada en favor de los de arriba. A los empleados de baja categoría se les hace toda clase de descuentos. A los que ganan millones o fracciones de millón al año, se les da una gran parte de manera que no paguen impuestos. Este sesgo, sumado al de los "otros ingresos" que supuestamente no existen (y que son mayores arriba que abajo, porque se tiene más poder para conceder cosas más importantes), está más sesgado aún en algo todavía más detestable: la injusta distribución del oprobio moral. Un gobernador, ministro o presidente que concede favores, y por pura caballerosidad recibe las muestras de agradecimiento correspondientes, es siempre un Señor Don, hasta para sus cómplices; en cambio, un agente de tránsito es un pinche mordelón, hasta para sus hijos.

Por eso sería una medida revolucionaria, de gran justicia social, legitimar la mordida. Para redimir del oprobio a los pobres servidores públicos, no menos que para aumentar la base tributaria. Sin contar con los fascinantes análisis estadísticos que pudieran hacerse (tendencias sectoriales de la mordida, elasticidades de la oferta y la demanda de mordidas). Sin contar con las divisas que pudiéramos ganar exportando esta tecnología fiscal revolucionaria, orgullosamente mexicana.

POR UNA CIENCIA DE LA MORDIDA

△

No hay pueblo, como el nuestro, más digno de fundar una dexiología rigurosa (dexis: mordida). Si hay destinos manifiestos, el nuestro incluye esa proeza científica. En México tenemos la materia prima fundamental, que son los hechos investigables; tenemos talento para las aplicaciones prácticas; tenemos interés en la teorización, como lo demuestra la abundante dexiología popular. Hay que dar el paso siguiente.

Toda dexiología futura que pueda presentarse como ciencia, deberá superar tres problemas relativos a su propia constitución: los paradigmas de la "ciencia normal", la epojé de la dexis y el problema de cuantificar.

Lo que sigue, naturalmente, no son más que apuntes para los prolegómenos de esa ciencia por venir.

El primer problema

Habría que empezar por una sociología del saber de las profesiones, orientada por una cuestión fundamental: ¿por qué quienes pueden hacer dexiología profesional se quedan en la dexiología popular?

Supongamos, para ilustrar esta cuestión, que un historiador declara en un café que el problema de los problemas de México es la corrupción. Nadie se sorprendería. Pero obsérvese bien: ¿no es sorprendente que esta afirmación sea al margen del trabajo especializado de un especialista cuyo campo no está constitutivamente al margen de esa afirmación? Si un historiador cree que la corrupción es un fenómeno central de México, ¿no sería de esperarse que le diera un lugar central en sus trabajos de investigación? Curiosamente, aunque muchos historiadores aceptarían en un café la afirmación popular, ninguno ha escrito, por ejemplo, la historia de las fortunas presidenciales.

Lo mismo sucede con muchas otras profesiones. ¿Dónde está la an-

170

tropología de la mordida, que estudie tan seriamente esta institución social como se ha estudiado, por ejemplo, el potlatch? ¿Quién ha hecho el psicoanálisis de la vida esquizoide que hay que llevar para enriquecerse en un puesto público predicando lo contrario? ¿Qué marxista ha denunciado la falsa conciencia marxista por la cual se pueden tener becas, viajes y empleos privilegiados, sin dejar de sentirse explotado, y hasta con la necesidad histórica de efectuar algunas discretas "expropiaciones revolucionarias" para consolidar las posiciones progresistas en la lucha de clases? ¿Qué sociólogo ha investigado cómo funciona el respeto filial de los hijos de un policía de tránsito? ¿O la admirable franqueza con que se habla de oportunidades de progreso en una fiesta de universitarios que celebran la aduana que acaba de obtener uno de ellos? ¿Quién hará una teoría del Estado fundada en los intereses de los servidores públicos? ¿Qué legisladores han tomado en serio que no legislan para Utopía sino para un país en el que cada ley y reglamento es un medio de extorsión y enriquecimiento de las autoridades que lo aplican? ¿Qué licenciados en administración pública se atreverán a aceptar que las mordidas sirven, como las multas, para que se respeten los semáforos, y por lo tanto deben legalizarse, mientras que las licencias de automovilista (que puede obtenerse sin pasar exámenes, pagando una pequeña mordida) no sirven para nada y por lo tanto deben eliminarse? ¿Dónde están los ingenieros de sistemas que analicen cómo la corrupción genera complejidad en los sistemas (para evitar la corrupción) y cómo esta complejidad aumenta los costos, distorsiona las operaciones y multiplica las oportunidades de corrupción? ¿Dónde está el análisis económico de la corrupción? No sólo su volumen, crecimiento, elasticidad, sino sus costos indirectos e invisibles (distorsión de la información, de las actividades, de las inversiones, de las expectativas), y sus efectos redistributivos en favor de la concentración. Por ejemplo: la microeconomía de la corrupción estudiaría cómo el valor del tiempo de las personas con distintos ingresos, afecta su comportamiento ante diversos trámites, multas, inspecciones.

Todo lo cual es más o menos conocido. Revisarlo y fundamentarlo científicamente, sacar las consecuencias técnicas, no es superior a la capacidad intelectual de los universitarios mexicanos. ¿Por qué, entonces, se queda en dexiología popular? Ése sería el primer problema de una dexiología científica.

Fenomenología de la mordida

También es fundamental ir al fondo del fenómeno. Aquí el estorbo puede ser de otro tipo: hacer distingos morales tiene mala prensa, y con razón: es la salida cínica o farisea para justificar cualquier cosa. Pero sin distingos no puede haber una moral razonada ni, sobre todo, ciencia.

Corrupción da idea de algo que no permanece en su ser, que deja de ser lo que era, o debiera ser. Aunque, etimológicamente, la palabra está directamente emparentada con *romper*, y remotamente con *robar, usurpar*, la idea está más cerca de palabras muy distintas: *decaer, degenerar, descomponerse*. Las implicaciones son conservadoras: lo que no se corrompe se conserva.

La mordida es un pago en lo particular a quien es dueño de un poder oficial que puede usar para bien o para mal de quien hace el pago. La palabra suena a tajada, participación, parte que toma alguien de lo que pasa por sus manos; pero no se aplica a cualquier ratería, ni se confunde con sisa o peculado, que pueden ser actividades solitarias. Lo que está en las manos del que muerde no es algo físico o dinero, del cual tome una parte, sino el uso de un poder, facultad, autoridad, representación. La mordida no es solitaria, es un co-hecho, soborno, propina, gratificación: una compra-venta de buena voluntad

La mordida paradigmática es la de tránsito, quizá por su frecuencia y por estar muy a la vista. Un particular comete una infracción al reglamento de tránsito y es detenido por un policía con el cual se pone de acuerdo en lo personal, pagándole una cantidad, para no sufrir la sanción. El esquema básico admite muchas variantes:

a) La iniciativa puede ser de la autoridad o del particular.

b) En vez de evitarse una sanción, puede evitarse cualquier otro mal o procurarse un bien.

c) El mal que se evita o el bien que se procura puede consistir en hacer lo debido, pero sin retrasos, ni descuidos, ni malas maneras; en ejercer el margen discrecional que permite lo que no está reglamentado; o en atropellar el reglamento.

d) Quien paga puede ser un particular o una entidad privada o pública; quien cobra puede ser una persona que actúa independientemente o en combinación con otras (combinación que puede ser de sociedad o de subordinación) aprovechando un puesto (público o privado).

Con estas variantes, el número total de casos distintos puede ser muy grande, incluyendo casos muy alejados del paradigma: un jefe de compras de una empresa privada puede tomar la iniciativa de morder al vendedor de una empresa pública; una dependencia pública puede darle mordida a un inspector de otra. Todas estas transformaciones mantienen sin embargo una invariante: la doble personalidad del mordelón. Es un particular que tiene intereses particulares y que sin embargo tiene los poderes y representa los intereses de su investidura. La esencia del negocio consiste en actuar como dueño de una posición oficial, en recibir un beneficio particular a cambio de usar la investidura oficial con buena voluntad particular. Esto puede ser contra los intereses oficiales, pero no necesariamente: hacer lo debido, pero sin retrasos, ni descuidos, ni malas maneras es, por sí mismo, favorable, en vez de contrario, a los intereses oficiales. Si esta diligencia es correspondida con un simple cumplido o suscitada por un cumplido (o por amistad o parentesco), la reciprocidad no sería llamada mordida. Cuando hay una relación frecuente, tampoco se consideran mordidas atenciones tales como enviar saludos por navidad (o en ciertos aniversarios) y hasta regalos de mayor o menor cuantía. Pero resulta significativo que, cuando el agasajado es el dueño de un negocio, se resista a los agasajos de sus proveedores ya sea por falta de tiempo (son sobre todo los funcionarios de medio pelo los que quieren recibir invitaciones a lugares caros, sobre todo a horas hábiles, es decir: pagadas); o porque reconoce, con todo realismo comercial, y hasta con descortesía, que en rigor no existen las invitaciones gratis, que el agasajo o los regalos o lo que sea, son a su costa, y pide formalmente que le den mejor un descuento en el precio. En su caso, no hay doble personalidad: sus intereses particulares y los de su negocio son los mismos. También es significativo que los funcionarios de compras escrupulosos, sabiendo que no reciben lo que está presupuestado en el precio del proveedor, exijan ese margen a beneficio de la empresa o institución. Una práctica extrema es que todos los regalitos o regalotes de navidad los recoja la empresa o institución en vez de que los reciban las personas a las que van destinados.

Las mordidas de compras tienen especial interés porque desdoblan la figura del cliente de manera ilustrativa.

a) No hay mordida cuando los intereses oficiales y particulares del comprador son idénticos y su decisión no está mediatizada a través de un proceso en el que pueda influir alguien más. Cualquier pago, agasajo o cumplido al comprador en este caso, para inclinar su voluntad al sí, no es mordida. En el mismo caso pueden quedar ciertos agasajos o regalos a los niños o a la mujer del comprador, aunque sirvan para aliarlos al vendedor y presionar al comprador, siempre y cuando éste lo sepa y los acepte como agasajos o regalos para él. Pueden ponerse en el mismo caso otros agasajos o regalos al negocio o a subordinados suyos, bajo la misma condición.

b) La mordida aparece cuando el dueño o la institución le dan poder a otra persona para que actúe en su nombre, y esta doble personalidad desdobla al cliente en dos: el cliente oficial y un nuevo cliente, adicional, de hecho, particular, que más que como cliente actúa como vendedor: de servicios de intermediación. El intermediario puede usar su poder para darse importancia, para hacer pesar sus preferencias, para recibir cumplidos o agasajos; pero también para vender su buena voluntad a cambio de cosas importantes o dinero en efectivo que recibe en lo particular. Aunque todo esto puede llamarse corrupción, según el grado de puritanismo con que sea visto, mordida es propiamente lo último, sobre todo cuando se paga en efectivo.

Y ¿por qué se llama corrupción? Esencialmente, porque el uso de la investidura no permanece en su ser reflejo de quien la concede: es usurpada por el particular que la recibe, para actuar por cuenta propia, como dueño, de acuerdo con sus propios gustos o intereses. Y ¿qué sería pureza absoluta en este caso? La abnegación total de la propia personalidad en aras del papel que se desempeña; la adopción absoluta de la personalidad investida: sofocar los gustos, preferencias e intereses propios; sofocar la vanidad, la pretensión de ser alguien por sí y para sí; negar los vínculos amistosos, de parentesco, locales: imponer la ley impersonal contra la sangre, el terruño, la amistad; desaparecer, volverse nadie bajo la representación oficial, no ser más que reflejo del patrón, el jefe, el organismo, la asamblea, la nación, el Estado. Se trata de una pureza utópica, que da lugar a la corrupción, no porque exija demasiado al ser humano, sino porque exige desvirtuarlo. La corrupción original, de la cual se derivan las demás, está en negar el ser por cuenta propia; en imponer la investidura, la representación, el teatro, el ser oficial.

Sobre esta pista, cabe hacer dos observaciones. La primera pertenece a un género por demás dudoso (el "espíritu de los pueblos"): pero se diría que, aunque la corrupción es universal, tiene mayor aceptación social entre los pueblos menos dados a exaltar la organización. No respetar la organización, más aún: sabotearla, puede ser visto como una deslealtad imperdonable a las reglas del juego, como un delito contra la sociedad, o, por el contrario, como una necesidad en la lucha por la vida, y hasta como algo heroico o divertido. El particular que se arregla en lo particular con un "oficial", lo vuelve humano, lo saca de la espantosa impersonalidad, se alía con él contra la máquina general, opresora y ciega frente a lo particular. La conexión con la "fenomenología del relajo" de Jorge Portilla es evidente: la mordida también es un rencuentro bajo las máscaras oficiales, una promiscuidad-comunión-transgresión. Viéndolo así, negarse a dar o a recibir mordida no es ser leal y virtuoso sino desleal y apretado.

Lo cual (segunda observación, y mejor hipótesis) no necesariamente corresponde al carácter de ciertos pueblos, sino de la evolución de la división del trabajo. El porcentaje de la población activa que no actúa por su cuenta ha venido creciendo extraordinariamente, pero no al mismo ritmo en todas partes ni en todas las actividades. En la moderna división del trabajo, la coordinación horizontal va siendo desplazada por la subordinación vertical. Un intermediario subordinado ha vendido, a cambio de un salario, su derecho a tener intereses propios. Si es un vendedor, su verdadero cliente es el patrón que compra su obediencia y dirige sus actividades. Si es un comprador, oficialmente es el cliente; pero, en lo particular, actúa (oficialmente) como vendedor de obediencia frente a su patrón y puede actuar (extraoficialmente) como vendedor de buena voluntad particular frente al proveedor. La corrupción consiste en cobrar dos veces: oficialmente y extraoficialmente; en vender la obediencia y no entregarla; en actuar por cuenta propia a través de una investidura que implica la renuncia a actuar por cuenta propia. Así como se ha dicho que la ley produce la falta (que sin la ley no lo sería), puede decirse que la burocracia produce la corrupción: al sofocar la actuación por cuenta propia, hace aparecer como corrupción lo que antes no lo era.

Consideremos el caso de los meseros: una actividad en la cual no ha culminado el proceso de burocratización, culminación que implicaría, naturalmente, la eliminación (oficial) de las propinas. Aunque la tradición está desapareciendo, los verdaderos meseros no son leales a la cocina sino a la mesa: no actúan como subordinados del restaurante, tratando de imponer lo que haya en la cocina, aunque sea malo, porque eso es lo que le conviene al restaurante. Su verdadero cliente no es el patrón, al cual le cobren su obediencia, sino el cliente que está en la mesa, al cual le cobran sus servicios, como comisionistas por cuenta propia. Compran en la cocina (a veces hasta financiando en el acto la operación de su propia bolsa) y venden en la mesa. Una parte de la clientela llega a ser su clientela, intocable porque es propia. Si no se dan abasto para atenderla, llegan a tener ayudantes de ellos, no del patrón.

De manera semejante, muchas funciones públicas se han dado y pueden darse como negocio propio, perfectamente legítimo: la persona actúa por su cuenta como concesionaria o contratista oficial, no como asalariada. Pongamos por ejemplo el registro civil, que puede organizarse como una burocracia que tiene asalariados, que oficialmente no cobran más que su salario, a cambio del cual deben obedecer las órdenes de hacer los trámites así o asá, y hasta con rapidez o buen modo; o puede organizarse como un sistema de concesiones a notarios con derecho a cobrar sus servicios directamente al público. Este sistema ha existido (al parecer sigue existiendo en localidades remotas); tiene ventajas y desventajas; pero lo que interesa, en este caso, es señalar que el notario y sus ayudantes, al cobrar al público más si quiere servicio rápido o en su casa, no están cobrando una mordida. De la misma manera, si un policía de tránsito fuera el concesionario de un crucero, con derecho a cobrar las multas para su propia bolsa, sus cobros ya no serían mordidas.

Como se sabe, el arrendamiento o la entrega a particulares del derecho a cobrar impuestos, así como la venta de cargos públicos, se ha dado en forma universal y todavía subsiste en los negocios públicos y privados. El dueño de un restaurante, de un estacionamiento, de un taxi, y en general de un negocio pequeño y difícil de controlar, o lo atiende personalmente, o pone encargados asalariados que fácilmente pueden robarle, o los convierte en empresarios por cuenta propia, convirtiéndose él en rentista: tú me das tanto al mes y el resto es para ti. Lo cual, automáticamente, elimina la posible corrupción del encargado. Así han funcionado, legalmente, muchos concesionarios del fisco en muchas partes: tú me entregas tanto por cobrar este impuesto en esta zona y el resto es para ti. Como se sabe, la mordida puede adoptar esta misma forma de tributo arrendado: este crucero deja mucho, mordiendo automovilistas, o ésta es una buena zona de prostitutas; tú pasas tanto a tus jefes y el resto es para ti. De la misma manera, los líderes sindicales (o agrarios) venden plazas (o derechos ejidales) y los sindicalizados (o ejidatarios) pueden convertirse en rentistas que alquilan su derecho a descargar barcos (o cultivar su parcela) a quienes no son dueños del capital que representa haber comprado esa investidura.

La propiedad privada de un poder público, aunque hoy nos suene a pura contradicción (a algo que, como el "culto a la personalidad", nos parece una aberración porque lo vemos desde el moderno culto a la impersonalidad), no es la corrupción de algo bueno que existió y que debiera conservarse. Por el contrario, es algo que antecedió y subsiste frente a los nuevos ideales de racionalidad administrativa. Algo que Max Weber llamó patrimonialismo, y que fue perdiendo fuerza y legitimidad a medida que la división del trabajo se burocratizó y mercantilizó. En esta perspectiva, la corrupción puede ser vista como un residuo patrimonialista que brota en cuanto se impone la racionalidad burocrática, más que como degeneración de una legalidad previa. Por ejemplo: las extorsiones de un cacique cuya voluntad es ley en una zona al margen del poder legal, no son mordidas; son algo así como una forma arcaica de cobrar impuestos. En cuanto el cacique se moderniza, se incorpora al poder legal, subordinándose, renunciando a la propiedad de la violencia, aceptando el monopolio federal de la violencia legítima y volviéndose su representante local, digamos como jefe de la oficina federal de Hacienda, aparece la condición de posibilidad de la mordida. Puede usar la violencia para llenar las arcas federales, en cuyo caso procederá de acuerdo con su investidura. Pero puede usar la amenaza de esa nueva violencia como si fuera suya: para su propia bolsa. Entonces, y sólo entonces, la exacción es mordida.

Una hipótesis más audaz será la siguiente: el patrimonialismo (la propiedad privada de las funciones públicas) puede modernizarse eliminando todo lo privado y personal del poder oficial (que es el ideal burocrático) o mercantilizando la buena voluntad privada de quienes tienen poderes oficiales (que es el caso de la mordida). Según esto, la mordida sería una vía de modernización paralela a la burocracia: otra forma de racionalidad. Frente a los sueños de la razón ilustrada y despótica que produce monstruos oficiales, utopías por decreto y toda clase de violencias legítimas, la mordida es el rencuentro de la humanidad, la vía callada y prudente de subsistir (y hasta de prosperar) ante la máquina atropelladora del progreso.

La reciprocidad entre parientes, vecinos, compañeros, amigos, conocidos, es un fenómeno universal, que está en el origen, pero debe distinguirse, de la modernización que implica mercantilizar la buena voluntad a través de la mordida. El mercado de la mordida es un mercado moderno porque:

a) Es predominantemente monetario.

b) La "mercancía" y el pago se intercambian casi siempre de inmediato.

c) La relación es impersonal, no requiere parentesco ni amistad (de existir, puede reducirse o eliminarse el precio en dinero, a cambio de una deuda pendiente de reciprocidad futura).

d) Lo que da origen a la posibilidad del trato es ante todo una posición impersonal: el nombramiento para un puesto da origen a la propiedad de las concesiones que pueden venderse, mientras se tenga el puesto.

e) Puede haber reventa, mayoreo, menudeo y en general múltiples intermediaciones de buena voluntad, con porcentajes de comisión, escalas de precios según volumen, tendencias a la centralización de las concesiones, etcétera.

Se trata, pues, de un patrimonialismo avanzado: las funciones públicas no son la legítima propiedad privada de un hombre o familia imperante cuya bolsa no es distinta del erario (situación que, legítimamente, ya casi no se encuentra más que en algunas formas estatales arcaicas, por ejemplo, árabes); son de hecho, transitoriamente y en función de supuestos méritos profesionales o elección pública (en vez de herencia familiar, conquista militar, sorteo), la propiedad privada del titular de la función.

Esto y más habría que investigar para llevar la dexis del plano de la doxa popular a la episteme científica.

La cuantificación de la mordida

Contra lo que pudiera creerse, el último problema es el más fácil. Lo difícil, como en toda cuantificación, es construir el marco teórico previo.

Para hacer una estimación de lo que representa la mordida (del sector público) en el producto nacional, se puede pensar cuando menos en dos métodos:

1. Por vía del personal. A partir del total de sueldos y salarios pagados por el gobierno, se trataría de estimar un multiplicador por ingresos de otras fuentes. Este multiplicador sería muy variable: desde cero hasta equis tantos más, según el tipo de puesto. Habría que determinar a través de encuestas entre el mismo personal, la jugosidad relativa de los puestos. Una vez demarcadas unas diez categorías de jugosidad, se haría una investigación por muestreo referido simplemente a los signos exteriores de nivel económico, en cada categoría: zonas de residencia, apariencia de las casas, servidumbre, viajes. Dividiendo el gasto necesario para ese nivel de vida entre los ingresos oficiales del tabulador para el caso, se obtendría un multiplicador promedio, y así una estimación de los ingresos no oficiales.

2. Por vía del mercado. El gobierno produce decisiones favorables o desfavorables: dar o no permisos, imponer o no sanciones, dar o no contratos, dar o no empleo, comprar o no cosas. Estas decisiones crean un mer-

cado de favores, cuyo volumen crece en función del volumen legislativo, del número de trámites, de la cantidad de empleados públicos, y cuyo nivel de precios crece en función de la importancia del favor, de la importancia de quien lo concede y de las posibilidades de quien lo paga. Estudiando la legislación, los organismos, los puestos, se podría construir un catálogo completo de productos: las mil o diez mil situaciones que se prestan a conceder un favor y la clientela típica en cada caso. Haciendo encuestas con la clientela, con exfuncionarios, periodistas, pudiera estimarse la frecuencia y el precio medio del favor, y así llegar a una estimación de la mordida en el producto nacional.

Es evidente que estos métodos, con algunos ajustes, pueden extenderse al sector privado. Para centrar la investigación, conviene tener presente que la mordida, por su propia naturaleza, se presenta en los puestos que están en zonas de interfaz: contactos con el público, contactos con otros organismos y empresas, contactos con otros países, y hasta internamente: contactos entre departamentos, cuando uno está sujeto a la vigilancia del otro, o depende del otro para cumplir sus propias metas.

Suponiendo, sin ninguna base, que las mordidas representen 5% del producto nacional, y que éste sea de 400 millardos de dólares, el valor agregado por estos servicios es de 20 millardos (miles de millones) de dólares.

Pero es ridículo suponer, cuando se puede cuantificar. La gloria está esperando a los futuros dexiómetras mexicanos.

ORÍGENES DE LA INICIATIVA PRIVADA

△

Ideas convencionales

Dos o tres versiones de un esquema convencional:

a) A medida que progresa la humanidad/que el Estado se apodera de la economía

b) y se supera/se suplanta

c) la situación económica primitiva, egoísta, regida por la ley de la selva/natural, sana, legítima

d) por un orden justo, racional, planificado/por un desorden abusivo, irracional, caótico,

e) la absorción de la iniciativa privada por el Estado, es un fenómeno inevitable/deseable/temible/de la marcha al socialismo.

Este esquema es útil para vivir. Compartir esquemas isomórficos, aunque se desplieguen en términos irreconciliables o en muy diversas graduaciones (sí/no; sí pero no tanto; derecha/izquierda; anti/seudo/cripto) sirve para dialogar, oponerse, adherirse, definir campos, actuar, colgarse adjetivos. No hay manera de vivir sin ideas convencionales. Lo más que se puede hacer es revisarlas, tratar de compartirlas de una manera un poco menos sonámbula.

Pero ninguna de las variantes del esquema sirve para entender muchas cosas. ¿Cómo situar en esos términos la lucha de Ralph Nader contra la General Motors? ¿O la de Sajarov contra las autoridades soviéticas? Que un abogado norteamericano y un físico ruso se lancen a la defensa del público, frente a los peligros del automóvil o las pruebas atómicas, parece un progreso de la humanidad, pero no es una intervención del Estado en la economía (ni una conquista proletaria). ¿De qué se trata?

180

Esquema alternativo

Proponemos las siguientes hipótesis:

a) El esquema convencional no reconoce dos categorías políticas fundamentales: el público y las burocracias. Considera a las burocracias (sin reconocerlas como tales) como protagonistas de la historia. No le atribuye acción al público, a menos que se convierta en un paquete burocrático (grandes sindicatos, partidos, grupos de presión, empresas, gobierno). No ve la diferencia entre la iniciativa privada (Nader, Sajarov) y las burocracias que navegan con banderas de la iniciativa privada (General Motors). Tampoco ve la diferencia entre el interés público (Nader, Sajarov) y el Estado (norteamericano, soviético). En sus términos, ni siquiera se puede expresar el hecho fácilmente observable de que las grandes empresas, los grandes sindicatos y el gobierno tiene intereses comunes contra el público.

b) No está muy claro que la humanidad marche al socialismo, a menos que por esto se entienda la burocracia. Tampoco está tan claro que las burocracias vayan a ganar, ahogando toda posible iniciativa no burocrática. Lo que parece claro es el extraordinario crecimiento de una doble realidad política, poco estudiada: el poder anónimo y la conciencia pública. Las burocracias públicas, privadas, sindicales; el centralismo, la estandarización, la regimentación; la división del trabajo y de la vida; la moda, los grandes medios de comunicación y de transporte, las computadoras; las guerras totales, el terrorismo; los aparatos, productos, trámites, procesos, que funcionan sin que veamos su interior ni comprendamos sus movimientos; en fin: todo lo que opera y no da la cara, ni responde personalmente, y que así nos oprime y vuelve impersonales, ha venido creciendo extraordinariamente. Frente a esto tenebroso, también ha venido creciendo la conciencia pública y una serie de movimientos que no encajan en las categorías políticas tradicionales: la defensa de los consumidores, del medio ambiente, de los intereses locales o regionales, de las minorías raciales o culturales, de la mujer, de la libertad sexual.

c) Ni la conciencia individual, ni el espíritu crítico, ni la iniciativa privada, son meras floraciones burguesas, aunque hayan prosperado con la burguesía. De la misma manera que el uso del tenedor no es una cursilería aristocrática, aunque como tal haya aparecido en la historia, la autoconciencia de ser único no es una cursilería burguesa, sino un descubrimiento irreversible (que recientemente ha encontrado un curioso apoyo biológico: la inmunología, la bioquímica de los trasplantes de órganos, la genética

181

molecular, han puesto en evidencia que cada cuerpo humano es único y que distingue entre lo asimilable como "yo" y lo rechazable como "no-yo"). Fuera de una posible intervención psicosomática sobre la población, lo más probable es que el espíritu crítico no sea un fenómeno local y pasajero de la burguesía europea del siglo XVIII, sino un fenómeno irreversible y creciente en la historia de la especie.

d) En cambio, que lo económico, lo político, lo científico, lo artístico, se constituyan como esferas aparte, y por lo tanto sin responsabilidad alguna para el resto del hombre, ni ha sido nunca estrictamente cierto (los negocios siempre son algo más que negocios, la política algo más que política), ni son ideales que parezcan destinados a prosperar. Lo cual tampoco implica que esa responsabilidad por la totalidad del hombre esté pidiendo la creación de una burocracia encargada de vigilarla: el lenguaje, algo más importante que los negocios y la política (actividades imposibles sin el lenguaje), prospera sin necesidad y aun a pesar de las grandes empresas y el gobierno. Existe una conciencia y una responsabilidad por el lenguaje, como existe una conciencia y una responsabilidad por el interés público, al margen y aun en contra de las burocracias, que se marean y se sienten frente al vacío, cuando algo, horror de horrores, está "suelto", a cargo de "nadie". No hay, ni hace falta, ni parece diseñable, un aparato burocrático capaz de planificar lo necesario para que en el momento oportuno aparezca un Nader, un Sajarov, un héroe de Nacozari o simplemente un niño que diga: el rey está desnudo.

Las grandes empresas contra la iniciativa privada

Lo cual no quiere decir, ni mucho menos, que el Estado no deba intervenir en la economía y en muchas otras cosas. En este sentido, resulta engañoso que las grandes empresas, cuyo origen, presente y futuro está en la vinculación al Estado, protesten por su intervención. La Ford ha sido más consecuente con sus propios intereses al proponer que se introduzca en Estados Unidos la planeación estatal. Han sido las grandes empresas, con la ayuda del gobierno y de los sindicatos, quienes han barrido con los pequeños empresarios, quienes han puesto jaulas de oro a sus altos empleados para alejarlos de la tentación de separarse y trabajar por su cuenta, quienes han sometido todas las iniciativas de su propio personal a una regimentación estricta.

Las grandes empresas se iniciaron precisamente como concesiones estatales. En esto son radicalmente diferentes de la iniciativa privada, cuyo origen está en las profesiones liberales, y en último término en el respeto al juicio propio como teofanía, que auspició la actitud protestante.

La negativa de Lutero a retractarse de sus tesis contra las indulgencias, a menos que se le demostrara que estaba equivocado, establece la actitud del profesionista independiente que procede "según su leal saber y entender" y niega el voto de obediencia intelectual de quien profesa en una orden o en una burocracia. Un empleado técnico (como un jesuita) procede en último término de acuerdo con las órdenes que recibe. La diferencia entre el Sajarov tecnócrata y el Sajarov intelectual se da precisamente en el momento en que rechaza el principio de que, en último término, el poder es el argumento final, y se niega a retractarse de sus tesis contra las pruebas atómicas.

Curiosamente, las profesiones liberales, que tomaron mucho del espíritu de los gremios (al organizarse en colegios autónomos, al evitar la competencia), fueron muy hostiles contra la regimentación de los gremios tradicionales, y muy tolerantes con las grandes empresas modernas, concesionarias del Estado, en las cuales, de otra manera, resurgiría la obediencia medieval.

El artículo "Privilegio exclusivo" de la *Enciclopedia* francesa (1751-1765) dice, entre otras cosas: "Se denomina así el derecho que el príncipe concede a una compañía o particular para hacer determinado comercio o fabricar y expender determinado género de mercancía con exclusión de todos los demás". "Aunque exista una gran diferencia entre el objeto de una fábrica importante y el de un oficio ordinario, entre el de una compañía de comercio y el de una tienda [...] también pueden considerarse como privilegios exclusivos las maestrías que se crearon para los oficios más ordinarios, y que sólo se adquirían, y todavía se adquieren en nuestras ciudades, después de haber realizado, mediante aprendizaje, pruebas de conocimiento y de capacidad. A estos diferentes cuerpos se les dieron reglamentos que tendían en su totalidad a permitir la entrada bajo ciertas condiciones y que excluían a todos los que no podían o querían someterse a éstas. Los oficios más bajos y más fáciles quedaron englobados en el sistema general, y nadie puede vender pan o zapatos si no es maestro panadero o maestro zapatero. El gobierno consideró muy pronto como privilegios los reglamentos que concedían esos derechos exclusivos, y sacó partido de éstos para subvenir a las necesidades del Estado. En los cambios de reinado se hizo que esos cuerpos pagaran derechos de confirmación de privilegios, y se crearon cargas y se obligó a los gremios a pagarlas; y a fin de que pudiesen soportarlas se les permitió que consiguieran préstamos, que ataron aún más estrechamente los gremios al gobierno, que a su vez los autorizó a que hicieran valer sus derechos exclusivos, a que no admitieran nuevos maestros de no ser pagando derechos de entrada y de recepción, y a que encarecieran otro tanto los precios de la industria y de las mercancías que vendían. De este modo, lo que en principio se creó con vistas a la utilidad se convirtió en un abuso." "Cuando se extendieron los conocimientos, la industria y las necesidades, se dejaron sentir todos estos inconvenientes y se les ha puesto remedio en cuanto la situación de los asuntos públicos ha podido permitirlo. Se restringieron los privilegios exclusivos a las compañías de comercio de objetos que eran de grandísima importancia, que exigían establecimientos demasiado caros, incluso para particulares reunidos en asociaciones, y que tenían demasiada estrecha relación con la política del gobierno para confiarlos indiferentemente a los primeros que llegaran. Más o menos las mismas normas se siguieron para la fundación de nuevas manufacturas."

Este progresismo se consumó con la Revolución francesa; llegó a la Nueva España con las leyes de las Cortes de Cádiz de 1813, y se estableció en el México independiente con la Ley Lerdo que ayudó a la destrucción económica de los gremios y facilitó que los artesanos independientes se convirtieran en asalariados de las grandes empresas, apoyadas por el Estado.

La ideología de la iniciativa privada fue la izquierda del siglo XVIII: una revolución cultural iniciada por las profesiones libres que, al apoyar la libertad de pensamiento, trabajo, industria, comercio, favoreció la modernización de la sociedad al mismo tiempo que dejó a los pequeños empresarios a la intemperie de la competencia. Por el contrario, las grandes empresas nacen al margen de la competencia, gracias precisamente al Estado que, al arrogarse el poder concesionador de privilegios, busca en los grandes empresarios aliados subordinados que le ayuden a centralizar el poder económico, antes en manos de la Iglesia, las corporaciones y los terratenientes.

La iniciativa privada es un movimiento liberador de la sociedad civil frente al aparato eclesiástico. Las grandes empresas nacen de un movimiento en dirección contraria: son un nuevo recurso del Estado (la concesión, ya no sólo el tributo) para someter a la sociedad.

184

MERCADOS POLÍTICOS

△

La supresión política de la competencia en el mercado no suprime la competencia: la vuelve una competencia política. Este cambio se da de dos maneras.

1. Cuando el poder económico no era estrictamente mercantil (terratenientes, Iglesia, corporaciones), el Estado era débil económicamente. Con el mercantilismo se produce "la traslación del afán de lucro capitalista a la política" (Max Weber): las fuerzas progresistas (el capitalismo, el Estado, las profesiones libres) se alían contra las fuerzas de la tradición. El Estado busca nuevas fuentes de lucro y se fortalece arrogándose el poder concesionador de monopolios a empresas que, por eso mismo, se vuelven grandes. Lo cual, dentro del sector privado, fortalece a quienes pueden mejorar su posición competitiva valiéndose del Estado: los nexos familiares, ideológicos o económicos con quienes tienen el poder político les sirven para ganar mercados, frente a quienes no saben o no pueden acercarse al poder concesionador; como sucede hasta la fecha con los pequeños productores, a menos que se organicen (lo cual, por otra parte, suele beneficiar a los organizadores más que a los simples miembros del organismo interlocutor). Con esto gana todo el sector moderno: el Estado concesionador, los concesionarios, los funcionarios que otorgan las concesiones, los intermediarios que negocian concesiones, así como la creciente burocracia que todo esto engendra.

Huelga decir que la simple prosperidad del intervencionismo estatal favorece a las grandes empresas frente a los pequeños productores aislados, porque la interlocución centralizada impone un límite: no es posible hablar con todos. La regimentación gremial era tradicionalista, "suelta", "descentralizada", "de la base": era el "lenguaje" de una interlocución dispersa, que tenía como fuente principal de derecho los usos y costumbres, a diferencia de las riendas centralizadas desde arriba de la regimentación

185

estatal, cuya fuente de derecho es el poder político. Las conversaciones centrales, donde se discute, regatea y reglamenta el progreso, superan el inmovilismo de la tradición, pero excluyen a los pequeños interlocutores: no saben a quién ni cómo dirigirse, no tienen personalidad ni peso para que los atiendan, no tienen tiempo de dar vueltas, ni los recursos amistosos, sociales, culturales y económicos que sirven para ganarse la atención y la buena voluntad de quienes pueden conceder favores. Su incapacidad como interlocutores llega en algunos casos al extremo de no hablar español.

2. Una vez que el Estado crea a su imagen y semejanza burocracias empresariales, en las cuales actúa como un socio que hace aportaciones intangibles o indirectas: concesiones, permisos, infraestructura, un clima favorable a los negocios, a cambio del reconocimiento de su poder político y una parte de las ganancias, es natural que quiera más, sobre todo en términos políticos, y es natural que las grandes empresas se resistan: ninguna burocracia quiere estar sujeta a otra.

Esta competencia política no es sólo intersectorial. El reparto de oportunidades (por ejemplo: un permiso petroquímico) puede poner en competencia a media docena de burocracias de ambos sectores, y la lucha puede ser igualmente despiadada entre las privadas contra las privadas y las públicas contra las públicas, como entre las públicas y privadas. Sin hablar de las burocracias sindicales, que también compiten entre sí y contra las otras. La lucha por la vida y por el crecimiento de las pirámides administrativas no conoce distingos sectoriales, aunque éstos condicionan las acciones posibles.

Como se supone que esta competencia no existe, es difícil documentarla, a pesar de la importancia que tiene para entender cómo funciona la oferta piramidal. Para simplificar, omitiremos el "se dice" en los siguientes ejemplos, que no pretenden más que señalar de qué estamos hablando.

El mercado de la intervención agrícola

Así como hay negocios que crecen menos que otros, sin otra explicación posible que la suerte o capacidad de las administraciones respectivas, la Secretaría de Agricultura parece reflejar una serie de administraciones desafortunadas. Las grandes oportunidades de crecer se le han ido de las manos. Tuvo bajo su control y perdió las funciones que luego fueron de la Secretaría de Recursos Hidráulicos, una secretaría que empezó por ser una comisión y que realizó el sueño competitivo de todos los centros, comisiones, institutos: primero, establecer una identidad aparte; luego,

186

crecer hasta volverse una secretaría, que obtenga así el debido reconocimiento y el correspondiente presupuesto, personal, jurisdicción. Hasta que la lucha burocrática terminó en una Secretaría de Agricultura y Recursos Hidráulicos.

En un famoso artículo de la *Harvard Business Review*, Theodore Levitt ("Marketing Myopia") hizo ver cómo las empresas ferrocarrileras dejaron de ser el gran negocio que fueron el siglo pasado en Estados Unidos, no sólo porque el transporte por carretera resultó más flexible y barato en muchos casos, sino porque los empresarios ferrocarrileros se aferraron a un mercado cautivo y actuaron a la defensiva, con lobbies para impedir la construcción de carreteras, y otras formas de guerra, en vez de redefinir su papel en el mercado y comprender que el transporte, no los ferrocarriles, era su negocio: pudieron mejorar sus monopolios maravillosamente, estableciendo líneas de autobuses y camiones que fueran complementarias de los ferrocarriles, en un sistema integrado que aprovechara lo mejor de cada medio de transporte. Pero no supieron hacerlo, y hoy pagan las consecuencias. Así también pudo decírsele a Agricultura, acorralada frente a competidores poderosos y crecientes como Recursos Hidráulicos, la nueva Secretaría de la Reforma Agraria, la Compañía Nacional de Subsistencias Populares, que en conjunto llegaron a presupuestos decenas de veces mayores que el suyo: fuiste miope ante tus grandes oportunidades en el mercado de los servicios públicos, inepta para ampliar tu monopolio. No supiste ver que los recursos hidráulicos eran tu negocio, la reforma agraria tu negocio, las subsistencias populares tu negocio, la miseria del campo tu negocio, etcétera.

Un etcétera mayúsculo. Como puede verse en *Estructura agraria y desarrollo agrícola en México*, la miseria del campo ha sido jauja para la venta de intervenciones de interés público: noventa dependencias o grupos de dependencias competían (a la fecha de publicación del libro: siguen aumentando) para ofrecer sus valiosas intervenciones. El caso de la Secretaría de la Reforma Agraria, que también empezó como una comisión, es más digno de una medalla de oro en la Asociación de Ejecutivos de Ventas que los míticos vendedores capaces de vender refrigeradores en el Polo Norte: en vez de ir operando cada vez con menos personal y presupuesto, ha logrado aumentar las ventas de sus buenos oficios, hasta convertirse en una secretaría, precisamente cuando ya, según sus propias declaraciones, no va quedando nada que repartir. La clase de los viejos hacendados nunca prosperó tanto como esta nueva clase de amos ausentistas que viven de la tierra en la capital. Así como Parkinson demostró que el número de almirantes ingleses aumentaba a medida que disminuía el número de barcos a su cargo, algún futuro econometrista mexicano calculará el número de empleos, de coches en circulación y de metros cuadrados de oficinas en la ciudad de México que ha generado la reforma agraria, por cada hectárea menos por repartir en el campo. Y como el empleo de la clase media en la ciudad de México es lo que realmente importa, no hay que ser adivino para ver que la reforma agraria, como la Revolución mexicana, seguirá, como al principio, por los siglos de siglos, y que su gloria no tendrá fin.

La oferta de remedios contra la inflación

Si una persona tiene dolores de cabeza y consulta a un psicoanalista, encontrará que hay algo en su vida inconsciente que guarda alguna relación con sus dolores de cabeza. Si visita a un oculista, puede encontrar que necesita anteojos. Un nutriólogo le hará ver que su dieta no está balanceada. Un quiropráctico le hará tronar la columna. Un neurólogo, por lo pronto, le encargará radiografías. Si acude a una farmacia, le recetarán aspirinas en alguna variante elegantosa que parezca indicada. Un yerbero le ofrecerá el tecito perfecto para el caso. Todo lo cual se comprende. ¿Qué va a ofrecer la gente sino lo que puede ofrecer? Cada quien trata de vender su mercancía: es su manera de servir a la humanidad.

Así también sucede con la oferta de remedios sociales: está condicionada por lo propio de cada participante en el mercado, no sólo por lo propio de su oferta para el caso. Un caso puede requerir, o al menos admitir, los remedios A, B, C, D, en ese orden de pertinencia. Pero A, que es lo más pertinente, no lo ofrece nadie; B no lo tengo yo. ¿Tiene algo de malo que ofrezca C, que es lo que sí tengo, y que viéndolo bien, en algún sentido, es lo más pertinente de todo?

¿Qué remedios hay contra la inflación? La Secretaría de Hacienda puede ofrecer la restricción presupuestal, el recorte del circulante, la recaudación de impuestos. La Secretaría de Comercio el control de precios, el impulso a la producción, la amenaza de abrir las fronteras a la importación de mercancía más barata. Los sindicatos, el aumento de salarios. Los empresarios, incluyendo los empresarios públicos, lamentándolo mucho, el aumento de precios, y también, por supuesto, el aumento de producción. Todo lo cual produce competencias y coincidencias. Los remedios de Comercio compiten con los de Hacienda: si se restringe el circulante, no

188

es fácil aumentar la producción; si se abre la frontera a las importaciones baratas, empeora la balanza de pagos. Pero coinciden en el remedio de exportar, lo cual a su vez favorece la prosperidad del Instituto Mexicano de Comercio Exterior. De la misma manera, el remedio de los sindicatos fortalece a la Secretaría del Trabajo: que haya problemas laborales (siempre y cuando no se desboquen) hace prosperar su mercancía, que es la intervención conciliadora. A su vez, el conflicto que provoca la inflación entre el precio que deben pagar los obreros por las tortillas y el que deben recibir los campesinos por el maíz, hace prosperar la necesidad de intervención de la Conasupo; etcétera.

¿Por qué unos remedios prosperan más que otros? En parte, naturalmente, porque pueden ser mejores. Pero también por ser mejor vendidos. Hay secretarías de primera, de segunda y de tercera, por lo que hace a su fuerza en el mercado político. Además, personalmente, hay secretarios que son grandes, medianos o pésimos vendedores. Y están las diferencias de acción posible en el mercado de cada pirámide. La CTM no sólo está encabezada por un negociante de primera: está en su papel, al pedir aumentos de salarios, y puede hacerlo con una libertad de acción frente al presidente que no tiene ni la más poderosa secretaría. La Secretaría de Hacienda es tan fuerte que se atrevió a "enfrentarse" al presidente Echeverría, cuando éste creyó que podía hacer milagros imprimiendo dinero. La audacia le costó el puesto al secretario, y al sucesor tiempo y precauciones, para intentar lo mismo, sin que pareciera estarlo haciendo. En cambio, ni el mismísimo presidente hubiera podido bajar del caballo de las exigencias salariales al líder de la CTM.

En el mercado de las intervenciones públicas, hay quienes tienen la visión de ampliar sus oportunidades, lanzando algún producto más deseable, pero nada garantiza que se venda, que se venda oportunamente o en la cantidad y forma adecuadas: puede haber poca visión del Comprador, que es el presidente, competidores más hábiles, más poderosos, con más suerte, coyunturas externas muy difíciles, problemas internos, de producción o de proveeduría, que limitan sus posibilidades (y que explican las terribles presiones para inaugurar o téner lista tal cosa a como dé lugar).

Otros ejemplos

a) ¿Qué hay en un nombre? Nada y todo. Una pequeña empresa pública tuvo la extraordinaria habilidad de cambiar su triste nombre por el imponentísimo de Industria Petroquímica Nacional. Después de este golpe de genio, aprovechando una coyuntura política favorable, en competencia nada menos que con Petróleos Mexicanos y una o dos empresas trasnacionales, se sacó la lotería: logró obtener un permiso petroquímico para producir metanol. Esto decuplicó de un solo golpe la escala de sus mercados, y el horizonte de sus posibilidades. Intentó obtener otros permisos, se convirtió en un competidor político digno de la atención de Pemex, y así encontró su fin. Aprovechando la caída en desgracia del político protector de la empresa, y otras circunstancias propicias, Pemex se quedó con la planta de metanol y logró que se declarara este producto como exclusivamente suyo. La empresa, que pudo haberse puesto a la altura de su nombre, desapareció.

b) En otros casos sucede precisamente lo contrario. Para evitar la consolidación de un monstruo, se apoya el desarrollo de competidores que los tengan en jaque y establezcan así un contrapeso político. Así se explica que, contra toda lógica, haya dos institutos de seguridad social, el IMSS y el ISSSTE, que despilfarran millones de pesos duplicando instalaciones y servicios entre sí y con la Secretaría de Salubridad.

De la misma manera que los grandes conglomerados norteamericanos hacen raids para quedarse con el control de empresas sueltas, y las administraciones de éstas se defienden desesperadamente de ser absorbidas, hasta contra el interés de sus accionistas, las grandes burocracias públicas tratan de absorber todo lo que pueden y encuentran todo género de resistencias, cuando no amenazas de ser, a su vez, despojadas de tales o cuales funciones. Estas atribuciones y deberes son una especie de patrimonio intangible, que define en gran medida su participación en el mercado, como una línea de productos, marcas, patentes, créditos, acuerdos monopólicos, instalaciones: pueden valer oro, porque dan un gran campo de control, ya sea por su naturaleza o por la habilidad con que sucesivas administraciones las hagan valer.

Por eso no es posible dar una explicación racional de la organización de funciones en la administración pública de México: la única explicación inteligible es la histórica. El cuadro en cada momento refleja el estado de una competencia incesante en la cual unos han ganado, otros perdido, en tal caso se llegó a tal componenda, que luego condicionó tal otra solución, aunque luego hubo un funcionario muy hábil que logró ampliar el campo de acción de esa dependencia, lo que a su vez, etcétera. Por eso unos buscan y otros eluden la reforma administrativa: reorganizar es redistribuir poderes, mercados, jurisdicciones. Es algo así como la reforma agraria: hay una lucha interminable por repartirse el campo de acción, con la ventaja de que, en este caso, puede crearse campo adicional. Aunque la propiedad privada de las funciones públicas siempre es transitoria, la acumulación de propiedades nunca es desdeñable, aunque sea como trampolín para abandonarlas, y elevarse a propiedades transitorias más importantes. En nombre del progreso y la racionalidad, se invaden unos "latifundios" en favor de otros, se hacen anexiones y desmembramientos, se ganan o se pierden disputas "fronterizas". Sin embargo, prevalece la salida pacífica: la duplicación de campos o la creación de campos nuevos.

Fue un éxito del Seguro Social haberse sacudido la posible dominación de Salubridad, para lo cual contó con el apoyo político de las pirámides sindicales y empresariales: la intervención tripartita (como también la intersecretarial) es atractiva para las burocracias que intervienen (si la alternativa es ninguna intervención; ya que, desde luego, la dominación exclusiva es preferible) y también para la burocracia intervenida. (La dominación exclusiva es peor. Los muchos amos son más toreables que uno solo. Por lo pronto, disminuyen el riesgo de una fusión, disolución o pérdida de identidad: las rivalidades entre los condóminos volverían sospechosa cualquier iniciativa que pudiera interpretarse como una forma de ganar oportunidades a costa de las otras burocracias; y, como suele suceder, las administraciones colectivas acaban siendo conservadoras: es más fácil ponerse de acuerdo en que las cosas sigan como están, que ponerse de acuerdo en cambios que difícilmente les convienen a todos en el mismo grado. Lo cual asegura cierta independencia a la burocracia intervenida, aunque también le cuesta oportunidades de crecimiento, de las cuales no pueda convencer a sus condóminos.) Fue también un éxito que el Seguro hiciera su propia recaudación, en vez de que la hiciera la Secretaría de Hacienda, como hubiera sido más lógico. (Ya lo cual sujetó Hacienda al Infonavit, como un gran favor, dada la forma atropellada en que nació, antes de que el nuevo instituto lograra darse cuenta del mercado inicial que había perdido. Aunque luego el Infonavit se sacudió a Hacienda en el uso de computadoras, y trató inútilmente de lograr lo mismo en el mercado de las ventanillas recaudadoras.) Más inteligente todavía fue no restringirse al mercado financiero y entrar directamente a la oferta de servicios médicos y hospitalarios. El Seguro Social (como el Infonavit) pudo haber sido estrictamente una compañía de seguros (una hipotecaria en el caso de Infonavit), lo cual hubiera restringido enormemente sus ventas, su personal, su poder, sus oportunidades de servir al país. Además, limitándose a ser una empresa financiera, la dominación de Hacienda hubiera sido inevitable.

Con estos antecedentes se comprende que, al incorporar a los trabajadores del Estado a la seguridad social, el patrón y su sindicato se hayan puesto de acuerdo para hacer lo que no pudieron los otros sindicatos y patrones: poner servicios aparte (el ISSSTE). Todos los argumentos de ventas del Seguro Social fueron inútiles. No pudo quedarse con una de las tajadas más apetitosas y con más potencial de crecimiento del mercado. Ha tenido que buscar su crecimiento en mercados cada vez más difíciles, fuera de las grandes pirámides (aunque evidentemente en beneficio de éstas: una de las buenas maneras de apretar a los pequeños productores y en general al sector no piramidado es echarle las cargas que hacen más difícil su desleal competencia a las grandes empresas).

c) Lázaro Cárdenas fue capaz de someter a las compañías petroleras extranjeras, gracias a una coyuntura internacional favorable, al apoyo popular que supo despertar, a su estatura personal y a que las burocracias extranjeras subestimaron todo esto. (Subestimación explicable en parte por tontería etnocéntrica: sentirse en tierra de indios; y en parte por la calidad menor de los burócratas que las metrópolis mandan a tierra de indios. Muchos de los burócratas extranjeros que pueden vivir aquí como virreyes, cuando van a sus oficinas centrales, no tienen acceso a los comedores A, ni a los elevadores A, ni a las limosinas A, ni, por supuesto, a las reuniones de los comités superiores, aunque aquí sean recibidos por ministros y presidentes.) Pero ¿sería capaz ahora de someter a Petróleos Mexicanos? Pemex se ha convertido en una de las grandes empresas del mundo, y como todas las grandes burocracias que tienen más poder que sus teóricos dueños, hace lo que le conviene, con una autonomía frente al poder político que las burocracias privadas extranjeras no suelen tener más que en los países débiles. Haga lo que haga, ya no es expropiable. ¿Qué amenaza puede hacérsele? Cambiar la cabeza no es cambiar la estructura burocrática capaz de fundamentar con autoridad técnica sus propias decisiones. Más aún porque Pemex, inteligentemente, no ostenta su autonomía, ni se pone arrogante, como las burocracias privadas extranjeras. Pemex hace lo que le conviene por las buenas, que es lo sensato bajo un poder político autoritario. Dispone de una capacidad de compra de buenas voluntades inmensa: no sólo de periodistas, sino de funcionarios públicos y hasta de presidentes, empezando por las cuantiosas ayudas a las campañas presidenciales que, si fueran dadas a un candidato republicano en Estados Unidos por una compañía

192

petrolera, serían un soborno político escandaloso, pero que aquí son actos de pleitesía amistosa al nuevo jefe de la familia. En México, como sabe hasta el último policía, la buena educación consiste en hacer regalos y tributos de amistad a los jefes.

Esta independencia empresarial de las mayores empresas de México, que son las públicas, explica algunos enigmas. Algunas personas inocentes, que tienen fe en los poderes mágicos de la propiedad (titular) de los medios de producción, creen que los mexicanos, no las burocracias que actúan en su nombre, son los dueños y beneficiarios de las empresas públicas. Que, de alguna manera, todo lo estatizado entra al orden monolítico de la única y racional voluntad nacional, sin duplicaciones, ni desperdicios, ni competencias. Por lo mismo, no saben cómo explicarse que no exista una verdadera planeación económica nacional, al menos en el sector público, a pesar de que se intenta desde 1933. La explicación es muy sencilla: ninguna burocracia quiere estar sujeta a otra. Todas buscan la autarquía. Cada una tira por su lado y trata de crecer y prosperar por su cuenta. Si Pemex pudiera, trataría de quedarse con la Comisión Federal de Electricidad, para volverse Energéticos Mexicanos, con una integración industrial vertical, completamente lógica. Si la Comisión pudiera, intentaría lo mismo, para volverse, lógicamente, la Comisión Federal de Energéticos. Y por supuesto que a Patrimonio le gustaría tener ambas empresas bajo su absoluto control, en vez de compartirlo con otras secretarías. Pero se trata de tragos muy grandotes: esas dos empresas juntas representan un poder económico mayor del que tienen la mayor parte de los países miembros de las Naciones Unidas. ¡Imagínese el poder que tendría una Secretaría de Planeación, si realmente ejerciera! Por eso no es probable que llegue a existir, o, si se crea, que llegue a ejercer. Ya sucedió con la Secretaría de la Presidencia, que supuestamente iba a ser una especie de supersecretaría, coordinadora de las otras y que todavía en 1977, convertida en Secretaría de Programación y Presupuesto, no logró someter a la Secretaría de Hacienda: únicamente aumentó la competencia en el mercado del control cada vez mayor y más enredado de unas burocracias sobre otras. En ese mercado, cada vez más competido, Hacienda, Programación, Comercio, Patrimonio, ya están haciendo todo lo que pueden por salvar al país, por llegar a ser la supersecretaría salvadora que ponga un poco de orden en este despatrie que es la organización del sector público. Pero la competencia es dura. Ninguna burocracia quiere estar sujeta a otra. Toda burocracia sueña con dominarlo todo, al menos desde algún punto de vista que se vuelva el centro de todo. Toda

193

burocracia "quiere hacerlo todo" (Marx). Por eso todas quieren dominar a todas, al menos desde algún punto de vista, y todas se resisten a todas. Por eso los organismos descentralizados resultan centralismos desorganizados.

Así también se explican otras cosas. Hay gente que se asombra de que todavía exista una Comisión de Tarifas de Electricidad y Gas, siendo que les parece "lo mismo" (es decir: si el proveedor es el gobierno, ¿a quién se trata de regular?); o no ve la diferencia entre que suban los precios de la gasolina o el impuesto que se les recarga (¿no es lo mismo?); o no entienden por qué las empresas públicas prefieren aumentar sus precios que recibir subsidios. Pero lo mismo no es lo mismo. Recibir subsidios es depender más de Hacienda; estar siempre en una posición vulnerable, revisable, criticable. En cambio, aumentar los precios es tener autonomía financiera, poder hacer sus propios planes de inversión y crecimiento. Las empresas públicas, como las privadas, como los sindicatos, prefieren tener su propio dinero y no estar sujetas a que un burócrata remoto, que no entiende nada de nada, les impida tal o cual acción que ellos saben que es necesaria, o en todo caso que les conviene, o ultimadamente que se les da la gana.

La autarquía grande se come a la chica... Todo gran organismo procura que sus dependencias sean sucursales o departamentos incompletos para que no se independicen. A su vez, los departamentos, sucursales, comités, comisiones y diversas dependencias tratan de volverse autárquicos para operar sin interferencias. Ni España, ni Francia, ni Inglaterra ni Estados Unidos, ni Rusia, han procurado la autarquía de los otros países, sino una autarquía superior, naturalmente regida por ellos. A su vez, quienes se enfrentan al imperialismo de las autarquías extranjeras, arguyen en favor de la autarquía nacional como un supremo valor patriótico, que sirve para aplastar a las autarquías internas. El "desarrollo dependiente" del país bajo una potencia extranjera es, naturalmente, abominable; el desarrollo dependiente de las comunidades internas bajo el poder central es, naturalmente, progresista. Quienes encabezan los gobiernos progresistas refunfuñan contra el progresismo (capitalista o socialista) dependiente; al mismo tiempo que someten todo progresismo interno (capitalista o socialista) independiente. Las grandes empresas abogan por la iniciativa privada, siempre que no sea la de sus talleres, departamentos, filiales o empleados que pudieran independizarse. Las centrales obreras abogan por los sindicatos, siempre que no sean independientes. El gobierno central desea la prosperidad del sector público, siempre que no sea el municipal. Ninguna autarquía quiere estar sujeta a otra: quiere sujetar a las otras.

d) Terminemos con un ejemplo deliciosamente folclórico: los servidores públicos, dándose, fraternalmente, mordidas los unos a los otros. Hay que ser inhumanos para no comprenderlo. También los pobres servidores públicos se ven atrapados en trámites kafkianos que no avanzan nada. También reciben visitas de inspectores desalmados y auditores corruptos. También le compran y le venden al gobierno. Por eso todo administrador público prudente incluye en su presupuesto igualas, aviadurías y atenciones para otras dependencias. Sabe que, en un sentido místico, todo lo que es de la nación está en ese todo indisoluble que es la Unidad de la Patria. Pero sabe también que, en un sentido práctico, cada humilde Pedazo de la Patria tiene que luchar por la vida, ver por sus propios intereses, crecer y prosperar con las armas que imponen las realidades del mercado.

HIPÓTESIS PARA SOCIÓLOGOS

△

La nueva clase próspera

1. Todos los ricos mexicanos son nuevos. (Hacer listas.) La Independencia, la Reforma, la Revolución, quitando bienes y oportunidades a los peninsulares, la Iglesia, los hacendados porfiristas, fueron creando, cada vez, ricos nuevos. (Ver si está demostrado en trabajos de tipo histórico.)

(Excepciones aparentes: apellidos porfirianos que todavía figuran en escrituraciones importantes. Pero ¿no se trata de una riqueza nueva, generada por la concentración urbana: la plusvalía de tierras que han venido a más: que antes eran del campo y ahora son de la ciudad?)

Si se llama abolengo a los años transcurridos desde el primer millón, lo más probable es que el abolengo medio de los ricos mexicanos sea de unos veintitantos años, quizá menos. (Hacer una estimación.)

2. Hasta hace relativamente poco, los ricos mexicanos podían clasificarse en dos tipos: la "nueva burguesía" y la "nueva clase". Es decir, los que hicieron dinero gracias a la Revolución como fenómeno de concentración urbana (la destrucción del empresario rural y la tendencia a replegarse a las ciudades, que empezó como un movimiento hacia lugares más seguros, más que hacia focos de oportunidad económica). Y los que hicieron dinero gracias a la Revolución como gobierno, por acceso directo o indirecto a los dineros públicos, o sus oportunidades conexas. (Tipificar algunos casos de sobra conocidos.)

Los tipos eran diferentes y mantenían sus distancias, hasta con cierta animadversión. (Documentar el distanciamiento: trabajar o no en el gobierno, vivir en zonas distintas de la ciudad, enviar a escuelas diferentes a los hijos, asistir o no a las bodas por la Iglesia, tener distintas preferencias matrimoniales, de vestuario, de lugares de reunión y diversión.)

3. El elemento unificador de ambos tipos fue un híbrido raro que

se volvió cada vez más común e importante (porque el mercado bajo el control estatal fue cada vez más importante): el contratista, concesionario o proveedor del gobierno. Éste procedía a veces de la nueva clase y a veces de la nueva burguesía, pero tenía que ser anfibio para ser viable.

Los mutantes creadores de este nuevo tipo pueden haber sido los "pantallas". Antes de que la nueva clase se ostentara abiertamente en las páginas de sociales, hubo necesidad de intermediarios que manejaran los negocios privados de los hombres públicos. Y así como, en otro tiempo, hubo hombres píos que se hicieron cargo, a la perfección, de bienes eclesiásticos disimulados, estos pantallas se volvieron dueños de muy buenos contactos. Hay que añadir los pantallas de capitales extranjeros que, frente al know-how tecnológico, hicieron valer su know-how de la selva burocrática, convirtiendo el problema de la espesura impenetrable en una oportunidad económica.

En el mercado de los contactos, la intermediación se presta para ejercer la iniciativa privada. Es cuestión de know-how, perseverancia, espíritu de ahorro y buena administración. Así, tanto los pantallas de los hombres públicos como los del capital extranjero, como antes los de la Iglesia, llegaron a constituir empresas por cuenta propia. (Tipificar y, si es posible, fechar los tipos precursores. Mostrar las diferencias técnicas entre pantallas, prestanombres y coyotes. Estudiar el valor de los contactos como una forma de capital.)

4. El origen servil de estos empresarios es esencial para entender algunas realidades, que no encajan en la hipótesis convencional de que el gobierno mexicano existe para hacerle los mandados a la "iniciativa privada". La contrahipótesis es más probable: la antigua "iniciativa privada" tiende a desaparecer, integrada en la nueva clase, y a verse y aceptarse en el papel de contratista del poder ejecutivo. Las últimas resistencias (localizadas, como es de suponerse, entre quienes no tienen, todavía, nada que venderle al gobierno) se han ido disolviendo frente a las realidades del mercado: no hay quien pueda comprar en México tanto como el gobierno. (Hacer una encuesta entre empresas privadas, para estudiar la evolución del porcentaje de sus ventas al gobierno.)

La resistencia frente a la iniciativa pública, más que el carácter de orgullosa independencia de la antigua "iniciativa privada" (que trataba de fijarle un "hasta aquí" al gobierno), empieza a tener un carácter "sindical". Es una coalición de contratistas que normalmente compiten entre sí, por el favor del cliente-patrón, pero que hacen esfuerzos por unirse cuando se ven afectados en conjunto. Y aunque es cierto que la unión hace la fuerza, también es cierto que la unión que importa es con la fuerza que importa, que es el poder ejecutivo. Cualquier observador de esa cruel farándula llamada campaña presidencial, puede ver en los empresarios, como en los líderes obreros, autoridades universitarias, técnicos, intelectuales, que la unión que realmente se busca es con el cliente-patrón, no con el "gremio". Más de un vocero de la "iniciativa privada" ha conseguido un puesto público. Ciertas declaraciones públicas, de aparente hostilidad al gobierno, se comprenden mejor como dirigidas a ganarse el puesto de líder. Entendiendo por líder, lo que se entiende en un sindicato: el que negocia a puerta cerrada con el patrón, para sacarle algo para todos y para sí: a lo menos, el valioso contacto. Los gritos y sombrerazos entre ambas partes, que corea el respetable público, son exterioridades folclóricas: los verdaderos tratos son a puerta cerrada. (Si es verdad, ¿cómo se puede comprobar?)

5. Por eso, también, la verdadera protección de la "iniciativa privada" se debe al gobierno, no a los esfuerzos "sindicales" de los grandes empresarios privados. A medida que se va disolviendo la antigua "iniciativa privada", la distinción entre empresarios se vuelve meramente sexenal: una alternación (por turnos de seis años) entre la nueva clase "in" (empresarios públicos, o antiguos empresarios privados, que son los que tienen el poder ejecutivo) y nueva clase "out" (empresarios privados, o antiguos empresarios públicos, dedicados a los negocios). Proteger a los pobres de la "iniciativa privada", cuando se tiene la fortuna de estar en el poder, es hacer como el buen administrador de la parábola de Cristo: reconocer, con sentido práctico, la importancia de la vida futura.

Si el grueso del sector privado (en millones de pesos, no en número de empresas) se está paraestatizando (buscar una expresión más exacta y menos horrible), el carácter sui generis de este fenómeno tiene que ver con el fenómeno sui generis de la rotación sexenal. Un monarca, dictador o jefe de un Estado comunista, tiene el futuro asegurado (en la medida en que lo tiene) por las armas. El futuro es impredecible, porque termina con la muerte física o civil, en un momento inesperado. En México, el futuro tiene incertidumbres sexenales. Pero esto quiere decir también: estructuradas. Y si la estructura sexenal ha sido un estorbo para la planeación nacional, ha resultado lo contrario para la planeación personal. Hasta por el hecho de que esas rítmicas incertidumbres acaban por volverse odiosas.

La incertidumbre renovada cada seis años, las humillaciones de la disciplina política, la incomprensión del público, los ataques abiertos o insidiosos, la lucha contra la inercia, la corrupción y la burocracia, en fin: hasta el despido o la falta de renovación de oportunidades de trabajo, acaban por hacer mella. No se pueden negar las satisfacciones que da el poder por seis años. Pero ¿cómo no aceptar también, aunque sea con resignación, las satisfacciones que da un negocio propio, para toda la vida? (Investigar a qué se dedican los expresidentes, exministros, exgobernadores.)

6. La Revolución sirvió para barrer con el empresariado rural y propiciar la formación de un empresariado urbano (público y privado) más moderno. Quizá por eso, hasta la fecha, se ha tenido el concepto de que la modernidad es la antítesis del campo. Lo que nos hace sentirnos modernos, y dignos de exhibirnos ante las visitas, son las grandes obras y empresas que pueden visitarse fácilmente desde grandes hoteles de grandes ciudades.

Traicionamos al campo, con una especie de arribismo vergonzante. Lo consideramos "superado", como aldeanos venidos a más, que no quisiéramos saber de nuestros parientes pobres. Hay una coincidencia objetiva de miopías urbanas (públicas y privadas) para no ver que los problemas del campo pueden ser oportunidades.

Pero lo más paradójico de la modernización del país, y de la traición a los orígenes, ha sido el brío, casi la alegría, con que el gran empresariado urbano ha venido bloqueando al pequeño empresariado comercial, industrial y de servicios, para venir a más.

Al gobierno le conviene: las grandes empresas son, si no más productivas, siempre más fáciles de vigilar, reconvenir, alinear, hasta para efectos de ejercer una especie de planeación indicativa. Con las grandes empresas se puede hablar: porque son pocas y por razones de tamaño, de afinidad administrativa y de educación técnica.

A su vez, las grandes empresas tienen más que decirse con el gobierno, en un lenguaje común, que con las pequeñas. Cualquier semejanza entre las grandes constructoras y el triste despacho de un joven ingeniero o arquitecto que salió de la escuela creyendo que iba a construir, es pura coincidencia. A lo que se parecen las grandes constructoras es a una secretaría de obras públicas. Lo único que guardan las grandes empresas en común con las pequeñas es la bandera libertaria que les han tomado para acabar con ellas: el derecho a la libre competencia.

La verdadera iniciativa privada, la de los particulares que actúan por su cuenta o en asociaciones pequeñas, la del empleado que renuncia a la seguridad de su empleo para ser su propio patrón, no es vista con buenos ojos por las grandes empresas. No sólo no hacen nada por auspiciarla (a

199

pesar de que, según sus premisas, nada hay más valioso en el país que el espíritu empresarial). De hecho la disuaden, haciéndole la vida difícil y ofreciendo seguridad y lujo a sus altos empleados.

(Estudiar la contracción neta del número de establecimientos en algunos renglones censados. El efecto de la seguridad, las cuentas de gastos y las oficinas lujosas de los altos empleados, contra la vida que tiene que llevar un pequeño empresario. Ver cuántos empresarios en pequeño han preferido renunciar y aceptar un sueldo. Cuántos universitarios soñaban antes y ahora con trabajar por su cuenta.)

La importancia política del poder de compra

7. El verdadero poder ejecutivo en México es el poder de compra. En sentido estricto: compras, contratos y concesiones del sector público. En sentido figurado: compra de rebeldes, disidentes, desafectos. Y en sentido intermedio: poder de empleo. (Tratar de hacer una estimación del impacto sociopolítico: qué porcentaje del total de las familias del país cubre, su distribución geográfica, su penetración por estratos sociales, su efecto sobre otras fuerzas posibles: otros poderes federales y locales, partidos, sindicatos, prensa, Iglesia, educación, banca, industria.)

El poder de compra llega a extremos sutiles, indispensable para los disidentes que no quieren puestos ni dinero, ni tienen otra cosa que "venderle" al gobierno que ideas: la "compra" que consiste en hacer caso, en hacer que se hace caso, o al menos en hacer "mujú": emitir los signos indescifrables de quien, al parecer, escucha muy atentamente, y, quién sabe, quizá va a hacer un poquito de caso.

El ejercicio de este poder de compra ha sido la aspirina eficaz para bajar la temperatura del país después de 1968. Sin embargo, no es nuevo más que en ciertas formas de administración oral. (Documentar las etapas que van del asesinato hasta el simple ninguneo; de éste al uso de la oposición como valor positivo del régimen; y el paso último, que consiste en llevar al poder la "autocrítica", "comprando" las críticas.)

8. Cuando se compra mucho, la administración de las compras se vuelve inmanejable, si no se consolida en grandes paquetes, proveedores, intermediarios. Es la ventaja de las grandes empresas, los partidos, los grandes sindicatos. Grandes y pocos: se puede tratar con ellos.

De ahí la importancia de un paquete de gente, que "vivió en el error" de no querer más que atención, y consiguió así no quedar fuera, al menos, del "presupuesto de atención". Las filas del Partido de Acción Nacional estuvieron constituidas por gente interesada en la cosa pública, pero no dispuesta a "ensuciarse las manos" con los manejos de la administración pública. Gente que no quería dinero ni poder, sino atención. Gente que se dedicaba a la política en sus ratos libres, porque no estaba dispuesta a dejar su despacho, su negocio, su consultorio. Que esperaba de su militancia, no la eficacia de llegar al poder, sino la satisfacción de decir: se hizo lo que se pudo.

Quienes sostienen que en 1968 no falló "el sistema" sino el presidente Díaz Ordaz, pudieran aducir a su favor un hecho poco señalado en relación con esa crisis: el presidente López Mateos había ampliado mucho el "presupuesto de compras" al PAN, y este partido había cobrado un ímpetu notable, con mucha afluencia de gente nueva y triunfos en ciudades importantes, cuando Díaz Ordaz, bruscamente, redujo al mínimo las compras, y trató de comprar al menudeo muchos de esos nuevos afluentes: dándoles puestos de "elección" a quienes, tipológicamente, eran más bien del PAN que del PRI. (Estudiar la evolución histórica de la extracción social de los candidatos del PRI, en particular el porcentaje de universitarios.)

9. El acercamiento de intereses objetivos entre la nueva burguesía y la nueva clase, había dejado al PAN sin el apoyo de las grandes empresas (que también en esto se volvieron contra el pequeño empresariado y las profesiones independientes). Pero en la "base juvenil" de las clases medias hubo otro aspecto de ese acercamiento que, en vez de quitarle patrocinio, favoreció al PAN: los universitarios provenientes de la nueva clase se encontraron en una situación "panista": se interesaban en la cosa pública, pero no querían ensuciarse.

De estos universitarios de la nueva clase, surgieron contingentes en diferentes direcciones:

a) Unos entraron al gobierno, con el propósito de hacer valer su preparación para no ensuciarse: conformándose estoicamente con los ingresos y lujos (oficinas, cuentas de gastos, viajes) que se pueden tener en las grandes empresas privadas, pero nada más. Tratando de crear una administración moderna en el sector público. Sintiéndose por encima de muchos empresarios del sector privado, que no tienen su preparación. (Ver si es cierto, como parece, que el mayor porcentaje de doctorados y maestrías está siendo contratado por el gobierno. ¿Qué augura esto?)

b) Otros fueron a dar al PAN, que se abrió, como el PRI, dando su apoyo a candidatos sin ninguna militancia en el partido.

c) Otros (sobre todo, si no tenían carreras técnicas o administrati-

201

vas), ya fuese por repugnancia a las dos soluciones anteriores, o por no tener esperanzas de encontrar acomodo en la primera, decidieron "no ensuciarse" en forma radical, exigiendo una pureza revolucionaria total o, entre los más pacíficos, andando sucios.

Naturalmente, hubo también hijos de la antigua iniciativa privada que no le hicieron ascos a trabajar en el gobierno, suponiendo que al menos en los niveles intermedios y técnicos, era posible no ensuciarse. En esto, los medios universitarios han sido un crisol social (entre distintas clases medias).

Esta cuestión de "no ensuciarse" parece de especial significación. No hace mucho que la izquierda se burlaba del PAN por su actitud moralista. Actitud que, curiosamente, se volvió dominante en la izquierda, a partir del movimiento estudiantil. Creer que en la corrupción está el mal de los males del Sistema, parecía un planteamiento idealista, de beatos poco respetables en términos políticos.

(Estudiar las diferencias y analogías entre el moralismo del PAN, de la antigua iniciativa privada y de los estudiantes de 1929 y 1968. El paralelismo y oposición de la integración de intereses económicos de la nueva burguesía y la nueva clase, frente a la integración social, en los medios estudiantiles, de la base juvenil de ambas. La recreación folclórica del moralismo existencialista, hasta en los medios religiosos y fuera de los medios universitarios: sinceridad, fraternidad, instante, éxtasis; contra opresión, autoridad, hipocresía, ahorro, sistemas, reglas.)

10. Se diría que el mayor problema de México es la desnutrición que padecen millones de mexicanos. ¿Por qué, entonces, siguen desnutridos? ¿Por falta de poder de compra? En realidad, por falta de poder de venta.

Lo que se está vendiendo bien, que es otra cosa, es el tema de la pobreza. Ha perdido otra vez mercado, al menos por unos años, la "idea de una patria pomposa, multimillonaria, honorable en el presente y epopéyica en el pasado" (López Velarde). Un continuismo inteligente, renovador, abrió caudalosamente el presupuesto de compras de crítica, a pesar de la resistencia de algunos poderosos priístas, que hubieran hecho fracasar lo que al PRI, más que a los desnutridos, le conviene.

No son los desnutridos los que compran ni venden crítica. Están fuera del mercado urbano, y por lo tanto de este tianguis de vanidades que es el mercado de la crítica. La pobreza del campo no es la realidad que imponen los desnutridos. Es el tema de lujo que hoy vendemos los que vivimos en las grandes ciudades.

En otro tiempo, el portador de una mala noticia arriesgaba el pellejo. Hoy es recibido con agasajos. Cuénteme, cuénteme usted, cómo se están muriendo de hambre. ¡Qué horror! ¡Y qué valiente es usted al echarnos en cara esa verdad tan horrible!

El increíble aumento de subsidios a las universidades, la creación de nuevos partidos de oposición, con diputados pagados por el erario, el nacimiento de nuevas editoriales y publicaciones críticas, la prosperidad de las existentes: todo indica una súbita expansión del mercado de la crítica. Si no se vende más, es porque falta capacidad de producción: la expansión de la demanda nos tomó desprevenidos. Lo cual tiene el peligro de cierta inflación: de que lleguemos a tener una idea pomposa, multimillonaria, honorable y epopéyica de nuestra audacia crítica.

(Ver si hay mejoras en la alimentación desde 1968. Comparar estas cifras con los aumentos de subsidios a las universidades, de circulación de las publicaciones, de pesos pagados por cuartilla, de nuevas editoriales y publicaciones, en el mismo periodo. Estimar los millardos de pesos que la crítica de la pobreza le ha dejado a la clase media universitaria.)

PARA ENTENDER LA POLÍTICA MEXICANA

Δ

El Estado como empresa

Con un retraso que llamaría la atención de un sociólogo del saber, los teóricos de la administración (por ejemplo, los artículos publicados en la *Harvard Business Review*) hasta hace relativamente poco no estudiaban los fenómenos del poder en las empresas. La posición tradicional era reconocerlos como un mal que afectaba a algunas, naturalmente mal administradas. Uno de los "principios de la administración" era precisamente la unidad de mando: la integración subordinada de todas las voluntades en la realización de una voluntad superior, por medio de las estructuras formales de esa misteriosa persona impersonal que es la empresa. Que las estructuras de influencias, intereses y nexos personales (elegantemente llamadas "informal organizations") se aprovecharan de los objetivos impersonales para imponer sus propios fines, parecía una perversión repugnante hasta como tema de estudio.

Las cosas van cambiando. Ya hasta se escriben libros como *How to Succeed in Company Politics*. Pero lo más notable de todo es que los nuevos libros y artículos resultan oportunos para algo completamente diferente: para entender la política mexicana, y quizá la de otros regímenes centralistas y progresistas.

A partir de esta observación, proponemos las siguientes hipótesis:

a) Las grandes empresas modernas son entes históricos tardíos con respecto a la aparición del Estado moderno, aunque han llegado a ser mucho más modernas (mercantiles y racionales) que el Estado, que ha sido su modelo. Paradójicamente, esto le da al Estado una "irracionalidad" envidiable, que las empresas no tienen: la apelación a un interés supremo, basado en la religión, la tradición, la historia, la cultura, para legitimar el uso abierto de la violencia en la consecución de sus fines.

b) En el desarrollo europeo, la empresa pasó de la fase más o menos "comanditaria" del Estado: la licencia de explotación, la concesión oligopólica o monopólica (fase que subsiste, por ejemplo, en las concesiones para trasmitir por radio o televisión, los contratos para construir obras públicas, los permisos para producir cierto tipo de productos) hacia formas de mayor autonomía. Pero en México (y en otros países que llegaron a serlo independizándose) la ruptura con la metrópoli dejó un vacío del poder concesionador, sin que la iniciativa empresarial autóctona hubiese alcanzado formas modernas. Este vacío atrajo la iniciativa empresarial extranjera y encauzó el talento empresarial nacional hacia las actividades públicas, empezando por las militares. (Ortega y Gasset ha señalado cómo el papel de imperator nace del papel de empresario de empresas públicas eventuales, como la defensa de una ciudad, en las cuales una persona con iniciativa se apoderaba del papel temporal de mandamás para organizar a sus conciudadanos en un estado de sitio o de urgencia, que se montaba y se desmontaba, porque el Estado no era una institución permanente.) Así, la creación de una metrópoli interna, se volvió deseable como restauración (del centro concesionador), como respuesta (a la autonomía de las grandes empresas modernas extranjeras) y como oportunidad (para sus creadores). El Estado resultó al mismo tiempo el aparato de modernización nacional (la única empresa moderna capaz de interlocución y competencia con las grandes empresas extranjeras en su escala y en su lenguaje), la reorganización del aparato tradicional (monárquico, centralista, concesionador) y la oportunidad de prosperar para la gente (sobre todo mestiza) con talento empresarial, pero sin recursos económicos (antes de entrar al negocio político).

c) El sistema político mexicano es el primer negocio verdaderamente moderno que hemos sabido crear, en esa escala. También son negocios autóctonos y modernos las tortillerías mecanizadas y las fábricas de harina de maíz. Pero, a pesar de que tenemos más creatividad empresarial y técnica de la que solemos reconocernos, lo cierto es que lo único que hemos hecho comparable, digamos, con la creación norteamericana de las armadoras de automóviles, es la creación del sistema político mexicano. Así como el desarrollo de la gran empresa integra en un mercado anónimo las clientelas dispersas de talleres, tiendas y oficinas independientes; racionaliza sus productos y operaciones; convierte en empleados a los artesanos, comerciantes, profesionistas y empresarios independientes; centraliza el poder y crea un techo piramidal, antes inexistente: una cierta protección y una oportunidad de subir, dentro de la obediencia; también el desarrollo del sistema político mexicano absorbe y centraliza los ejércitos propios, las obediencias locales, los cacicazgos, la iniciativa pública de las comunidades, la independencia municipal, los sindicatos, los gremios, las organizaciones de base; se apodera de los recursos económicos comunales (colectas y recursos de los gremios y cofradías, ejidos de los pueblos, alcabalas, impuestos locales); convierte a los empresarios militares por su cuenta y riesgo, a los asaltantes dispersos, a los caciques autónomos, antes dedicados a la explotación independiente de sus talentos y oportunidades, en funcionarios obedientes dedicados a la explotación de mayores oportunidades que nunca, gracias a la extensión, modernización y legitimación del poder que da el cobijo de la Gran Pirámide, obra magna de más de un siglo de esfuerzos de integración nacional.

d) Huelga decir que el giro fundamental del Estado como negocio es la prestación de servicios. Pero hay que subrayar que el servicio fundamental es la creación de un mercado de compra-venta de voluntades. Que la buena voluntad se mercantilice es el rasgo decisivo de la modernidad, racionalidad y creatividad empresarial en este caso. Todos los otros bienes y servicios de la oferta estatal se derivan y se comprenden mejor a la luz de la compra-venta de buena voluntad. Una vez reorganizado el poder concesionador, a gran escala y en forma piramidal, aparecen toda clase de oportunidades para ganar dinero, otorgando y obteniendo concesiones en el mercado de la buena voluntad.

Habría que distinguir entre mercados verticales (de dos tipos: cuando el que compra está abajo o está arriba; compra del favor de las autoridades, compra del favor de los subordinados) y horizontales (entre personas del mismo nivel). También habría que distinguir entre las relaciones de patrocinio y fidelidad (asimétricas, verticales) y las de reciprocidad (simétricas, horizontales) que no tienen un carácter estrictamente mercantil.

e) Para entender la política mexicana hay que entender cómo funciona el poder en las grandes empresas modernas, internamente y en relación con el mercado (de productos, materias primas, capitales, personal, tecnología, etcétera). Cómo se estructuran las pirámides. Cómo se suben los peldaños. Cómo se toman las decisiones. Quiénes son los beneficiarios. Tomando, naturalmente, en cuenta, el giro peculiar del negocio.

La política en las empresas

La política en las empresas es un juego de competencia por subir (a puestos cada vez más altos, y por lo tanto con mayores ingresos, poder, honores) cuya regla fundamental es la obediencia. Se diría que con esta regla no hay mucho que hacer, puesto que en último término el éxito es concedido desde arriba. Y, en efecto, no puede haber política de abajo para arriba más que en forma disimulada, para ganar el juicio favorable de arriba. La verdadera política se hace de arriba para abajo y consiste en asegurar la unidad de mando, de modo que la política de abajo para arriba se limite a un juego de competencia obediente. Para este juego se requiere:

a) Que haya puestos a donde subir y que el ascenso quede a juicio de uno o más superiores.

b) Que haya concursantes: gente que aspire a subir y que esté dispuesta a ganarse el juicio favorable de sus superiores.

c) Que el concurso esté abierto: que no haya certeza de quién va a quedar en qué puesto, a corto o a largo plazo.

Estas condiciones son típicas de las grandes empresas modernas, y en general de las pirámides administrativas. No suelen darse en las unidades de operación independientes y pequeñas.

El dueño de un pequeño negocio independiente no tiene puestos a donde subir, ni ascensos que conceder a sus subordinados inmediatos, a menos que piense retirarse o logre crear una empresa más grande. Su poder interno es absoluto, y no hay margen de juego para competir por sucederlo. (Puede haber "politiqueo", pero de otra naturaleza, como el que puede haber en las familias, cacicazgos, estructuras monárquicas y, en general, en las estructuras radiales en vez de piramidales: tratar de "subir" en privilegios dentro del mismo puesto.) Este poder absoluto no se extiende a su clientela, cuyo juicio favorable trata de ganar, por lo cual, en cierta forma, se pudiera decir que es su patrón. Pero se trata de un patrón que no puede exigir obediencia porque, para empezar, no es uno: está disperso.

Supongamos que el dueño de un pequeño negocio opte, o se vea forzado, a vender su posición de absoluto poder interno y dudoso poder en el mercado; que renuncie a su independencia para incorporarse a una pirámide y ser, como se dice, cola de león en vez de cabeza de ratón. Supongamos también que operacionalmente siga haciendo lo mismo: si antes tenía una tienda de lámparas ahora es el jefe del departamento de lámparas de una gran tienda departamental. Supongamos incluso que venda las mismas lámparas a la misma clientela. Sin embargo, políticamente, su posición en el mercado ha sufrido un cambio radical. Su clientela ya no es suya sino de la tienda. Aunque, en la medida en que la clientela lo siga a él personalmente, tiene una base política para regatear internamente, no puede jugar a que la clientela es suya, sin correr el riesgo de que su regateo se configure como una insubordinación y pierda todo ante el juicio de sus superiores, que pueden tomarle la palabra y llevarlo a la prueba de fuerza: vete con tu clientela, a ver si te sigue y hasta dónde llegas. Si el hombre es inteligente, se dará cuenta de que al vender su independencia, eso es precisamente lo que vendió: el derecho a tener una clientela propia. O mejor dicho: una clientela externa propia. Porque lo cierto es que ahora tiene una clientela interna: sus superiores, cuyo juicio favorable trata de ganar, para conservar el puesto y subir a puestos más altos. Amenazar a los superiores es jugar con fuego; tan absurdo como maltratar a un cliente importante siendo el dueño de la tienda. Más absurdo aún, puesto que la subordinación implica un mercado cautivo, monopsónico u oligopsónico. Conservar el puesto o subir depende del juicio o de una o muy pocas personas. Los superiores, en ciertas circunstancias, pueden verse obligados a comprar a fuerza un hecho consumado que les presente un subordinado. Pero es una peligrosa manera de vender. Si el concursante no pretende abandonar el juego, ya sea dejándolo o apoderándose violentamente del poder, no tiene más alternativa que tratar de venderse a sus superiores mejor que los otros concursantes.

Esto no necesariamente quiere decir: ser un mejor vendedor de lámparas. Ser competente en las supuestas funciones del puesto suele ser útil, pero no es necesario ni suficiente para competir por las verdaderas ventas que son las internas. En muchas circunstancias, perder el tiempo obedientemente, no producir, quedar mal con la clientela externa, puede ser más eficaz políticamente que actuar con un celo excesivo por los intereses de la empresa o del público.

Por lo demás, una ventaja de las grandes pirámides modernas es que suelen ser más poderosas que sus clientelas externas. Una compañía de teléfonos sí puede maltratar a un cliente, un accionista, un proveedor, sin que le resulte peligroso.

La inversión de clientelas

Octavio Paz y Daniel Cosío Villegas han señalado una característica fundamental de nuestra vida pública: que no es pública. Para explicar esta paradoja, proponemos la hipótesis de que el Estado mexicano está construido sobre el mercantilismo de la buena voluntad vertical: para entender la política mexicana hay que entenderla como negocio. En México, la política no consiste en ganarse una clientela externa propia, sino como una forma de vendérsela a la verdadera clientela que es la interna. No consiste en ganar votaciones públicas sino ascensos internos. La carrera que conduce a la presidencia de México se parece más a la de un funcionario que sube en la General Motors, que a la del representante de una constituency, una clientela propia, que trata de aumentar para obtener la presidencia de Estados Unidos. Lo cual puede explicar otra paradoja señalada por Cosío Villegas: que el presidente designado se lanza a la campaña de venderse a la clientela externa, no antes, sino después, de obtener la designación; precisamente cuando ya no tiene superiores a los cuales venderse, porque ganó la competencia interna.

Los verdaderos electores de un político mexicano son sus superiores: ésa es la verdadera clientela con la cual tiene que quedar bien. La verdadera "base" de un político mexicano no está abajo ni afuera de la Gran Pirámide: está Arriba. Cuando un político mexicano tiene una base popular o externa, no la trata como si fuera su clientela, sino como un paquete de buenas voluntades que puede venderle a la empresa para subir; como una posibilidad de independencia que cobra, precisamente, no ejerciéndola.

La analogía es más estrecha en el caso del poder ejecutivo central, que es el dominante. En este caso, los puestos ni siquiera legalmente tienen que cubrir las apariencias de ser independientes y representativos de los que están abajo o afuera. Un secretario de Estado, un embajador, no representan más que al Jefe, de la misma manera que un dependiente de mostrador, un encargado de personal o de compras, no representan a los clientes, al personal o a los proveedores, sino, por el contrario, son representantes del Jefe ante los clientes, el personal o los proveedores.

Esta analogía, que políticamente es la fundamental, se complementa con otras. Los supuestos dueños de la empresa (ya sea en el caso de la General Motors o de México) son impotentes frente a la administración. La administración determina sus propias sucesiones, que, por otra parte, no son a través de herencias familiares. (En esto, y en otras cosas, el sistema político es más moderno que los otros negocios mexicanos. Más aún: a partir de Juárez y don Porfirio, el Estado ha venido siendo la pieza clave del sector moderno, el verdadero centro de iniciativas para la modernización del país. Por eso nunca ha tenido nada que ofrecerle al sector tradicional, a la economía de subsistencia, a las formas de vida indígena, fuera de una piadosa destrucción.) Tanto en las grandes empresas como en el sistema político mexicano, las supuestas reglas de ascenso son funcionales y por méritos, y la decisiva es la venta eficaz de una voluntad eficaz para los fines de arriba (lo cual no excluye la aptitud, sino la aptitud independiente; o la aptitud dispuestísima a venderse, pero inepta para hacerlo). Los ingresos (legítimos o ilegítimos), el uso (o el abuso) del poder y hasta el ser, derivan del puesto: un don nadie puede volverse Alguien o dejar de serlo por el simple hecho de ocupar o perder un puesto. Los procedimientos burocráticos, la escala de operación, el ascendiente de la tecnocracia, son igualmente análogos. Y por supuesto el secreto: la ocultación de las transacciones internas y el uso de la información como instrumento de poder.

Los historiadores han señalado hasta qué punto en la Nueva España no había realmente un centro de poder local. El centro concesionador de nombramientos, permisos, oportunidades y poderes estaba en la metrópoli, y era radial más que piramidal. La ruptura con la metrópoli dejó una multitud de radios o hilos sueltos. Fuera del breve lapso de la República Restaurada, cuando hubo un intento fallido de coordinación en vez de subordinación de poderes, los grandes pacificadores del país (Porfirio Díaz y el PRI) lograron imponerse sobre las fuerzas centrífugas y restaurar un centro, aunque ahora moderno, piramidal, meritocrático, a fuerza de "pan o palo": negociaciones verticales en vez de horizontales; compra-venta de voluntades dentro de un marco de obediencia; inversión de lealtades y clientelas para la integración de un gran mercado común de la obediencia, donde la posibilidad de ser independiente se convierte en mercancía: una opción que se cobra por no ejercerla. Todo lo cual ha llegado a ser el gran negocio nacional: la mayor empresa moderna del genio mexicano.

LA ALIANZA TRIPARTITA

△

Alguna vez, Pierre Mendès-France propuso que la segunda cámara legislativa, casi siempre redundante, se convirtiese en un órgano de regateo económico entre empresarios, trabajadores y gobierno, para fijar y revisar periódicamente un plan económico nacional, que una vez acordado sería como un contrato ley. Algo así funciona en Suecia, y la creación en México de las comisiones tripartitas pudiera culminar en esa reforma, que serviría para reconocer que los poderes de verdad no son los que dice la Constitución.

Los otros poderes

Ya se sabe que en nuestras cámaras legislativas no se discute ni se regatea. Si tienen poder, se trata de un poder gracioso y femenino, como el de su Majestad la Reina de Inglaterra: su sí le da encanto a los rigores del poder de verdad. El poder judicial no es menos aquiescente, igual que la supuesta autonomía de los municipios, ya no digamos la soberanía de los estados, que, por ociosidad, inocencia o sarcasmo, tienen hasta constituciones propias.

El colmo de que el sumo poder en México lo tenga el ejecutivo federal, es que su modelo de integración del poder (vertical y centralizado: piramidal) se ha impuesto como el único modelo de integración posible. Hasta para efectos de análisis, toda integración tiende a ser vista como simple subordinación, incluyendo extremos francamente simpáticos, como la teoría de que los sindicatos son simples subordinados del gobierno, que es un simple subordinado de las grandes empresas, simples subordinadas de las trasnacionales, simples subordinadas de Satán.

Pero si Fidel Velázquez fuera un simple subordinado del presidente en turno, hace tiempo que estaría despedido, en vez de proseguir una carrera política más larga que la de todos los presidentes y ministros en la his-

211

toria de México. Es obvio que el presidente Echeverría se hubiera cubierto de gloria aperturista terminando con Fidel Velázquez. Si no lo hizo fue porque no pudo. Y si Fidel Velázquez pudo desafiar al presidente y seguir ahí para hacer las paces, cosa imposible para un ministro, es porque, a diferencia de los ministros, no es un simple subordinado que representa al jefe y trasmite hacia abajo su poder: regatea desde abajo, pero como un socio que representa un porcentaje importante; como un mayorista proveedor de mercancía indispensable; como un intermediario que se consolida gracias a que en la ronda de negociaciones va obteniendo cosas importantes para todas las partes: para el ejecutivo, paquetes disciplinados de buena voluntad política; para los empresarios, paquetes de buena voluntad laboral y apoyo federal para evitar disturbios; para los sindicalizados, ventajas económicas y apoyo federal para asegurarlas.

En la práctica mexicana, un sindicato sirve para vender un paquete de paz política a cambio de un paquete de ventajas económicas. En un primer momento, la iniciativa puede partir del gobierno o de las empresas por razones de interlocución: para negociar con unos cuantos que organicen a los demás. También puede partir, aunque es más raro, como iniciativa de trabajadores que envían representantes a negociar. Desde luego, no es lo mismo que la mediación haya sido creada desde abajo, o desde arriba, o por iniciativa del propio intermediario. Pero, una vez que existe, su papel puede volverse relativamente autónomo. Armar y negociar paquetes es una actividad de organizadores cuyo negocio como intermediarios consiste en desarrollar y vender configuraciones aceptables para trabajadores y patrones. Una tercera parte, el gobierno, es decisiva, para disuadir a obreros o patrones difíciles, ya sea con la ley o con las armas. Este apoyo a su vez tiene que pagarse con lealtad política del intermediario. Y esto es lo que hace creer que el gobierno controla los sindicatos, cosa que quisiera muchísimo, pero que no es tan simple: está sujeta al margen de juego que puede ganar un intermediario astuto.

La situación política del país sería inexplicable sin reconocer que beneficia a una gran parte de la población, que podría alzar la voz pero que prefiere no hacerlo más que excepcionalmente; cuando hace falta recordar que existe, para decir: o me das una tajada del negocio o te creo problemas. Para demostrarlo, se dispara un poco al aire, se hace un poco de ruido. La gente supone, con razón, que algo secreto se cocina, distinto o contrario, a lo que el ruido haría creer. Y, en efecto, hechas secretamente las componendas respectivas, desaparece el ruido y el contrato del silencio vuelve a prevalecer. La libertad, como otras mercancías, tiene un valor de uso y otro de cambio. En México, más que usarla, preferimos venderla bien vendida. Lo cual se entiende, porque el mercado de la buena voluntad prospera y permite hacer cosas, mientras que el ejercicio de la libertad nunca llega muy lejos. El secreto de la paz que encontró don Porfirio para integrar los poderes dispersos, la esencia del contrato social que, hasta la fecha, le sirve al ejecutivo federal para imponerse, es el "pan o palo": ese doble precio de la libertad, que reduce a nada su valor de uso frente a su valor de cambio. El ejercicio de la libertad es tan difícil, y sus resultados tan dudosos frente al posible palo; la buena voluntad es tan bonita y (si uno sabe acomodarse) tan bien pagada, que la alternativa, prácticamente, no existe. Hay que prosperar.

Pensar que los sindicalizados, como nobles salvajes, rechacen el mercado de la buena voluntad, sería paternalista. Sería desconocer que, al vender sus derechos políticos a cambio de concesiones económicas, no son mejores ni peores que todos nosotros: frente al "pan o palo", preferimos el pan. Vender una libertad que vale poco, porque a la hora de la verdad no podrá ejercerse, a cambio de ventajas económicas que sí son realizables, es una adaptación lógica y ecológica a las condiciones del medio. Fidel Velázquez no es un simple subordinado del jefe del poder ejecutivo: es un mayorista genial que compra y vende buena voluntad. La sumisión que lleva a los sindicalizados a la clase media, por encima de la mitad del país, no es un mal negocio político, ni (en otra escala) es un negocio distinto del que hacen distinguidos universitarios que son legisladores, jueces, gobernadores, supuestamente independientes, pero con sentido práctico.

No, no es lo mismo ser un simple subordinado que un cliente, proveedor o intermediario en una posición de regateo, con fuerza y forma que pueden variar mucho. Aunque en México no existe una coordinación de poderes horizontales, y todos estamos sometidos en mayor o menor grado, hay diferencias importantes entre la subordinación de un ministro y la posición que tiene un líder sindical, un gobernador, un diputado del Partido de Acción Nacional, la Suprema Corte, el senado, la prensa, el embajador de Estados Unidos, el de Madagascar, un representante de la General Motors, el rector de la Universidad Nacional, un expresidente, un gran empresario, el presidente de una confederación de cámaras empresariales. Un simple subordinado no puede regatear la subordinación, como un cliente, proveedor o intermediario pueden regatear su mercancía. (Lo cual explica el arma de amenazar con la renuncia: permite regatear porque retrotrae la relación al momento cliente-proveedor, previo a la contratación; lo cual, a su vez, explica que sea un arma de doble filo: el cliente puede preferir no comprar una subordinación replanteable; lo cual, por último, explica que las personas prudentes no suelan amenazar con la renuncia.) En cambio, los otros tienen una situación que, por su propia naturaleza, se presta a los regateos, ya sean horizontales (Madagascar, la General Motors), verticales desde arriba (Estados Unidos) o desde abajo (todos los demás).

Regateos verticales

Claro que el poder ejecutivo quisiera tener todo poder posible bajo su mando, piramidado, como una gran empresa. Es así como entiende la Unidad Nacional. Desgraciadamente, no todos se dejan tratar como simples subordinados, empezando por las grandes potencias, o las grandes empresas extranjeras, que en un momento dado pueden invocar la protección de esas potencias.

El poder ejecutivo tiene el monopolio interno de la violencia legítima. Pero no es lo mismo perseguir disidentes, sofocar protestas campesinas, descubrir el suicidio de prisioneros extremistas, que invadir y someter a Estados Unidos. Frente a Estados Unidos, el poder ejecutivo sólo puede esgrimir su legitimidad. Lo cual no tiene más eficacia (en el exterior) que las recriminaciones internas frente a los abusos del propio ejecutivo. Pero esgrimir la legitimidad nacional frente a los abusos de las potencias extranjeras, además de que sirve para regatear externamente, aunque sea desde abajo, sí tiene eficacia interna, y hasta convierte la debilidad en fuerza: fortalece la hegemonía del poder ejecutivo sobre cualquier otro poder interno. Si no es posible someter a las potencias extranjeras en el exterior, es posible someter a sus posibles aliados en el interior, o a quienes convenga señalar como tales. El nacionalismo de Estado (que no es precisamente el nacionalismo de las naciones) legitima la impunidad internacional mientras cada jefe de Estado persiga o mate en su propio gallinero.

Por supuesto que el consenso interno para esta hegemonía, cuesta. Como cuesta el consenso externo. La buena voluntad de las grandes potencias también es negociable, y hasta tiene equilibrios de trade off entre el precio de apoyarse más o menos en el mercado interno o externo de la buena voluntad. Cuando la buena voluntad interna sube el precio, se pone difícil, presiona, el apoyo de las potencias extranjeras se vuelve aceptable a precios que en otras condiciones no se aceptarían; y al revés: cuando la situación externa se pone difícil, la unidad nacional se compra a precios que en otras circunstancias no se pagarían.

La hegemonía piramidal está construida sobre un regateo, aunque sea vertical. Para empezar, el monopolio de la violencia legítima exige la destrucción de la iniciativa privada militar: los caciques y jefes que no estén dispuestos a deponer sus armas. Afortunadamente, gracias al genio de Porfirio Díaz y al PRI, la iniciativa privada militar acabó de dos maneras: a través de la libre competencia, que permitió la eliminación de los pequeños empresarios y la mutua destrucción de los más grandes, hasta dejar el monopolio final del más fuerte ("palo"); y a través de las grandes oportunidades que dio el mercado de la buena voluntad, y que indujeron a los más prudentes a cambiar de giro, hacia otro tipo de regateo ("pan").

Precisamente porque ésta fue la solución, no fue posible que el poder ejecutivo tuviera el monopolio económico. Económicamente, el ejecutivo domina con una fuerza oligopólica cada vez más poderosa, pero tiene que regatear, aunque sea desde arriba, con los grandes caudillos de fuerzas económicas independientes: empresas, sindicatos, hombres fuertes locales y, en general, todos los que tienen, como el ejecutivo, el poder de dar o negar empleo: el equivalente civil de poder reclutar su propio ejército. (Hasta en los medios académicos, el poder dar empleo, becas, viajes, premios, establece caudillismos: las mismísimas personas que antes nadie tomaba en cuenta, se vuelven más inteligentes, entrevistables, comentables, dignas de ser seguidas en su estilo, preocupaciones, temática, método, a partir de que adquieren ese poder.)

A diferencia de los otros poderes (federales, estatales y municipales), que nada o casi nada pueden hacer con sus propios recursos (lo cual los pone de rodillas frente al presupuesto federal), las grandes pirámides empresariales y sindicales operan libremente con recursos propios. Esta independencia presupuestal les permite regatear entre sí y con el ejecutivo, aunque no imponerse por las armas, que, dentro del consenso tripartita, sólo puede usar el ejecutivo. Por eso el ejecutivo no es simplemente uno de los tres participantes en el reparto del poder oligopólico, y por eso los otros, aunque no son simples subordinados, tienen que limitarse a presionar con expresiones de descontento y, en caso extremo, con la huelga y el tortuguismo (incluyendo la huelga de confianzas caídas y el tortuguismo de las inversiones).

Con todo, las armas no desaparecen del horizonte de posibilidades: ciertos gruñidos ocasionales, y hasta ciertos hechos de armas menores, sirven para recordarle al ejecutivo que, si llegara a perder su legitimidad por algún error político (por ejemplo: un intento de reelección presidencial), habría fuerzas capaces de iniciar un levantamiento. De ahí la importancia de la constante legitimación del ejecutivo, con procedimientos aparentemente superfluos y a veces costosísimos, como son, por ejemplo, las campañas presidenciales. De ahí también el sistema capilar para absorber y dejar subir a quienes de otro modo pudieran crear problemas.

La desembocadura del ascenso, la salida que permite el equilibrio dinámico del sistema, es un sector privado próspero. Para absorber y dejar subir a quienes de otro modo pudieron crear problemas, se requiere una subasta permanente de las plazas públicas, en concursos abiertos de obediencia al mejor postor de buena voluntad. Lo cual exige la renovación de beneficiarios de las plazas públicas, y algo no menos importante: la garantía de que, al dejar las plazas públicas, para que otros suban, los beneficios acumulados pueden ser disfrutados en paz. Así se explica que el ejecutivo, aunque tenga una poderosa vocación por ser el único comprador de buenas voluntades, sin estorbos de empresas ni sindicatos, no pueda suprimir la "iniciativa privada", compuesta en gran medida de exfuncionarios públicos: sería retrotraer peligrosamente las relaciones de fuerzas económicas al momento previo en que renunciaron a ser fuerzas militares, para lanzarse al asalto de mejores plazas.

De ahí, por último, cierta relativa importancia de algunas fuerzas no económicas que pueden regatear su asentimiento legitimador: los legisladores, los jueces, los partidos de oposición, la prensa, la Iglesia, las universidades, los intelectuales. Fuerzas que pueden poco, y, afortunadamente, se contentan con poco.

La creación de las comisiones tripartitas reconoce la realidad. Los verdaderos interlocutores del consenso nacional son los tres poderes de verdad: las grandes pirámides gubernamentales, empresariales y sindicales que, por mucho que regateen, y precisamente por eso, saben entenderse y formar una alianza tripartita que nos beneficia (en muy distinto grado) a todos los que pertenecemos al sector moderno. La otra mitad del país, diga lo que diga la Constitución, está al margen. Y es elocuente que esta marginación no sea vista como una falta de recursos propios, sino como un espantoso desempleo. Lo que arruina a los marginados no es su falta de medios para producir sus propios alimentos, ropa, techo, es la falta de medios de las grandes pirámides para reclutarlos como empleados, y aumentar los ejércitos obedientes de la santa alianza tripartita.

EMPRESARIOS OPRIMIDOS

△

Empresarios sin recursos

Los mexicanos más pobres no son asalariados oprimidos por empresarios privilegiados: son empresarios oprimidos por asalariados privilegiados.

Se trata de un fenómeno mundial, convenientemente ignorado porque no encaja en las teorías convencionales. Según Bhalla, uno de los pocos economistas que han visto la necesidad de darle al trabajo por cuenta propia toda la importancia que tiene en el desarrollo (importancia que no se refleja en la teoría del desarrollo), el trabajo por cuenta propia representa de 40% a 80% de la población económicamente activa de los países menos desarrollados. Las ganancias de estos pequeños empresarios suelen ser inferiores a los salarios de los asalariados (en 10 de 17 países no llegan ni a la mitad). Sin embargo, nuestras ideas hechas nos impiden ver a los campesinos como empresarios oprimidos por los asalariados (de las burocracias públicas, privadas, sindicales y académicas). De ahí tantos programas de ayuda concebidos como si toda la población pobre fuera (o debiera ser) asalariada. Programas que sirven, naturalmente, para acabar con las pequeñas empresas: precisamente el modus operandi de la población más pobre.

Desgraciadamente, los universitarios con mayor sentido social no tienen el menor sentido de la parodia: quieren ser buenos, identificarse con las víctimas, verse en el papel de asalariados oprimidos, encabezando su liberación. Si alguien gana equis por su cuenta, es un odioso capitalista; pero si gana diez o cien veces más como becario o con un contrato laboral, es un heroico proletario que tiene derecho a lo que gana, a ganar todavía más y a toda clase de prestaciones y prerrogativas, que no son privilegios, sino conquistas de la lucha de clases. Sus criadas, coches, viajes al extranjero, no son sino el albor de un nuevo día en que toda la humanidad, no sólo las perso-

217

nas de ideas avanzadas, tendrá por fin estudios superiores, viajes al extranjero, coche y, naturalmente, criada (con estudios superiores, etcétera).

Con esa mentalidad, sería incómodo, y hasta insultante, ver en los campesinos a empresarios escasos de recursos, oprimidos por el progreso de las grandes empresas, del gobierno y, en general, de los universitarios. Es más decente identificarse con ellos desde la propia situación: salir del abismo de no tener chamba, trepar de una chamba a otra, ganar lo más posible en la chamba. Y para verlos desde esa perspectiva, es útil definir que un empresario que gana poquísimo no es en realidad un empresario, sino un proletario que padece el "desempleo disfrazado". Por lo demás, si esa retórica condujera a convertir a los campesinos en asalariados privilegiados, no habría de qué quejarse. Pero no ha sucedido, ni puede suceder: se trata de una visión ilusoria o demagógica que les sirve a quienes la sustentan, no a los empresarios vistos bajo el disfraz del desempleo.

El verdadero "desempleo disfrazado" es otro: el de las inversiones despilfarradas en las grandes ciudades, en las grandes empresas, en el gobierno, en las universidades, y, en general, en las grandes concentraciones de medios de producción.

Está ampliamente documentado que los campesinos pobres hacen inversiones productivas y que pagan tasas de interés usurarias. Aunque es difícil admirar a los pobres, en vez de compadecerlos, cabe hacer notar que esas mismas tasas de interés (varias veces mayores que las tasas bancarias) harían quebrar a las grandes empresas y al gobierno. Lo cual implica una enormidad: que las pequeñas inversiones rústicas producen más que las grandiosas inversiones modernas.

La solución obvia, desde esta perspectiva, consiste en cambiar la oferta de progreso: crear una oferta de medios poco costosos y muy productivos pagaderos por los empresarios rústicos, en vez de crear una oferta (imposible) de empleos de lujo y servicios modernos. Se trata de algo viable económicamente, pero difícil antropológicamente. El progresismo de los hombres de negocios, de los políticos, de los técnicos, de los intelectuales, y hasta de los promotores rurales, quiere imponerle al hombre rústico su idea del progreso, no hacer algo tan vil como venderle medios de producción baratos y eficientes que el empresario rústico pueda y quiera comprar.

Vistos con ojos progresistas, los empresarios rústicos son proletarios dignos de lástima o reaccionarios dignos de exterminio. Para las grandes empresas, son competidores desleales; para el fisco, evasores; para los sindicatos, individualistas que rechazan su mediación no sólo cuando compran trabajo sino cuando lo venden; para los académicos y tecnócratas, gente reacia a la educación y a la ayuda; para la Iglesia, supersticiosos; para el marxismo, vidas despreciables (cuando no exterminables).

El problema no está en sus resistencias culturales sino en las nuestras. Ellos han demostrado que, si no tienen otra alternativa, están dispuestos a negarse a sí mismos, renunciar a sus medios de producción, desarraigarse y aceptar la vía trepadora, si realmente es posible. Somos nosotros los que no estamos preparados para ofrecerles una alternativa; para reconocer el carácter ilusorio de nuestra oferta de progreso; para replantearla con sentido práctico: crear medios baratos de aumentar su productividad, que estén dentro de su capacidad de pago, de uso y hasta de gusto. Nuestra pequeñez paternalista nos impide respetarlos como empresarios, ofrecerles "trade not aid". No estamos preparados para aceptar que sean dueños de sí mismos y de sus medios de producción. Creemos sinceramente que, como los pobrecitos han sufrido tanto, tienen derecho a un Cadillac, cuando lo que les hace falta y lo que pueden pagar es una bicicleta; y como no pueden pagarlo se lo ofrecemos gratis (como si así fuera más viable la operación); y como no saben usarlo se lo manejamos nosotros (a un costo de oro, por supuesto); y como no hay ni puede haber jamás Cadillac para todos, la cosa acaba en puras exhibiciones de Cadillac: de lo progresistas que somos y de las maravillas a las cuales se encaminan (a pie, naturalmente, porque ningún progresista que se respete va a aceptar venderles bicicletas para que se muevan por su cuenta). Lo decente, lo progresista es ofrecerles empleos maravillosos, aunque por el momento desgraciadamente no existen; aumentos maravillosos a medida que se preparan, aunque por el momento desgraciadamente no hay cupo en educación; un seguro social maravilloso, aunque de momento desgraciadamente todavía no puede llegar hasta allá; y, en caso desesperado, aunque sean seudoempleos, seudoeducación, seudoaumentos de salarios, seudo lo que sea con tal de sentirnos progresistas (y aun así no para todos, porque hay límites prácticos para el empleo-ficción, los aumentos-ficción, la educación-ficción).

Asalariados en Cadillac

Huelga decir que la minoría trepadora que sí llega a los salarios privilegiados, no consiste únicamente de progresistas camuflados o sinceramente creyentes de una ideología más o menos de izquierda, aunque es lo más común en los países subdesarrollados (donde las mayores pirámides trepables por los nativos son las oficiales) y es, por supuesto, lo normal en los países socialistas. El progresismo trepador que da salarios privilegiados a una minoría, también se da en las instituciones como las Naciones Unidas y hasta en las grandes empresas mundiales, que de ninguna manera aceptarían el calificativo de izquierdistas. El día que un politólogo se ponga a estudiar ciertos movimientos ideológicos que pasan por novedades técnicas en la administración de empresas, tales como la "administración por objetivos", descubrirá que el bonapartismo no es un fenómeno puramente estatal: que también las trasnacionales están llenas de golpes de Estado y camarillas que llegan al poder apoyándose en movimientos progresistas.

Así puede verse políticamente la idea progresista de que los directores de una empresa deben mantener un equilibrio entre los intereses de los accionistas, de los clientes, del personal y de la sociedad. Esto equivale a declarar que la administración debe estar por encima de los dueños, los clientes, el personal, la sociedad; lo cual se entiende como triunfo o desideratum político de lo que pudiera llamarse una "managerial revolution" (Burnham), un progresismo "bonapartista" (Marx) o una "nueva clase" (Djilas), que sirve a sus intereses y logra su autonomía a costa de los dueños, clientes, el personal, la sociedad, naturalmente sin desconocerlos: haciéndoles concesiones y convirtiéndose en su árbitro; neutralizando, dividiendo o atomizando sus fuerzas. Pero cuando la dirección no ha alcanzado ese poder, no hay más autonomía que la del dueño (en el caso típico; también puede ser que un cliente poderoso, como sucede en las agencias de publicidad, y hasta un sindicato poderoso, tengan la última palabra sobre la administración de una empresa).

Berle y Means documentaron que las grandes empresas norteamericanas, cobijadas bajo la ideología de la iniciativa privada, se habían vuelto de hecho burocracias independientes de sus dueños. Más aún: que para no depender de sus teóricos dueños, los administradores no financian sino la quinta parte de sus nuevas inversiones a través de suscripciones de capital: tres quintas partes las obtienen de reinversiones y la quinta parte restante a través de emisiones de renta fija. La propiedad de la empresa se vuelve un título negociable, no un medio de producción para el trabajo del dueño. Ni siquiera para los pocos "dueños" que trabajan en la empresa: aumentar sus títulos de propiedad no les da mayores ingresos o mayor control. Los ingresos y el poder se adquieren haciendo méritos en la competencia interna: haciendo carreras trepadoras con habilidad política a través del aparato administrativo. Eso explica que el grueso de los ahorros privados no se destine a las inversiones productivas: el patrimonio familiar del sector piramida-do no está constituido por medios de producción para trabajar por cuenta propia sino por inversiones de consumo (casas, automóviles y otros bienes de consumo duradero) o títulos de renta financiera.

En México y en otros países donde todavía hay muchos pequeños empresarios, es de observación común el cambio que se produce cuando dejan su propio negocio y se colocan en una gran empresa o en el gobier-no. Pronto descubren que es absurdo cuidar los gastos como antes, si ya no salen de su bolsa: menos aún los gastos que, por el contrario, se vuelven in-gresos en especie para la propia bolsa (viajes, aprendizajes, restaurantes, lu-jos, contactos, información). También descubren que la competencia inter-na incluye toda su vida personal, y que no pueden tener una posición de trabajo elevada sin una posición social correspondiente, aunque sea gas-tando de su propia bolsa. Por lo demás, tienen ahora ingresos más seguros: necesitan menos los ahorros, y ya no los necesitan, como antes, para el ne-gocio; van a dar a medios de producir prestigio y relaciones (casas de cam-po, yates, hijos en el extranjero), para mejorar su posición de acceso al po-der y a los privilegios.

También es de observación común qué difícil es para los funciona-rios dejar voluntariamente el poder y los privilegios para poner un negocio propio. Esto es lógico, no sólo porque al perder su posición se vuelven y se sienten socialmente menos; sino porque destruyen el "capital" generador de canonjías (renta pura) que resulta ser su posición.

La situación paradójica es la siguiente. Un pequeño empresario cu-yo tiempo vale poco en el mercado de la obediencia, porque no tiene los estudios universitarios, relaciones, presentación y buenas costumbres que da el paso por la universidad, puede ganar, digamos, 10 con un negocio propio, frente a 7 alquilándose como empleado. No sólo eso: mantenién-dose al margen de las presiones trepadoras, lo que tiene que gastar en re-laciones, presentación y buenas costumbres, puede ser poquísimo en rela-ción con sus ingresos. Puede, si quiere, obligarse a vivir con 5, en vez de 7. Es decir: de ganar 7 y ahorrar 0 como empleado puede pasar a ganar 10 y ahorrar 5 como empresario minúsculo. En este sentido, sacrificar su nivel de vida y dedicarse intensamente a su negocio le produce lo que pudiéra-mos llamar una plusvalía de explotación de sí mismo igual a 5, que reinvier-te en el negocio. Además, un pequeño negocio puede ser muy rendidor con respecto a la inversión, cuando es posible usar medios de producción baratos y no dejarle la ganancia a un usurero. Así resulta que en la ciudad

221

(no, desgraciadamente, en el campo), es posible que un pequeñísimo empresario que viste mal, vive mal y no es nadie socialmente (lo cual se facilita siendo un emigrante de otra ciudad, del campo o del extranjero) dé la sorpresa, a los quince o veinte años, de comprarse una casa que nadie se imaginaría (hasta por las extrañas fantasías dispendiosas que suelen tener esas declaraciones de "llegué"). Para cualquier nivel de ingresos, aunque sea ínfimo, una tasa de ahorros constante de 50%, más la reinversión constante de una productividad elevada de cualquier cantidad de capital, por ínfimo que sea, hace milagros en quince o veinte años. El 50% de veinte años de ingresos son diez años de ingresos: basta un rendimiento de 5% anual para vivir sin trabajar (con el mismo 50% de ingresos). Pero los pequeñísimos negocios (trabajándolos, sacándoles muy poco para el gasto familiar) pueden dar no 5% anual sino mensual. Cualquier cantidad a 5% mensual compuesto se vuelve 100,000 veces mayor en veinte años. Sobre esas bases, diez pesos se vuelven un millón. (Si la capitalización es anual, en vez de mensual, se requieren 83 pesos. Además, hay que tomar en cuenta que, al aumentar el capital, se vuelven aceptables rendimientos mucho menores, y puede aumentar el gasto familiar.)

Un caso parecido: muchas personas de la clase media van a trabajar por temporadas a Estados Unidos. Naturalmente, si ganan y viven como personas de la clase media norteamericana, no pueden traer muchos ahorros. Aunque hayan ganado mucho (en dólares convertidos a pesos) gastaron igualmente. El viaje vale la pena si (aprovechando el desarraigo social temporal) viven con poquísimo dinero y ahorran la mayor parte de lo que ganan, lo que, traído a México, luce mucho. La inflación sincrónica se aprovecha así a contracorriente. Como la aprovechan algunas criadas de la ciudad de México que ahorran y hasta hacen préstamos con interés en su lugar de origen. En cambio, las personas integradas a un medio superior, no están en el mismo caso; sus gastos y sus inversiones padecen, en vez de aprovechar, la inflación sincrónica: no les lucen ni grandes cantidades de dinero.

Que un funcionario llegue a ahorrar 50% de sus ingresos es imposible al principio de su carrera, cuando es relativamente fácil, por el contrario, que gaste más de lo que gana. Sólo muy tardíamente, si tiene éxito en subir, puede empezar a generar ahorros importantes, que por lo general se "reinvierten" en mejorar su posición. Sus "necesidades" familiares, sociales, culturales, son inmensas. Es decir: el lanzamiento comercial de sus talentos, buena educación, encantadora esposa, hijos, nombre, en el mercado de las relaciones, no le permite ahorrar para un negocio independiente, sino cuando ya tiene casa, casa de campo, servidumbre. Pero, además, ya no puede concebir los negocios más que en avión y hoteles de primera, con maquinaria ultramoderna y personal supercalificado. Y como un pequeño negocio no aguanta esos lujos, es relativamente fácil que su negocio propio acabe teniendo una productividad nula o negativa. Peor todavía: si considera, como es lógico (y como sucede en el caso del pequeño empresario que gana 10 en vez de 7), que el negocio propio debe dejarle más por su tiempo que lo que cobra en un negocio ajeno, sin hacer inversiones, puede resultar que ningún negocio propio le convenga, a menos que sea tan grande que se le vuelva inalcanzable (como negocio propio). Su escasa capacidad de ahorro, el gran valor de su tiempo en el mercado y el modus operandi de lujo que adquirió en las grandes empresas o el gobierno, no le permiten renunciar voluntariamente al privilegio de obedecer. Está, como se dice, en una "jaula de oro". O, con una expresión más cruel que también se escucha del propio interesado: es un "gato de Angora", un criado poderoso y privilegiado mientras tenga la posición que tiene.

Hay muchas causas por las cuales, involuntariamente, se puede perder una buena posición. Pero, si esto no sucede, renunciar para volverse independiente suele ser un pésimo negocio. Supongamos un funcionario que gane 100 y ahorre 5, en comparación con un pequeño empresario que gane 10 y ahorre 5. Supongamos que la inversión de 5 le produzca 20% anual al funcionario y 60% al pequeño empresario. Esto representa 1 y 3, respectivamente para la misma inversión. Pero lo más significativo es lo que esas ganancias de inversión representan frente a sus posibles ingresos por alquilarse en el mercado de la obediencia. La ganancia de 1 equivale a 1% de 100, o sea (suponiendo un mes de 200 horas de trabajo) 2 horas al mes; mientras que la ganancia de 3 representa 43% de 7, o sea 86 horas al mes: 43 veces más para el pequeño empresario que para el funcionario. Darse el lujo de vivir con 95, en vez de 5, y hacer negocios con un modus operandi de mucha "categoría", hacen sumamente difícil que el funcionario pueda darse el lujo de ser el dueño de sí mismo.

Esto explica que los funcionarios casi nunca renuncien, si no es para volar de una jaula a otra, aunque tengan que obedecer lo que sea. (Por eso también dicen: "La ignominia antes que la renuncia".) Explica, además, que, cuando hacen negocios propios, traten de hacerlos sin dejar su posición, buscando negocios que les quiten poco tiempo. De ahí la importancia de los negocios hechos a través de encargados de muchísima confianza, de los negocios que quitan poco tiempo, como el agiotismo, y, sobre todo, de los negocios que le sacan más rentabilidad pura a su posición: negocios que lo son precisamente porque aprovechan por fuera los contactos, la información, las relaciones, la influencia en las decisiones y hasta las líneas de crédito o hasta el dinero, cuando no las instalaciones mismas, de la empresa o institución en la cual trabajan. Incluyendo, por supuesto, su propio costoso tiempo pagado (bajo el piadoso supuesto de que se compensa quedándose a trabajar hasta más tarde, los sábados, los domingos, festivos) y, naturalmente, su lugar de trabajo, teléfonos, automóviles, aviones, subordinados y demás recursos que están a su disposición, aunque no sean suyos ni le cuesten.

Se trata de un fenómeno mundial, correlativo al de los empresarios oprimidos. Sucede en los gobiernos y en las grandes empresas, en los sindicatos y en las universidades, en Estados Unidos, Rusia y México. Si uno está dispuesto a obedecer, o no tiene más remedio que hacerlo, no hay nada más bonito que ser un asalariado privilegiado al servicio del progreso. Lo que no es bonito es el camuflaje ideológico o la falsa conciencia progresista de que todos (con preparación, con empeño, con pureza ideológica, con tiempo) deben o pueden llegar a ser proletarios en Cadillac. Este progresismo inocente o demagógico sirve para desdeñar lo que sí es realizable: que haya empresarios en bicicleta, pequeños productores dueños de sus propios medios de producción baratos y eficientes, con los cuales aumenten su productividad y la de toda la economía, porque un peso invertido en bicicletas movidas por sus dueños aumenta más el producto nacional que un peso invertido en Cadillacs movidos por burocracias empresariales, sindicales y gubernamentales.

Los no tan privilegiados

Hubo un tiempo en que casi toda la población tenía resistencias culturales o impedimentos para progresar por la vía trepadora. Desde luego, la población indígena, los campesinos, los artesanos; pero también los caciques, mineros, hacendados. Casi no había universitarios ni pirámides. Todo el aparato gubernamental y eclesiástico de la Nueva España, por ejemplo, estaba menos piramidado, ocupaba menos personal universitario y tenía un poder económico incomparablemente menor que el que tiene ahora una sola empresa como Petróleos Mexicanos. (Además, discriminaba a los nativos, cosa que no hace Petróleos Mexicanos y que es su verdadera justificación: en un ramo cuya naturaleza no se presta a operar en bicicleta, es

224

preferible que el poder, los privilegios y la corrupción beneficien a proletarios en Cadillac mexicanos, no extranjeros.) Pero los tiempos han cambiado: la mayor parte de la población ahora es progresista: está dispuesta a hacer estudios universitarios y trepar. No hay resistencias aristocráticas, religiosas, ideológicas, ni siquiera tradiciones de orgullo artesanal, que justifiquen pagar el precio de la independencia, sobre todo si el precio es muy elevado: si es muy difícil adquirir medios de producción baratos para trabajar por cuenta propia, frente a la alternativa (naturalmente, ilusoria para la mayoría) de vender bien vendida la obediencia. Con esto gana la minoría que sí puede trepar, pero pierde el resto del país. Ahora el hijo del pequeño empresario que ganaba 10 y vivía con 5, es un funcionario que gana 100 y vive con 95 (si no con 105). El ahorro de las familias no se invierte en medios de producción familiar sino en medios de ostentación familiar. Hasta el ahorro de las empresas y del gobierno se gasta en inversiones suntuarias porque los nuevos proletarios no están dispuestos a producir si no es en Cadillac.

El cambio puede observarse en una misma persona: el mecánico que tenía un taller propio, pero no casa propia, que malvivía en la trastienda, que ganaba lo que podía con equipo "hechizo" y con ingenio, ayudado por sus hijos, que toreaba como podía las exigencias de los clientes, el fisco, sus aprendices mal pagados, el Seguro Social, el casero, los acreedores, se saca la lotería y se vuelve jefe del taller de una gran empresa. A cambio de obedecer, puede pasar al lado de los que tienen derecho de exigir. Ahora exige ingresos que nunca había tenido, aumentos, seguridad, prestaciones laborales, no trabajar a deshoras, ni sábados, ni domingos. Exige máquinas de primera, cubículo, secretaria, y todo un repertorio de medios y comodidades de producción, que nunca hubiera pagado de su bolsa. Exige educación superior para que sus hijos sean ingenieros, en vez de mecánicos. Exige vías rápidas, porque ahora tiene casa propia a treinta kilómetros... Nadie podrá negar que sus exigencias son las exigencias del progreso, y que tiene derecho a exigir, más aún habiendo (como afortunadamente siempre hay) otros que tienen mayores privilegios. Pero se trata de privilegios: de sobrecostos que, por su misma naturaleza, no pueden generalizarse. Como, por otra parte, se trata de sobrecostos indirectos (cuyo valor de uso es inferior a su valor de cambio, pero que no se pueden cambiar por efectivo), son privilegios que tienen más sentido como progreso exigido a otros que como progreso deseable por cuenta propia (o para quienes acaban pagándolo, que son los consumidores). Si recibiera en efectivo lo que cuestan sus exigencias, con libertad para gastarlo a su manera, seguramente preferiría producir como antes, a menos costo, y ganarse la diferencia. Hasta los altos ejecutivos, que se sienten grandes señores gastando dinero ajeno, gastarían de otra manera si la diferencia ahorrada en viajes, restaurantes y prestaciones fuera para su bolsa.

Una vez que la gente se vuelve progresista y está dispuesta a cambiar de manera de ser, tiene el carácter necesario para reacomodar sus intereses según las circunstancias. La gente piadosa quisiera que los malos se anquilosaran en su papel explotador, y hasta se pusieran un letrero anunciando qué malos son, para que el gobierno, tomando las medidas prudentes, acabara con ellos. Pero una vez que todo el mundo es progresista, la lucha del Mal contra el Bien no puede reducirse a una lucha de clases: la gente está dispuesta a cambiar de clase, y acomodarse en la que le conviene. Si ser empleado deja más que ser empresario, no hay por qué suponer que los malos perseveren en su maldad: harán cola para subir al cielo asalariado. Otra cosa es si hay cielo para todos y qué convenga más para la sociedad: que la gente prospere por su cuenta o trepando pirámides.

Con tanta frecuencia en México las ideas progresistas han sido la bandera de quienes suben al poder y al dinero, que el fenómeno merecería un estudio. La explicación más frecuente es la corrupción personal, pero resulta insuficiente. Si un obrero y luego líder sindical, como Luis Napoleón Morones, llega a patrón y millonario ostentoso, es visto como un traidor al movimiento obrero, y se deja de lado el fenómeno de que algunos obreros en México pueden volverse millonarios (y lo más interesante de todo: por qué vía). Si un campesino que se vuelve un agrarista radical, como Saturnino Cedillo, toma las armas y llega a ser uno de los mayores latifundistas del país, es visto como un traidor a los campesinos, y se deja de lado el fenómeno de que algunos campesinos en México pueden volverse latifundistas (y por qué vía). El gobierno está lleno de universitarios de ideas revolucionarias que han prosperado porque las tuvieron oportunamente y, oportunamente también, dejaron, no de tenerlas, sino de actuar en forma utópica... Son vistos como traidores a sus ideas (o como "rábanos", rojos por fuera, blancos por dentro, que nunca las tuvieron) y se deja de lado el fenómeno fundamental. ¿Por qué prosperan tantos mexicanos declarándose progresistas, socialistas, agraristas, revolucionarios?

Quizá porque todos los mexicanos del sector moderno somos gente venida a más: gente que ha mejorado o que espera mejorar. El sector tradicional ha sido destruido o arrinconado: los únicos verdaderos conservadores que subsisten son los campesinos marginados. Hasta la Iglesia se ha vuelto progresista. Por eso, en las grandes ciudades, que es donde está el poder, y muy especialmente en los organismos piramidales, las banderas del progreso son legítimas y hasta indispensables. Por eso nadie se declara (y, de algún modo, nadie realmente es) conservador: la mayoría espera más de su futuro que de su pasado. En todo caso, los reaccionarios son siempre los otros: quienes ya progresaron o quienes critican el progreso oficial o quienes lo critican de una manera distinta que la nuestra. Los aspirantes critican a los que llegaron o a los que compiten por llegar. A su vez, desde arriba, ¿qué puede ser la crítica al poder, si éste es revolucionario? Reaccionaria, resentida, interesada. Y no se trata únicamente (por ahora) de un turnarse el poder entre los progresistas que han llegado. La circulación es vertical. "La Revolución me hizo justicia" no es una frase sin sentido. La Revolución sí ha beneficiado a los de abajo... que pudieron subir.

Esto plantea problemas clasificatorios. ¿Qué es un agrarista que se vuelve latifundista, un obrero que se vuelve patrón? Por definición clasificatoria, una clase no puede volverse otra. De ahí la necesidad de tratar estos casos como anomalías. Pero las supuestas anomalías no pueden ser ignoradas, siendo tan frecuentes. Marx subestimó el problema: "existen fases intermedias y de transición que oscurecen en todas partes (aunque en el campo menos que en las ciudades) las líneas divisorias. Esto, sin embargo, es indiferente para nuestra investigación". El "infinito desperdigamiento de intereses y posiciones en que la división del trabajo social separa tanto a los obreros como a los capitalistas y a los terratenientes" conduciría a considerar infinitas clases sociales...

Pero si las condiciones materiales determinan la conciencia, ¿qué sucede cuando un mismo sujeto cambia de condiciones? ¿Cambia de conciencia? Esta nueva conciencia, ¿incluye a la anterior? ¿Es, entonces, dos sujetos? ¿Es un sujeto distinto, sin relación con el anterior? Si un proletario que toma el poder, por ese mismo hecho, llega a tener los mismos intereses y conciencia que los poderosos, ¿cuál es la salida? El nuevo poderoso dirá que es revolucionario, y tendrá razón. Los nuevos insurgentes dirán que es un opresor, no un oprimido, y también tendrán razón.

Kuznets ha señalado una ilusión estadística en el análisis de clases. Si cada vez que uno de los pobres se enriquece dejamos de contarlo entre los pobres y lo agrupamos con los ricos, y si cada vez que uno de los ricos se empobrece hacemos la operación contraria, por definición clasificatoria, el grupo de los ricos se hará más rico y el de los pobres más pobre. Para simplificar, supongamos que no hay más que dos países: Inglaterra y Japón. Hace cien años, clasificaríamos a Inglaterra como el país adelantado y a Japón como el atrasado. Hoy que, en cifras macroeconómicas, Japón ha dejado atrás a Inglaterra, los clasificaríamos al revés. De cualquier manera, el país adelantado iría adelante, el atrasado atrás y habría una brecha entre ambos, a favor del rico. De igual manera, si cambiamos de clasificación a los agraristas que se vuelven latifundistas, a los redentores que se vuelven opresores, etcétera, siempre será verdad que los malos son muy malos. Pero ¿no escamotea todo esto lo que creíamos entender?

Para estudiar estas ambivalencias quizá haga falta una categoría ambivalente: los malos que, como no lo son del todo, pueden ser vistos como buenos, y hasta sentir sinceramente que lo son; los privilegiados no tan privilegiados que, por lo mismo, pueden ser vistos (y sentirse) como de arriba y como de abajo.

Siempre ha habido privilegiados tontos que no hacen ninguna concesión a los de abajo, y hasta les dicen descaradamente que no tengan esperanzas. Pero también ha habido privilegiados inteligentes que hacen o prometen concesiones; y, en particular, privilegiados no tan privilegiados que aprovechan las tonterías de arriba y el apoyo político que pueden obtener encabezando las esperanzas de abajo, para subir a desplazar a los tontos. Con lo cual, los de abajo siguen abajo pero ganan algo: desde luego, algunas concesiones, aunque sean simbólicas; algunas promesas, aunque sean ilusorias; pero, sobre todo, algo fundamental políticamente: el derecho a esperar, la renovación de su esperanza, su identificación con el triunfo de los que sí subieron y sí se beneficiaron. Identificación que puede ser conmovedoramente recíproca: los no tan privilegiados de antes, ahora en el poder, pueden sentir sinceramente que, al subir ellos, subieron los de abajo, puesto que ellos, con respecto a la cúspide, estaban abajo.

Se dice que los coroneles se levantan más que los generales. Parece lógico: tienen más que ganar. Pero, con esa lógica, la tropa debería sublevarse todavía con más frecuencia, cosa que no sucede. Curiosamente, aunque es verdad, no se dice que los coroneles se levantan más que la tropa. De acuerdo con nuestros buenos sentimientos, debería ser al revés: los que están peor, los que ya no pueden más, los que ya no tienen nada qué perder, son los que tienen más razón para sublevarse. Pero no basta con tener la razón. Los de abajo que pueden subir son sobre todo los no tan privilegiados, que están lo suficientemente bien para actuar pero no lo suficientemente bien para estar contentos; y cuya posición relativa y buenos sentimientos les permiten identificarse con los de abajo, para ignorar convenientemente su propia posición privilegiada y convertir su propio ascenso en un triunfo de los de abajo.

¿Quiénes son éstos no tan privilegiados? En México, algo así como la tercera o cuarta parte de la población que está inmediatamente abajo de los primeros puntos de porciento de la cúspide y arriba de las dos terceras partes restantes. Una porción que cubre una infinidad de situaciones: los coroneles con respecto a los generales; los directores de empresas privadas con respecto a los dueños; los subdirectores y jefes con respecto a los directores; y así sucesivamente hasta niveles que hacen titubear, por ejemplo: los trabajadores sindicalizados y con planta que apenas ganan el salario mínimo, pero están por encima de los que no tienen planta, ni sindicato, ni empleo, con respecto a la "aristocracia obrera".

Curiosos extremos: arriba los asalariados privilegiados, los universitarios progresistas, las buenas conciencias revolucionarias, indignadas por la pobreza y la explotación; abajo los empresarios oprimidos, los reaccionarios, los atropellados por el progreso industrial, político, ideológico. Curiosa mediación: arriba, pero no tan arriba, la fuerza progresista de quienes pueden identificarse simultáneamente con los de abajo, para sentirse maltratados, y con los de arriba, para sentirse con derecho a emparejarse. Doble identificación que no parece ajena al hecho, señalado por Marx, de que las revoluciones perfeccionan la máquina privilegiadora del Estado, en vez de destruirla. Los no tan privilegiados (a diferencia de los campesinos que quieren seguir siendo campesinos) sí quieren tomar la cúspide, pero no para destruirla, porque (a diferencia de los campesinos) se identifican con lo máximo: quieren emparejarse, mejorar, subir, alcanzar la plenitud del ser humano, que nos llama hacia lo alto.

La piramidación moderna facilita el fenómeno. Siempre ha sido imposible estar en la cúspide sin hacer un mínimo de concesiones, cuando menos a la gente más cercana, sobre todo a la que puede levantarse, o simplemente irse. La buena voluntad de los no tan privilegiados se paga, precisamente, con algunos privilegios. Pero en las pirámides modernas hay jefes de jefes de jefes: toda una cascada de niveles y concesiones posibles, apoyada sin embargo en el supuesto de la igualdad.

Los no tan privilegiados:

a) Sabemos lo que hay arriba: estamos cerca del pastel, vemos cuánto se lleva Fulano y podemos sentirnos justamente indignados. Los de abajo ni se imaginan de qué tamaño son las tajadas. ¿Cómo explicarle a un tarahumara que hay familias que no pueden vivir con $20,000 mensuales (pagar el condominio, los dos autos, las colegiaturas, las vacaciones, los libros, los discos)?

b) Estamos en posición de presionar. Un alto funcionario que gane $200,000 mensuales no es un enigma incomprensible para un proletario de $20,000 mensuales, es un motivo de argumentación y de presión para que ganen más los proletarios de $20,000 mensuales. Un campesino tarahumara no tiene cómo presionar: ni sabe lo que hay arriba, ni lo desea, ni es una pieza clave de la máquina moderna, capaz de regatear su participación. Un guarura puede secuestrar a su patrón, una cocinera envenenarlo, un contador delatarlo, un periodista arruinar su reputación, un técnico puede irse con su saber especializado y hasta con valiosísima información secreta, un líder sindical puede parar la fábrica, un inspector de salubridad también. ¿Qué puede hacer un tarahumara?

c) Tenemos argumentos progresistas para que los privilegios de la cúspide se extiendan a la minoría que está inmediatamente abajo de la cúspide. Naturalmente, cada estrato quiere jalar la cobija hasta que lo incluya, en un efecto de cascada por el cual cada uno trata de emparejarse, sacándole lo más que pueda al de arriba y pasándole lo menos que pueda al de abajo. Así resulta, paradójicamente, que cuanto más alto es el estrato, mayor es la tendencia a la igualación. La verdadera brecha que se abre no está arriba sino abajo: entre el sector moderno (incluyendo a los obreros) y el sector campesino.

La fuerza política y la mitología progresista de los no tan privilegiados son decisivas para el progreso improductivo. Supongamos que los automóviles hubieran sido tratados como lo que fueron al principio: juguetes deportivos de lujo para unos cuantos privilegiados; algo así como un yate. Su precio escandaloso, el de la gasolina, la escasez de especialistas, las refacciones y partes costosas para un mercado limitado, favorecerían la ostentación de un limitado número de familias, en vez de favorecer el crecimiento de la ciudad. Pero ¿cómo conciliar esta solución elitista con la fraseología revolucionaria y las presiones inmediatas de la gente más cercana al poder: ésos no tan privilegiados que estamos lo suficientemente bien para tener capacidad de exigencia, pero no lo suficientemente bien para sentirnos satisfechos? La única "solución" es la demagógica: pretender que es posible privilegiar a todos, para legitimar, por lo pronto, la extensión de los privilegios a la minoría más cercana a la cúspide. Obsérvese que las corrientes democratizadoras de los organismos piramidales tienen más efecto, curiosamente, en los niveles más altos: los grandes cortesanos empiezan a tutearse con el mandamás, exigen cierto espíritu de colegialidad, jalan la alfombra y otros símbolos de emparejamiento con el mandamás a sus oficinas, imitan sus pretensiones y sus gastos, para no sentirse menos, todo lo cual hace que "necesiten" mayores ingresos.

Una familia que gana $20,000 mensuales (22 salarios mínimos) está por encima de 90% de la población. ¿Qué puede hacer una buena conciencia progresista para sentir que sus ingresos, automóviles, estudios universitarios, que lo ponen por encima de 90% de la población, no son privilegios? En primer lugar, ver para arriba: compararse con el pequeño porcentaje todavía más privilegiado (afortunadamente, siempre hay un arriba que permite sentirse abajo). En segundo lugar, sentirse precisamente en el límite, apenas tolerable: sentir que con menos no se puede vivir. (Curioso fenómeno ¿epistemológico? sobre la relatividad de las buenas conciencias: A le dice a B que con menos de equis no puede vivir. Si B gana más que equis, lo comprende; si gana mucho más, se compadece y hasta se indigna, a favor de A. Pero si gana mucho menos, o no lo comprende o se indigna contra A. Válido para toda equis.) En tercer lugar, y en consecuencia, declarar que sus privilegios no lo son, porque (siendo apenas el mínimo aceptable) todos deberían tenerlos.

Las exigencias éticas de una buena conciencia progresista llevan así a un modelo implícito de crecimiento urbano. Si de verdad buscamos la igualdad, los privilegios deben generalizarse: los estudios universitarios deben ser gratuitos, los automóviles, la gasolina, y hasta las tortillas y la leche, subsidiados. Las deseconomías de escala resultantes de hacer crecer inmensamente la ciudad, las universidades, no se deben cargar a los beneficiarios, lo cual sería elitista. Por el contrario, por medio de subsidios, debe favorecerse el crecimiento urbano, desorbitado, antieconómico y, lo que es peor, contraproducente:

a) Porque la solución sigue siendo elitista. Aunque un inmenso número de no tan privilegiados llegue al privilegio, sigue siendo una minoría.

b) Porque el privilegio, aunque sigue siéndolo, pierde valor: en la medida en que una minoría creciente va teniendo automóvil, o logra vivir cerca del mandamás, las calles se congestionan, aumentan los costos y disminuye el valor de tener automóvil, o de vivir ahí.

Por definición, es imposible privilegiar a todos. Aunque sería bonito, todavía no se inventa un socialismo en el cual toda la población pueda estar por encima de toda la población. Las universidades y las fábricas de automóviles son lo que son: fábricas de privilegios no generalizables para todos.

Pero siempre se encontrarán argumentos progresistas para extender los privilegios de la cúspide a la minoría, siempre y cuando en principio (la práctica es otra cosa) no se ponga un "hasta aquí" clasista; no se hable de minoría sino, a lo mucho, de vanguardia: los primeros de abajo que reciben algo que será para todos. Es natural. Todos los mexicanos más o menos privilegiados somos gente venida a más: no creemos en la sangre azul, ni los derechos de origen divino. ¿Con qué cara podríamos excluir en principio a los estratos siguientes? Para tener en la ciudad de México una buena conciencia progresista, con ingresos de $ 20,000 o más, automóvil y estudios universitarios, tenemos que ignorar que nuestros privilegios no son generalizables: que hay un cupo limitado. Aunque la ciudad y el tráfico y la universidad se vayan al demonio, está simplemente fuera de nuestras posibilidades decirles a los que esperan: pierdan toda esperanza, ya no les tocó; ni sueñen con venir a México, con tener automóvil, con sacar un título universitario. Preferimos decir (y hasta creer, para no sentirnos mal) que vivir cerca del poder no es un privilegio, que tener automóvil no es un privilegio, que hacer estudios universitarios no es un privilegio, que ganar $ 20,000 o más no es un privilegio: que todos tienen derecho a eso, porque con menos que eso no se puede vivir.

Es importante reconocerlo sobre todo frente a la inocencia de creer que es posible destruir a los privilegiados. Cualquier solución producirá privilegiados. Y con frecuencia serán las mismas personas, adaptables y hasta camaleónicas, como se ha visto en el derrumbe de los sistemas socialistas. Si se dictan medidas para que alquilar casas se vuelva un mal negocio, los propietarios más progresistas descubrirán el negocio de vender sus propiedades como condominios, en vez de alquilarlas, y hasta se lanzarán a la construcción de más. Si se dictan medidas para que se vuelva imposible prosperar en el sector privado, los progresistas más inteligentes se lanzarán a prosperar en el gobierno y harán que sus hijos estudien a Marx, se especialicen en administración pública, hagan posgrados en economía. Pero ¿es lo más deseable para todo el país?

El progreso improductivo no es generalizable: no todos pueden ser proletarios en Cadillac. Por eso las pirámides no pueden acabar con los empresarios rústicos, ni para hacerles el favor de someterlos a su obediencia.

El movimiento en esa dirección implica un despilfarro de capital mayúsculo:

a) La destrucción del escaso capital que los empresarios rústicos sí tienen (medios rústicos, conocimientos rústicos, seguridad para moverse en un ambiente rústico). Capital que no sirve para nada fuera de donde está.

b) La creación de un capital más abundante (decenas o centenas de veces más por hombre) y menos rendidor (equipo moderno, educación moderna, seguridad para moverse en un ambiente moderno).

c) También inversiones sociales mayores y menos rendidoras en urbanización, transporte, servicios.

d) Todo lo cual se queda haciendo falta, porque el ahorro de las familias asalariadas es menor y no se dedica a medios de producción; mientras que el ahorro de las empresas y el gobierno se despilfarra en medios de producción costosos y menos productivos por unidad de capital.

Favorecer la oferta de progreso en bicicleta, un desarrollo a la rústica y por su cuenta de la población más pobre, que le abriría mercados (de bienes de capital) al sector moderno y oportunidades de aumentar su productividad a los empresarios rústicos, no sólo es posible: puede ser una gran oportunidad económica para todo el país. Desgraciadamente, no es la clase de oportunidad que fácilmente puedan ver los progresistas de las grandes empresas, los grandes sindicatos, el gobierno, cuyas creencias e intereses creados favorecen la piramidación. Devotamente creen que el pueblo mexicano, unido y lleno de fe, debe peregrinar a las pirámides, para encontrar su salvación (cuando haya cupo). En su sistema de creencias, no cabe la visión de que los empresarios pobres trabajan con las uñas, mientras un exceso de capital está subempleado en las grandes pirámides. Ven un exceso de posibles subordinados, subempleados porque, desgraciadamente, no ha sido posible darles chamba.

Se dice que el siglo XX ha sido, paradójicamente, el siglo de las revoluciones campesinas. También ha sido el siglo de la prosperidad burocrática. Los dos fenómenos parecen correlativos: la prosperidad de los dirigentes políticos, gubernamentales, empresariales, sindicales, académicos y, en general, de los asalariados en Cadillac que prosperan en los países capitalistas, socialistas y mixtos, está construida sobre la concentración despilfarradora de medios de producción y sobre las ilusiones de progreso que sirven para provocar el descontento de quienes, ilusionados, sirven como base política de los dirigentes, pero luego no pueden incorporarse a los beneficios del progreso, sobre todo los campesinos. Los proletarios en Cadillac ilusionan, usan y finalmente bloquean el desarrollo de los posibles empresarios en bicicleta. No tanto porque su ruina les convenga sino porque, ilusionados ellos mismos, sin el menor sentido de la parodia, llegan a creerse proletarios de verdad: pierden la capacidad de ver favorablemente a los pequeños empresarios.

233

NOTICIA EDITORIAL

La primera edición de *El progreso improductivo* apareció en la colección Economía y Demografía de Siglo XXI Editores (México, 1979, 388 páginas, 3,000 ejemplares), donde se reeditó cuatro veces (2a., 1979, 5,000 ejemplares; 3a., 1981, 2,000; 4a., 1984, 1,000; 5a., 1987, 1,000). Editorial Contenido hizo una reedición con los mismos negativos (1991, 3,000 ejemplares) que luego circuló reencuadernada bajo el sello Grijalbo/Libros de Contenido. Editoriale Jaca Book publicó una versión italiana (*Il progresso improduttivo*, Milán, 1986, 224 páginas, 1,500 ejemplares) semejante a ésta: suprimiendo los dos capítulos finales ("Los universitarios en el poder" y "Bonapartismo universitario", que pasaron a *De los libros al poder*), así como las notas, el apéndice estadístico y la bibliografía. El libro recibió mención honorífica del Premio Banamex de Economía 1980.

La primera versión de los capítulos (todos reescritos, y en varios casos refundidos) apareció en la revista *Plural* (1972-1976) y *Vuelta* (1977-1978). En *Plural*, desde octubre de 1973 hasta julio de 1976, como una sección fija titulada "Cinta de Moebio".

"Hipótesis para sociólogos", *Plural*, núm. 7, abril de 1972.
"El Estado proveedor", *Plural*, núm. 25, octubre de 1973.
"Repartir en efectivo", *Plural*, núm. 26, noviembre de 1973.
"¿Qué falta en el mercado interno?", *Plural*, núm. 27, diciembre de 1973.
"Modelos de vida pobre", *Plural*, núm. 28, enero de 1974.
"Privilegiar a todos", *Plural*, núm. 29, febrero de 1974.
"Empleos ¿para hacer qué?", *Plural*, núm. 30, marzo de 1974.
"Los niños como negocio", *Plural*, núm. 31, abril de 1974.
"Los verdaderos límites", *Plural*, núm. 32, mayo de 1974.
"La reproducción de universitarios", *Plural*, núm. 33, junio de 1974.
"La reforma secreta", *Plural*, núm. 34, julio de 1974.
"La apuesta de Pascal", *Plural*, núm. 35, agosto de 1974.
"La productividad del saber costoso", *Plural*, núm. 36, septiembre de 1974.
"Deseconomías de las pirámides", *Plural*, núm. 38, noviembre de 1974.
"La oferta pertinente", *Plural*, núm. 39, diciembre de 1974.
"Límites al consumo de atención personal", *Plural*, núm. 41, febrero de 1975.
"La demanda infinita", *Plural*, núm. 42, marzo de 1975.
"Una modesta proposición fiscal", *Plural*, núm. 43, abril de 1975.
"Tiempo o cosas", *Plural*, núm. 44, mayo de 1975.
"Ventajas de la economía de subsistencia", *Plural*, núm. 45, junio de 1975.
"Mercados hechos", *Plural*, núm. 47, agosto de 1975.
"Para entender la política mexicana", *Plural*, núm. 48, septiembre de 1975.
"Mercados igualitarios", *Plural*, núm. 49, octubre de 1975.
"Ejemplos de pertinencia", *Plural*, núm. 50, noviembre de 1975.
"La alianza tripartita", *Plural*, núm. 51, diciembre de 1975.
"Las paradojas de la productividad", *Plural*, núm. 52, enero de 1976.
"De una lógica a otra", *Plural*, núm. 53, febrero de 1976.
"Orígenes de la iniciativa privada", *Plural*, núm. 54, marzo de 1976.
"Mercados políticos", *Plural*, núm. 55, abril de 1976.

"Cómo repartir en efectivo", *Plural*, núm. 58, julio de 1976.
"Empresarios oprimidos", *Vuelta*, núm. 11, octubre de 1977.
"Notas para una ciencia de la mordida", *Vuelta*, núm. 18, mayo de 1978.
"Los no tan privilegiados", *Vuelta*, núm. 22, septiembre de 1978.

ÍNDICE DE NOMBRES

Δ

Abelardo, 55
Abraham, 52-53
Adriano VI, 53
Afores, 163
África, 53
América, 53
Australia, 53, 57, 61
Avis, 122

Banco Mundial, 31, 35
Berg, Alan, 146
Berle, Adolf A., 220
Bhalla, A. S., 217
Buda, 56
Burnham, James, 220

Cabal Peniche, Carlos, 163
Calderón de la Barca, Pedro, 76
Cárdenas, Lázaro, 192
Carlos V, 53
Castaneda, Carlos, 65, 126
Castro, Fidel, 71, 160
Cedillo, Saturnino, 226
Chávez, César, 93
Chile, 84
China, 57
Comisión de Tarifas de Electricidad y Gas, 194
Comisión Federal de Electricidad, 153, 193

237

Compañía Nacional de Subsistencias Populares (Conasupo), 187, 189
Confederación de Trabajadores de México (CTM), 189
Constantinopla, 110
Cortes de Cádiz de 1813, 184
Cosío Villegas, Daniel, 208-09
Cristo, 56, 198
Cuba, 84

Díaz Ordaz, Gustavo, 201
Díaz, Porfirio, 210, 215
Distrito Federal, 57, 164
Djilas, Milovan, 220
Durango, 156

Egipto, 125
El Salvador, 105
Eloísa, 55
Engel, Ernst, 135-36
España, 84, 144, 194
Estados Unidos, 105, 144, 147, 182, 187, 192, 194, 209, 213-14, 222, 224

Ford II, Henry, 107
Foster, George M., 117
Fourastié, Jean, 40
Francia, 194
San Francisco, 56
Freud, Sigmund, 25, 52-53

Galbraith, John K., 100
Gardens for All, 106
General Motors, 180-81, 209, 213-14
Gini, Conrado, 24, 104, 169
Guevara, Ernesto, Che, 71

Harvard Business Review (revista), 187, 204
Harvard University, 92, 121
Hermes-Mercurio, 98
Huxley, Aldous, 78

Illich, Iván, 73
Industria Petroquímica Nacional, 190
Inglaterra, 194, 211, 227-28
Instituto del Fondo Nacional de la Vivienda para Trabajadores (Infonavit), 153, 163, 166, 191
Instituto Mexicano de Comercio Exterior, 189
Instituto Mexicano de Investigaciones Tecnológicas, 147
Instituto Mexicano del Seguro Social (IMSS), 111, 117, 153, 163, 166, 190-92, 225
Instituto de Seguridad y Servicios Sociales de los Trabajadores del Estado (ISSSTE), 163, 190, 192

Jacobs, Jane, 99
Japón, 30, 139, 227-28
Juárez, Benito, 65, 209

Keynes, John Maynard, 21, 86-88, 90-91, 95, 97, 107
Kierkegaard, Sören, 76
Kuznets, Simon, 227

Lenin, Vladimir Illich, 52, 160
Lerdo, Ley, 184
Lévi-Strauss, Claude, 98
Levitt, Theodore, 187
Linder, Staffan B., 61
López Mateos, Adolfo, 201
López Velarde, Ramón, 202
San Lucas, 56
Lutero, Martín, 183

Madagascar, 213-14
Malthus, Thomas Robert, 33, 39, 86
Mao Tse-tung, 160
Marx, Karl, 52-53, 66, 92, 95, 97, 194, 220, 227, 229, 232
San Mateo, 56
Matus, Juan, 65, 126
Means, Gardiner C., 220
Mendès-France, Pierre, 211

México, 18, 35, 66-67, 73, 84, 103-04, 106, 109, 125, 139, 151, 155, 167-70, 184, 188, 190, 193, 197-98, 200, 202, 205, 209, 211-13, 221-22, 224, 226, 229, 232
Mill, James, 86
Morones, Luis Napoleón, 226

Nacozari, 182
Nader, Ralph, 93, 180-82
Nietzsche, Friedrich, 77-79
Nueva España, 184, 210, 224

Oaxaca, 157
Organización de las Naciones Unidas (ONU), 193, 220
Ortega y Gasset, José, 205

Parkinson, C. Northcote, 188
Partido de Acción Nacional (PAN), 201-02, 213
Partido Revolucionario Institucional (PRI), 201-02, 210, 215
Pascal, Blas, 74-77, 107
Patronato del Ahorro Nacional, 164
Paz, Octavio, 208
Peña, Rosario de la, 60
Petróleos Mexicanos (Pemex), 153, 167, 190, 192-93, 224
Portilla, Jorge, 175

Ricardo, David, 86
Rousseau, Jean-Jacques, 52
Rusia, 194, 224

Sahlins, Marshall, 57
Sajarov, Andrei, 180-83
Salinas de Gortari, Raúl, 163
Say, Jean-Baptiste, 86-87, 90, 107
Schumpeter, Joseph A., 107
Sears Roebuck, 107
Secretaría de Agricultura y Recursos Hidráulicos, 186-87
Secretaría de Hacienda, 163, 165, 188-89, 191, 193
Secretaría de Industria y Comercio, 188

Secretaría de la Presidencia, 193
Secretaría de la Reforma Agraria, 187
Secretaría de Obras Públicas, 199
Secretaría de Programación y Presupuesto, 193
Secretaría de Salubridad y Asistencia, 190
Secretaría del Patrimonio, 193
Silesio, Ángelo, 77
Sistema de Ahorro para el Retiro (SAR), 166
Solís, José Esteban, 144
Suecia, 211
Suprema Corte de Justicia, 213

Tijuana, 156
Townsend, Robert, 122

Unamuno, Miguel de, 76
Universidad Nacional Autónoma de México (UNAM), 213

Velázquez, Fidel, 211-13
Ventadour, vizconde, 59
Ventadour, Bernard de, 59
Voltaire, François Marie Arouet, llamado, 76

Weber, Max, 177, 185

Yucatán, 144

ÍNDICE ANALÍTICO

△

Agricultura:
  fuera del mercado/comercial, 12, 20-22, 85, 99, 105-106, 112-14, 126, 128-29, 131-33, 142-44, 186-88
  productividad, 126
  reforma agraria, 105, 114, 186-88
Ahorro, 56, 61, 141, 162, 197, 218, 220-25, 233
Alimentación, 12, 18, 20-22, 33, 38, 65-68, 84, 98, 101-02, 106, 112-14, 126, 129-30, 132-38, 142-43, 153, 168, 203, 231
Asalariados privilegiados, 23-24, 49, 111-12, 169, 199, 217-33; *véase también* trepadores, universitarios
Aspiraciones, amor imposible, ciega voluntad de progreso, demanda infinita, 11-12, 17-18, 52-79
Atención personal, demanda y costo creciente, límite a la reproducción y al consumo, productividad baja, tendencia a deteriorarse, encarecer y escasear, 17, 19, 33, 36-51, 113, 136
Autarquía, en grande y en pequeño, autoservicio, autosuficiencia, economía de subsistencia, integración vertical, marginación, producción para el consumo propio, 12, 56-57, 107, 113-14, 120-21, 126-33, 137-38, 142-47, 193-95
Automóviles, transportes, vías rápidas, 12, 21, 24, 38, 53, 54, 64-68, 73, 84, 88, 90, 105, 107, 112, 116, 120, 126-33, 134, 142, 153, 157, 161, 172, 205, 219, 224, 225, 229, 231, 232
Beneficiarios, reales/supuestos, 11, 19, 43, 54, 123-124, 130, 151-56, 158-63, 165-69, 206
Bienestar general, 11-12, 87-89, 96-97, 141-42, 151-52, 165
Bonapartismo, 220, 226-27
Burocracia, *véase* Estado, pirámides

243

Capital, inversión, medios de producción:
    acumulación, concentración, intensificación, 11-12, 18, 22-24, 30, 34-35, 62-63, 111-12, 116, 166-67, 217-18, 232-33
    costos, productividad, 11-12, 18-24, 31, 35-36, 43-45, 57-58, 62-63, 110-16, 131-32, 138, 140, 142-47, 161, 219, 221-26, 233
    curricular; de contactos, estudios, experiencias y relaciones; de funciones, jurisdicciones, titularidad; humano, 11, 35-36, 43-44, 60-62, 71, 190-91, 192-93, 197, 219-24
Capitalismo, 139, 167, 181-82, 185, 217-18, 233
Caza, pesca, recolección, 45, 56, 62, 92, 95-96, 98-99, 143
Centralismo, 11-12, 122-123, 130-131, 136-139, 147, 181, 184, 185-186, 194, 204-205, 211
Clase(s):
    media, 43, 72-73, 83-85, 89, 106, 134-35, 153, 187-88, 203, 222, 224-30
    lucha de, 29, 217, 226
    nueva, 196-198
    privilegiados no tan privilegiados, 23, 228-32
Clientela política, invertida, 175-77, 207-09
Comercio, tiendas, 48-49, 98-99, 105, 108; *véase también* mercados, intercambios
Conciencia de clase, de lo posible, falsa, individual, moderna, moral, pública, romántica, social, 42, 52-55, 59, 70, 78, 89, 92, 171-79, 181-82, 227-32
Compras,
    comprar en vez de hacer, 99, 120, 126-128, 132-33
    importancia política, 83, 136-37, 140-41, 155, 161, 168, 172-74, 197, 200
    creadoras de valor, value analysis, 20, 93-94, 137-38
Consumo,
    básico/no básico, 12, 18, 113-14, 128, 141-42
    consumidores frente a productores, 93-97, 111-12, 166-67, 225-26
    más importante que el empleo, 20, 95-97, 113-14, 128, 141
    abaratable/no abaratable, 12, 20, 39-41, 62, 110-11, 135-39, 142
Corrupción, intereses reales frente a funciones oficiales, mordida, patrimonialismo burocrático, 165-66, 168-79, 185, 195, 196-98, 200-203, 204-10, 216, 219-22, 223-24, 226
Costo, costo/beneficio, costos y precios relativos, 11-12, 17-25, 30-51, 61-67, 72-73, 96-97, 104-106, 109-33, 135-39, 144-47, 151-64, 171, 218-25, 233

Criadas, trabajo servil, 13, 19-20, 49, 52, 64-67, 88, 113, 134-136, 217-18, 222

Cultura, aculturación, modelos y proyectos de vida, 17-18, 20, 43-44, 52-53, 58-73, 106, 126, 128-29, 133, 134-35, 140, 143-44, 199-200, 204, 219, 224-25, 229, 233

Demanda, 18, 83-90, 100, 103-04; *véase también* aspiraciones
elástica, 135-36, 159-60
sin oferta, 21-22, 99-108, 156-57

Economías/deseconomías de escala, de especializar, de estudiar, de modernizar, de organizar, de piramidar, 17-18, 23, 36, 47, 50, 112, 118-25, 231

Educación, 11, 12, 18, 21, 24, 38, 40, 43, 44-45, 50-51, 54-55, 64-68, 72-73, 84, 88, 104, 111, 113, 115, 134-35, 153, 196, 201-02, 224-25, 231-32;
véase también saber, universitarios

Empleo, 12, 20-21, 46, 83, 87-97, 106, 107, 108, 109, 128-30, 134, 140-41, 146, 156, 168, 216, 217; *véase también* trabajo

Empresarios en pequeño, trabajadores por su cuenta, 13, 20, 22, 49, 95, 111-12, 116, 126, 166-67, 174-76, 182-84, 185-86, 198, 217-33

Empresas grandes, 13, 22, 91, 111-12, 122-24, 140-41, 152, 166, 180-81, 182-84, 185-86, 192, 194, 197-98, 200, 204-10, 211

Estado:
aparato que busca la autonomía, se apropia el nacionalismo y la Unidad Nacional, 126, 145, 154-56, 205-06, 214
da servicios de violencia legítima, 12, 136-37, 140-41, 154, 155, 158, 204, 214-15, 222-23
encabeza la cultura del progreso y el sector piramidado contra las culturas tradicionales y las autarquías no piramidadas, 11, 22, 68, 70-71, 91, 111-12, 140-41, 165-67, 180-95, 205, 209-10, 211, 218-33
favorece la concentración y aumenta la desigualdad, 12, 23, 24, 50-51, 89, 134-35, 142, 151-69, 185, 200
negocio que mercantiliza la buena voluntad, *véase* clientela, compras, corrupción, empresas grandes, gasto público, impuestos, iniciativa privada, interlocución en la cúspide, libertad, mercados políticos, sindicatos,
registra sus costos, incluyendo la corrupción y el desperdicio, como producto nacional y beneficio para el pueblo, 43, 115, 123, 151-57; *véase también* mediciones

Explotación, 24, 29-34, 49, 60, 63, 69, 71, 158, 222

Familia, gasto familiar, 29-32, 43, 50-55, 67, 126; *véase también* población

Gasto público, obras y servicios, 11, 19, 24, 43, 95-96, 106, 114-15, 135, 140-41, 153-63, 168, 206

Igualdad, desigualdad, privilegios, 11, 23-24, 41, 43, 47, 49-50, 57, 68, 69-73, 119-20, 134-39, 151-68, 217-19, 227-31

Ilusiones, demagogia, fe ciega, ideología, poder de las ideas hechas, 11, 12, 18, 21, 24, 36, 40, 45, 46, 50, 51, 52, 68, 69, 102, 103, 118-20, 122-25, 134-35, 141, 152, 155, 158, 165-66, 171, 180, 184, 211, 217-19, 224, 225, 230, 233

Impuestos:
    aumentan la desigualdad, 12, 24, 51, 151-69
    razón de ser, ventajas, resistencias, 79, 123-25, 141, 153-56, 158, 165-68, 183-84

Inflación:
    como oportunidad política, 188-89
    ordinaria, diacrónica, 89, 141, 156, 161
    sincrónica, 25, 67, 129, 156, 222

Ingreso, distribución y redistribución, 12, 22-25, 44, 83, 95-97, 109, 114, 135-39, 140-41, 151-64

Iniciativa privada:
    civil, frente a las burocracias públicas y privadas, 180-84, 194, 196-200, 220
    militar, en el origen del Estado, 205-06, 215

Intercambios: *véase también* autarquía, interconexión, trabajo (división del)
    de tiempo caro, 42-51
    excesivos, 127, 130-33, 142
    productivos/improductivos, 12, 19, 49, 132-33, 142
    sectoriales (ciudad/campo, modernos/rústicos, ricos/pobres), 18-25, 49, 83-85, 101-02, 112-17, 131-33, 135-39, 142-47, 167-68
    términos de, 19, 41, 136

Interconexión, intermediación, costos de, 119-33, 146-47, 197

Interlocución en la cúspide, 22-23, 44, 58, 185, 199, 200, 212

Investigación, 22, 45-47, 84, 103, 107-08; *véase también* saber, tecnología

Legisladores, 171, 211

Legitimidad, razón y poder, 158, 169, 182-83, 204, 214

Libertad, 52, 54, 55, 56, 57, 62, 76, 77, 78

Maíz, 12, 20-21, 38-39, 40, 41, 112-16, 126, 131, 132, 133, 142, 143, 146-47, 189, 205

Maquilas, 85, 114, 127, 139, 147

Mediciones dudosas del empleo, la producción, la productividad, el progreso, 44-45, 48-49, 54, 93, 108, 115-16, 122, 128

Medios de pago, 21, 35, 84-90, 95-97, 103-05, 115-16, 121-22, 138-39, 140-41

Médicos, hospitales, psicoanálisis, 12, 21, 37, 38, 40, 42, 47, 49-55, 60, 79, 84, 112, 113, 135-38

Mercados, *véase también* comercio, demanda, intercambios, oferta
  de la obediencia, 13, 24, 110, 142, 175, 207-10, 216, 221-26; *véase también* empleo
  desarrollables, 83-90, 98-108, 131-32, 138-39, 142
  interno/externo, 18, 21, 83-90, 99, 101, 110, 145
  pobres/ricos; *véase* oferta, sectores
  políticos: cautivos; de la buena voluntad, concesiones, contratismo, favores, intervención estatal; jurisdiccionales; monopólicos, oligopólicos, 12, 23-24, 43, 56, 122, 136, 140, 153-56, 161, 165-66, 172-78, 182-97, 200, 205, 206, 212-16, 222-26, 229; *véase también* clientela, compras, patrocinio

Municipios, 165, 166, 168, 194, 206, 211, 215

Naturaleza, providencia, recursos, 33-34, 56, 93, 98, 99, 101-02

Necesidades, satisfactores, 12, 18-23, 37-41, 52-55, 61-63, 70-71, 83-90, 95-108, 113-14, 128, 134-39, 140-47, 221-26, 231

Oferta:
  creatividad de la, 91, 98-108, 142
  de progreso generalizable, efectiva para los medios de pago, pertinente para el caso, útil, 12, 18-23, 50-51, 55, 84-90, 95-97, 101-08, 115-17, 130-33, 137-39, 142-47, 152-53, 156-59, 161, 164, 168, 218
  estatal, moderna, piramidal, urbana, 13, 22, 50-51, 88, 89, 135, 142, 151-59, 167, 186-95, 206

Patrocinio, paternalismo, reciprocidad, 13, 42, 65-68, 136, 153-55, 168, 173-74, 206, 219

Pirámides, burocracia, 11-13, 20, 22, 43, 44, 46, 60, 62, 68, 70, 73, 96, 118-25, 126-27, 128, 135, 141, 157-59, 166-68, 181-95, 205-16, 217-33; *véase también* empresas grandes, Estado, sindicatos, universales

Planeación, 64, 71, 100, 151, 180, 182, 193, 198, 199, 211

Plástico, 50-51, 136

Población, reproducción de productores, 17-18, 29-41, 74-79, 86, 116, 161

Población económicamente activa, 159

Producción:
  como objetivo 48-49, 61, 92-97, 128, 140-41
  de cosas frente a servicios, 17, 50
Productividad, 12, 18-25, 39-51, 56, 57-58, 60-63, 83, 96, 109-25, 128-33,
  136-39, 142-47, 166, 218-19, 223, 232-33
Público, frente a burocracias, 71-72, 91, 96, 106, 181, 208-09
Religión, Dios, Iglesia, 52-57, 69, 70, 74-79, 92, 196, 200, 202, 219, 226
Revolución mexicana, 188, 196, 199, 227
Ropa, 12, 18, 20, 21, 22, 38, 56, 63, 84, 85, 88, 96, 97, 107, 114, 116, 122,
  127, 131-32, 135, 137-39, 142, 156, 168, 216
Saber costoso: *véase también* tecnología, universitarios
  como consumo deseable, 18, 45-46, 48, 135, 145
  como inversión dudosa, 42-51, 120-21, 137
  frente al saber no académico, 22, 45-47, 56, 170-71
Sectores:
  rico, progresista, urbano, concentrado, piramidado, grandioso/pobre,
    tradicional, campesino, disperso, marginado, rústico, 11-25, 37-41,
    45, 60-73, 83-90, 96, 102-08, 111-17, 126-47, 153-68, 185, 199, 202-03,
    216, 217-233
  primario/secundario/terciario, 39-41, 112
  público/privado, 13, 140-41, 152, 168, 180-95, 196-202, 216, 232
Servicios, *véase* atención personal, gasto público, producción,
  transferencias
Sindicatos, 22, 94, 111, 181, 188, 194, 198, 200, 206, 211-13, 215, 216, 229,
  230
Socialismo, 25, 71, 151, 155, 160, 171, 180, 193-98, 217, 219, 220, 226,
  231, 233
Subsidios, becas, 12, 18, 51, 140, 153, 155, 159, 231
Tecnología: *véase también* investigación, saber
  intensiva de mano de obra, 18, 83, 109-17
  intermedia, nacional, pertinente, 106-07, 142-46
  subordinada a la creatividad de la oferta, 108
  transferencia barata, 106
Tiempo libre, 17-18
  campesino y burocrático, 110, 128
  cuesta más al aumentar la productividad, 17, 61-62, 110
  no ha aumentado, 57, 110

Trabajo: *véase también* empleo, empresarios
 a domicilio, 30, 84, 114, 139
 casero, 20-21, 141
 como costo de cosas que hacen falta y como fuente de ingresos, 93-97,
  109-17
 división del, 49-50, 58, 119, 127, 129, 175, 177, 181
 frente a gratuidad, juego, 34, 56-57, 70, 92-93, 95, 137-38, 141, 159-60,
  162
 reducción de la jornada, 57, 62-63
Transferencias a los pobres:
 de efectivo, 25, 138, 140, 151, 157, 159-64, 168
 de medios de producción, 24, 116, 138, 142-45, 157
 de servicios costosos, 25, 42-51, 137, 153-57, 159
Transición interminable, 18, 25, 65-68, 154-55
Trepadores, 23-24, 62, 70-73, 134, 207-10, 219-33
Universitarios:
 dudosa rentabilidad de producirlos, 31-32, 37-41, 44, 116
 nueva clase progresista en el poder, 12, 22-23, 43-44, 111, 159, 183-84,
  185-86, 199, 201-03, 217-18, 224-25, 226-27
 rentistas de su capital curricular, 24, 43, 44, 60
Up-grading, 154-57
Vivienda, arquitectura, construcción, 12, 38, 42, 65, 73, 84, 96, 104, 106,
 112, 113, 114, 137, 138, 142, 231

El progreso improductivo,
escrito por Gabriel Zaid,
explica en su demoler implacable
por qué los vendedores de progreso
no ofrecen algo práctico y realizable.
La edición de esta obra fue compuesta
en fuente newbaskerville y formada en 10:11.
Fue impresa en este mes de enero de 1999,
en los talleres de en los talleres de Litoarte, S.A. de C.V.,
que se localizan en la calle de San Andrés Atoto 21-A,
colonia Industrial Atoto, en Naucalpan, Estado de México.
La encuadernación de los ejemplares se hizo
en los talleres de Sevilla Editores, S.A. de C.V.,
que se localizan en la calle de Vicente Guerrero 38,
colonia San Antonio Zomeyucan, en Naucalpan, Estado de México.

Otros títulos publicados en esta colección

Los demasiados libros
Gabriel Zaid

Las redes imaginarias del poder político
Roger Bartra

Ajuste de cuentas
Santiago Ramírez

Ser digital
Nicholas Negroponte

Internet y la revolución cibernética
Víctor Flores Olea y Rosa Elena Gaspar de Alba

Tiburones de la comunicación
Grandes líderes de los grupos multimedia
Eric Frattini y Yolanda Colías

De los virus y de los hombres
Luc Montagnier

De los libros al poder
Gabriel Zaid

Una alternativa práctica al neoliberalismo
Ciro Gomes y Roberto Mangabeira Unger

El hombre que confundió a su mujer con un sombrero
Oliver W. Sacks

Bobbio: los intelectuales y el poder
Laura Baca Olamendi

El queso y los gusanos
El cosmos según un molinero del siglo XVI
Carlo Ginzburg

Noam Chomsky habla de América Latina y México
Entrevista con Heinz Dieterich